진리 전쟁

속임의 시대에 확실한 진짜를 가려내는 싸움

존 맥아더

The Truth War

생명의말씀사

THE TRUTH WAR
by John MacArthur

Copyright ⓒ 2007 by John MacArthur
Published by Thomas Nelson, Inc.
501 Nelson Place, P.O. Box 141000, Nashville, TN 37214-1000, U.S.A.
All rights reserved.

Korean Edition published by Word of Life Press, Seoul 2007
Translated and published by permission.
Printed in Korea.

진리전쟁

ⓒ 생명의말씀사 2007

2007년 8월 10일 1판 1쇄 발행
2025년 9월 16일 15쇄 발행

펴낸이 | 김창영
펴낸곳 | 생명의말씀사

등록 | 1962. 1. 10. No.300-1962-1
주소 | 서울시 종로구 경희궁1길 6 (03176)
전화 | 02)738-6555(본사)·02)3159-7979(영업)
팩스 | 02)739-3824(본사)·080-022-8585(영업)

기획편집 | 박미현, 이은숙, 정순화
디자인 | 임수경, 디자인채이
인쇄 | 예원프린팅
제본 | 보경문화사

ISBN 978-89-04-16096-9 (03230)

저작권자의 허락 없이 이 책의 일부 또는 전체를
무단 복제, 전재, 발췌하면 저작권법에 의해 처벌을 받습니다.

The Truth War

진리전쟁

속임의 시대에 확실한 진짜를 가려내는 싸움

존 맥아더

추·천·사

"진리가 무엇인가?" 오늘날 교회는 '진리를 정확히' 알고 있는가? 하나님의 말씀을 분명하게 선포하기보다는 메시지를 좀더 쉽고 재미있게 전달하기 위해 세상적인 수사학으로 포장하고, '무엇이 진리인가'보다 '무엇이 효과적인가'를 더 깊이 고민하고, '필요'를 만족시키기 위해 '믿음'으로 지켜야 할 것들이 무엇인지를 잊은 건 아닌가? 최신 유행에 신경쓰느라 성경을 진지하게 숙고할 시간을 뒤로 제쳐두는 사이, 사탄은 진리를 교묘히 희석시켜 기독교를 부실하고 몽롱하게 만들고 있다. 우리는 말씀만으로 부족한 것이 아니라 이미 말씀을 잊었기에 능력도 잃은 것이다. 존 맥아더의 지적처럼 역사적으로 진리에 대해 치명적인 무감각에 빠져, 거짓 선생들이 전성기를 누렸던 때를 살펴보라. 그 모습이 오늘날도 낯설지 않음을 깨닫게 될 것이다. 이 책은 진리에 대한 분별력, 진정한 성경적 가치, 우리의 영적인 전통이 무엇인지 밝혀 순백의 진짜 기독교를 보여 주고 있다. 무엇보다 '정확한 진리'가 살아 있어야 할 이 때에 '정말 중요한 것'이 무엇인지 깨닫게 해줄 것이다.

김인환 _ 전 총신대학교 총장

오늘날 우리 시대 복음주의 교회의 가장 큰 문제는 무엇일까요? 절대 진리를 부정하는 상대주의적 세계관에 물든 세상을 닮아 교회 안에서조차 '진리가 설 자리가 없다'는 것입니다. 더 많은 교인수 확보라는 목표 아래 진리에 대한 관심보다 효과에 대한 관심이, 신학에 대한 관심보다 방법론에 대한 관심이 지배적입니다. 존 맥아더는 이 책을 통해 우리 시대 교회가 진리에 대한 무감각의 깊은 잠에서 깨어나 다시 '진리를 위한 싸움'에 나설 것을 강력하게 호소하는 '영적 전쟁'의 소집나팔을 불고 있습니다.

백금산 _ 예수가족교회 담임목사

추천사 |

서론 **왜 진리를 위해 싸워야 하는가?** •9
진리의 가치는 영원하다 | 진리란 무엇인가? | 진리는 왜 반드시 하나님과 연결되어 있어야 하는가? | 현대 교회에서 진리는 어떤 식으로 공격받고 있는가? | 신실한 그리스도인은 어떻게 답해야 하는가?

1부 공·격·받·다

1장 **포스트모던 사회에서 진리가 살아남을 수 있을까?** •32
진리는 결코 하나님과 분리될 수 없다 | 패러다임 쉬프트 | 근대주의 | 포스트모더니즘 | 믿음을 비합리적이라고 보면 착각이다 | 불확실성이 새로운 진리로 각광받다 | 당신은 그리스도의 마음을 가졌는가? | 이 땅의 교회는 전쟁 중이다

2부 무·장·하·다

2장 **그리스도인은 영적 전쟁에 담대히 참여해야 한다** •62
어째서 전쟁이 육적인 것이 아닌가? | 진리가 왜 중요한가? | 배교가 왜 위협적인가? | 배교의 영향 | 오늘날 왜 복음주의 운동이 어려움에 직면했는가? | 그리스도인이 어떻게 안전을 유지할 수 있을까?

3장 **왜 우리는 믿음을 위해 싸워야 하는가?** •85
그리스도의 종이요 야고보의 형제 | 유다가 서신을 다급하게 쓸 수밖에 없었던 이유 | 원래 쓰고자 했던 서신 내용을 바꾸다 | 사탄이 거짓 선생이라는 선교사를 보냈다 | 속이는 자들은 스스로도 속는다 | 진리를 위한 긴 전쟁 | 전쟁 하러 가야 할 때

3부 적·의·전·략

4장 배교: 어떻게 거짓 선생들이 침투해 들어오는가? • 116
초기의 상황처럼 배교의 역사는 반복된다 | 유대주의자들 | 영지주의 | 영지주의자들의 속셈 | 현 세대를 위한 경고

5장 이단: 어째서 우리는 언제나 경계해야 하는가? • 137
사벨리우스주의 | 아리우스주의 | 아리우스주의가 쉽게 뿌리를 내릴 수 있었던 까닭은? | 아리우스주의가 다시 일어나다 | 그러면 나도 전세계를 대적하노라 | 아리우스주의도 마침내 사라지다 | 왜 우리는 계속 경계 태세를 취해야 하는가?

6장 거짓: 거짓 사상은 은혜를 방종으로 만든다 • 161
자기의 정욕을 좇아 행하지 말라 | 하나님의 주권을 이해하고 악의 실체를 파악하라 | 배교자의 거짓에 강하게 맞서 싸우라 | 외모가 아닌 공의의 판단으로 판단하라 | 배교자를 어떻게 알아볼 수 있는가? | 세상 유행을 좇지 말라

7장 공격: 그리스도의 주 되심을 어떻게 부정하는가? • 190
복음주의는 어쩌다 그렇게 엉망으로 변해 버렸는가? | 주님의 다스리심에서 멀어지다 | 구도자 민감형 교회 | 불확실함과 의심에 사로잡힌 포스트모던 옹호자들 | 머리가 의미하는 바는 무엇인가? | 누가 그리스도를 머리로 만드셨나?

4부 우·리·의·전·략

8장 배교의 시대에 어떻게 살아남을 것인가? • 216
사람을 위해 설교하지 말라 | 똑같은 잘못을 다시 저지르지 말라 | 신실한 자들이여, 진리 전쟁에 나서라! | 미리 하신 말씀을 기억하라 | 하늘에 있는 것에 마음을 두라 | 긍휼히 여겨 가까이 하라 | 혼란에 빠진 사람들을 구하라 | 거짓 교리를 확신하는 사람들을 구하라 | 거짓 교리에 헌신된 자들을 긍휼히 여기라

부록 정확한 분별력을 어떻게 갖출 수 있는가? • 239
왜 분별력이 부족할까? | 타협과 논쟁사이에서 | 하나님의 생각과 방법을 아는 영적 분별력 | 세상을 피하지 말라 | 복음에 머물러 있으라 | 성경 해석이 먼저, 적용은 후에 | 예수님의 징벌을 무시하는 교회들 | 영적 성숙의 부족 | 분별력과 영적 성숙, 그리고 하나님의 말씀

각주 |

● ● ● ●

교회라 하면 흔히 군대를 연상한다. 지휘관은 평화의 왕자요, 목표는 평화 정착이며, 기질적으로 평화를 소유한 사람들을 군사로 삼은 군대 말이다. 그런데 전쟁과 복음은 성격상 크게 다르다. 이 땅의 교회는 지금껏 그래 왔듯이 무장하고 싸우고 정복하는 일을 앞으로도 계속 해 나갈 것이다.

왜 그렇게 생각하는지 궁금한가? 그렇게 될 수밖에 없기 때문이다. 이 땅에 존재하는 진리라면 결코 싸움을 피할 수 없다. 만약 거짓 사상error과 손을 잡고 타협한다면 그것을 진리라고 할 수 있겠는가? 음흉한 이단과 거짓이 어찌 티 없이 순결한 진리와 한 집에서 평화롭게 웃고 지낼 수 있단 말인가.

─C.H. 스펄전─

● ● ● ●

서론. 왜 진리를 위해 싸워야 하는가?

　　크리스채너티 투데이Christianity Today지 최신호는 표지 기사로 "이머징 처치"Emerging Church에 대해 다루었다. 기사의 내용은 미시간 주 그랜드 래피즈에서 꾸준히 성장하는 이머징 처치 중의 하나인 '마르스힐 교회'를 설립한 랍 벨 목사Rob Bell 부부에 대한 이야기였다.
　　기사에 따르면, 랍 벨 목사 부부는 점점 교회 생활이 편안하지 않았다고 한다. 크리스턴의 말이다. "오랜 시간 교회 생활에 만족하며 그냥 그렇게 지내 왔는데, 갑자기 신앙 생활 자체가 시들해졌습니다." 랍 벨 부부는 성경에 대한 그들의 가정에 의문을 품기 시작했다. 랍 벨Rob Bell의 말이다. "성경을 하나님이 쓰신 작품이라기보다는 '인간의 창작물'이라는 생각을 해요. 여전히 성경이 우리 중심에 서 있긴 하지만, 이제는 성경을 다른 각도에서 보게 돼요. 성경의 수수께끼들을 풀어 정복하기보다는 차라리 그 미스테리를 그대로 품고 싶습니다." 크리스턴이 말을 이었다. "저는 과거에 성경을 풀어 해석하고 그것이 뜻하는 바가 무엇인지 잘 이해한다고 생각했는데, 이제는 성경의 대부분이 무엇을 의미하는지 잘모르겠어요. 하지만 다시 인생이 정말 굉장하다고 느껴요. 예전에는 흑과 백의 삶이었다면 지금은 삶이 아주 다채로운걸요."[1]

기사 전체를 꿰뚫는 주제는 이머징 처치 운동이 진리를 모호하고 불분명하며 확실하지 않은 것으로 심지어는 알 수 없는 것으로까지 생각한다는 것이다.

어떤 이머징 처치 지도자들은 성경이나 복음처럼 아주 기본적인 사안들조차도 누군가 좀 확실하게 보는 듯한 경향을 띠면 엄청 불편해 한다. 최근 이머징 교회 운동에 영향력을 발휘하고 있는 인기 저자 겸 전직 목사인 브라이언 맥라렌Brian McLaren의 예를 들어보자. 크리스채너티 투데이지는 맥라렌의 의견을 다음과 같이 소개했다. "우리는 아직 복음을 완전히 다 이해했다고 생각하지 않아요. 물론 자유주의자들도 그렇지 못하고요. 지금 우리 가운데 정통교리Orthodoxy를 제대로 다 이해한 사람을 한 사람도 없을 겁니다."[2]

다른 자료에서 맥라렌은 정통교리Orthodoxy, 성경의 절대 권위를 믿는 신앙이라는 점에서 긍정적인 평가를 받고 있으나, 경직성과 배타성이 부정적인 문제로 지적되고 있다. – 역주를 겉만 번지르한 '박물관의 골동품'에 비유한다.[3] 게다가 조직신학은 생명 없이 앙상하게 뼈만 남은 '박물관의 미이라'로 풍자하기도 한다.[4] 그런데 요즘 이런 식의 생각들이 인기를 끌고 있다.

기독교 메시지가 너무 엄격해서는 안 된다는 생각은 세상 문화에 친숙하고 시대정신에 민감한 사람들에게 상당한 인기를 얻고 있다. 무엇보다 성경을 권위주의적으로 깐깐하게 적용해야만 세속적이고 불경건한 행동을 개선할 수 있다고 생각하는 교회들에 질려 있는 젊은이들에게는 특히 매력적일 것이다. 그리고 실제로 이러한 사고들이 복음주의 교회 전반에 암적인 요소로 퍼져 가고 있다.

그러나 분명히 말하지만, 이것은 참으로 위험한 생각이다. 흔히들 말하는 불신앙이란, 자신이 믿는 바에 무지한 것을 가리킨다. 신앙인이라고 하면서 하나님이 계시하신 진리를 알면서도 지키지 않는다면, 이보다 더 교만한 불신앙이 어디 있겠는가?

성경에 따르면, "멸망하는 자"불신앙으로 망할 자는 "진리의 사랑을 받지 아니하여 구원함을 얻지 못"(살후 2:10)한다고 기록되어 있다. '구원하는 믿음'을 잉태하지 않았다면 그 어떤 사랑도 입에 발린 거짓에 불과하다. 이것은 참신자냐 아니냐를 판가름해 주는 중요한 잣대가 되기도 한다. "진리를 알지니 진리가 너희를 자유케 한다"(요 8:32)는 예수님의 말씀을 기억하라.

진리의 가치는 영원하다

진리는 세상 모든 것 가운데 가장 중요하고 가치 있는 것이다. 교회를 "진리의 기둥과 터"(딤전 3:15)라 하지 않던가.

역사는 진리를 부인하느니 차라리 고문과 죽음을 선택한 사람들의 얘기로 넘쳐난다. 이전에 자신의 신앙을 위해 생명을 바치는 일을 영웅적으로 평가하던 시절이 있었다. 하지만 이제는 꼭 그렇지만은 않다.

테러리스트와 자살 폭탄을 감행하는 자들이 '순교'의 개념을 자신들에게 유리한 쪽으로 왜곡해 버렸다. 제아무리 '순교자'로 추켜세우려 몸부림치더라도 결국 그들은 사람을 죽이는 자살 테러범에 지나지 않는다. 그들의 폭력적 행동은 순교자의 모습과는 정반대이며, 그들을 부추기는 무모한 이데올로기는 진리와 판이하게 다른 양상을 보여 준다. 테러범들이 취하는 난폭한 행동 어디에 영웅적이고 고귀한 모습이 있는가? 그러나 어느새 그들은 이 세대 전체를 뒤흔드는 시대 풍조의 중요한 상징으로 자리했다. 게다가 오늘날 거짓을 위해 싸우고 기꺼이 죽음을 받아들이려는 자들은 끝도 없이 많지만, 진리를 위해 목숨을 내놓으려는 자들은 그리 많지 않다.

역사가들은 수많은 기독교 순교자들에 관해 증언한다. 역사 속의 기독교 순교자들은 무시무시한 테러리스트가 아닌 오직 진리만을 신봉하는 영웅적 용사들이었다. 그 어떤 거센 반대와 위협의 물결 속에서도 진리를 포기하거나 버리지 않고 전하고 증언했다.

가장 대표적인 순교자는 바로 초대 교회사 시대에 살았던 사도들이다. 열두 사도 가운데 요한을 제외한 나머지 사도 모두 순교의 제물로 죽었다신앙을 위해 고문당하고 망명했다는 사실로 볼 때, 요한 역시 진리를 위해 값비싼 희생을 치른 순교자의 반열에서 결코 예외가 될 수 없긴 하지만. 그들은 진리를 사랑하고, 진리를 위해 싸우다 마침내 숨져 갔고, 다음 세대에도 같은 유산을 물려주었다.

초대 기독교 시대를 산 익나티우스Ignatius와 폴리캅Polycarp은 진리의 전사들이었다. 두 사람은 사도 요한의 가까운 친구와 제자로, 그리스도를 포기하고 진리에서 등을 돌리기보다는 기꺼이 생명을 바쳤다.

로마 황제 트라얀Trajan은 우상 앞에 절함으로써 로마에 대한 충성심을 입증하라고 익나티우스에게 강요했다. 한 번만 무릎을 꿇었어도 살 수 있었지만 익나티우스는 그렇게 하지 않았다. 그를 지켜보던 사람들은 그가 그리스도를 부인하지 않는 한도 내에서 형식적으로라도 조금 굽혀 주기를 바랐다. 하지만 그에게 진리는 생명보다 더 소중한 것이었다. 익나티우스가 우상 숭배를 거부하자 황제 트라얀은 그를 이방 군중들을 위해 만든 경기장에 던져 넣어 야수들의 밥이 되게 했다.

폴리캅은 익나티우스의 친구로, 그 역시 자신의 사명을 잘 알고 기꺼이 생명 바치기를 주저하지 않았다. 그를 피에 주린 폭도들이 지켜보는 경기장 한가운데에 세우고는 그리스도를 저주하라고 명령했다. 하지만 그는 끝내 불복했고, 이런 유명한 말을 남기고 산 채로 불태워 죽임을 당했다.[5] "86년간이나 섬겼으되 한 번도 잘못된 길로 가게 하지 않고 나를 구원하셨던 왕을 어찌 내가 욕되게 할 수 있단 말인가?"

교회사를 거슬러 올라가면 헤아릴 수 없이 많은 순교자들이 이처럼 진리를 부인하기보다는 죽음을 선택했다. 그들이 멍청해서 너무 지나치게 확신했던 것일까? 그들의 비뚤어진 열정이 정말 잘못된 신앙의 확신에서 온 것일까? 그들이 죽음이 정말 아무 가치도 없단 말인가?

그리스도를 믿는 사람 중에서도 몇몇은, 그리고 그리스도를 믿지 않는 사람들 대부분은 분명 그렇게 생각할 것이다. 하지만 핍박을 거의 모르는 문화에서 살던, 소위 그리스도인이라는 사람들이 놓치고 있는 한 가지가 있다. 진리를 따르는 자들이 그 대가로 무엇을 자주 지불해야 하는지 모른다는 것이다.

　'자주'라는 말을 눈여겨보아야 한다. 따지고 보면, 진리에 대한 신실함이란 '자주' 정도가 아니라, 어쩌면 '항상' 값비싼 대가를 치러야 하는지도 모른다(딤후 3:12). 예수께서도 자기 제자가 되려면 반드시 십자가를 져야 한다고 말씀하셨다(눅 9:23-26).[6]

　복음주의 운동을 하는 사람들은 진리의 가치를 떨어뜨린다는 주변의 비난을 감수할 수밖에 없다. 왜냐하면 그들에게는 사람들의 가려운 데를 긁어 주려는 성향이 있기 때문이다(딤후 4:1-4). 오늘날 대형 교회를 꽉 채우고 있는 여흥에 주린 교인들 가운데 진리를 위해 기꺼이 자신의 생명을 바칠 사람이 몇이나 된다고 보는가? 뿐만 아니라 핍박이 전혀 없는 환경에 사는 대부분의 그리스도인은 진리를 위해 단호한 입장을 취하지 않는다. 그런 모호한 입장은 잘해 봐야 다른 사람의 기분을 상하게 하는 최악의 결과만 낳을 뿐임에도 말이다.

　수많은 그리스도인이 진리를 위해 싸울 게 아니라, 같이 어울리고 놀아야 제격이라고 생각들 한다. 교회에 출석하는 대다수 신자들의 사고 속에는 진리를 위해 싸운다는 개념이 전혀 없는 것 같다. 현대 그리스도인들은 세상과 적당하게 타협하면서 사이좋게 지내기를 바란다. 물론 그 과정에서 가능한 한 아주 재미있게 살고 싶어 하는 것도 사실이다. 그래서 불신자들이 교회를 '근사한' 곳으로 봐주기를 바란다.

　그렇다 보니 교인들은 그들의 교리가 건전한지 그렇지 않은지에 대해서는 질문조차 할 수 없게 되어 버렸다. 그런 분위기 속에서는 다른 사람이 거짓된 사고를 갖고 있지나 않은지 점검하는 것 자체가 시대 조류에 맞지 않는다고 생각하기 때문이다. 심지어 이단에 대해 위험하다고 염려하는 것이야말로 세상 사람들이 가장 '촌스럽게' 보는 것이라는 생각까지 하는 형편이다. 어차피 영적인 진리 따위에 목숨을 걸지 않다 보니, 그것을 중요하게 생각하는 다른 사람의 마음도 이해하지 못하는 것이다.

하지만 그리스도인이라면 진리를 위해 살고 진리를 위해 죽을 줄 알아야 한다. "진리를 알지니 진리가 너희를 자유케 하리라"(요 8:32)는 말을 생각해 보라. 진리를 담대히 선포하는 일을 조금도 부끄러워해서는 안 된다(시 107:2). 진리를 위해 부름 받았다면 기꺼이 자신의 생명을 바칠 준비를 해야 한다. 예수도 십자가 사명으로 제자들을 부르셨을 때 바로 그 말씀을 하셨다(마 16:24). 비겁자가 어찌 참신앙인과 같을 수 있단 말인가?

진리란 무엇인가?

하나님과 진리는 절대 분리될 수 없다. "진리가 무엇인가? 무엇이 진리를 사실로 만들어 주는가? 진리에 대해 우리가 어떻게 확실히 알 수 있을까?" 진리의 본질을 생각할 때면 으레 하나님이 생각난다. 성육신하신 하나님―예수 그리스도―이 진리 자체이시기 때문이다(요 14:6).

또한 하나님을 부인하는 자들이 그분의 진리를 거절할 때 특별히 놀라지 않는 이유도 바로 그 때문이다. 하나님에 대해 아무런 생각이 없는 사람의 세계관 속에는 진리가 들어가 거할 만한 공간이 전혀 없다. 무신론자나 불가지론자, 우상 숭배자는 진리의 개념 자체를 좋아하지 않는다. 이처럼 진리를 세우시고 최종적으로 판단하실 뿐 아니라, 진리 자체와 구현되신 하나님을 거절하는 것은 하나님 자신을 부인하는 셈이 되는 것이다.

간단히 살펴보겠지만, 이것이 바로 진리를 확실하고 이해 가능한 실체로 더 이상 믿지 않는, 소위 학문과 철학을 전공한 학자란 사람들이 지금까지 내린 결론이다. 오해하지 말라. 그런 생각들이 싹터 거둔 열매가 불신앙이 아니던가? 진리를 싫어하는 이런 현상은 타락한 인간의 본성으로 말미암은 자연스런 결과물이다(롬 8:7).

이 시대, 성경의 하나님을 믿는다고 하는 대다수의 사람들은 여전히 진리에 대해 확신을 갖지 못한다. 숨 막힐 정도로 진리를 혐오하는 사고들이 복음주의 운동을 넓혀 나가는 단체뿐 아니라 현대 사회 전체에 팽배해 있다.[7] 진리가 존재하기는 하느냐고 대놓고 도전하는 자칭 복음주의자라는 사람들을 보라. 또 진리가 존재하기는 하겠지만 확실하게는 알 수 없고, 그러니 그게 정말로 중요한 것은 아니라고 생각하는 자들은 또 얼마나 가관인가!

현대인들이 푹 젖어 있는 진리에 관한 두 가지 병폐가 있다. 이것은 마치 염병과도 같이 복음주의 운동으로 가장 인기 있는 저자들이나 설교자들 사이에서 마구 퍼져 나가고 있다. 하나는 '진리, 신경 꺼!' 라는 자세이고, 다른 하나는 '진리, 잘 몰라!' 라는 태도이다. 심지어 '성경, 도무지 알 수 없으니 이젠 좀 조용히 살자!' 라는 반응을 보이는 사람도 있다.

사실 그런 사고들은 더 이상 새삼스러운 것도 놀랄 일도 아니다.

빌라도가 법정에서 "진리가 무엇이냐?"며 그리스도께 보인 태도가 꼭 그러했다(요 18:38).

마음속에 깔려 있는 불신앙이라는 본질적인 문제로 진리를 평가해야 하는데도, 지도급에 속하는 복음주의자들은 시대 조류에 따라 일시적으로 발생한 지적 흐름을 판단의 잣대로 들이댄다. 그들이 짐짓 과시하는 융통성 있는 신앙이란, 이렇게 종교적 가면으로 밑바닥에 깔린 불신앙을 살짝 덮어 버린 것에 불과한 것이다. 이런 모습은 결코 참신앙의 모습이랄 수가 없다. 불신앙이 낳은 최악의 모습이 결국 진리를 확실하고 똑 부러지게 받아들이지 않는 꼴이 되어 버렸다.

교회는 어느 시대를 막론하고 그 같은 회의주의에 직면해 왔다. 그러므로 교회의 사명은 하나님이 말씀에서 계시한 진리를 세상을 향해 분명하게 선포하는 것이다. 세상 불신앙에 맞서 싸워야 한다. 그것이 하나님이 주신 명확한 메시지이다. 우리를 부르시고 명하시고 사명 주신 목적이 그것이기 때문이다(고전 1:17-31). 그리스도의 신실하심과 하나님의 영광이 그것을 원하신다.

수정주의와 회의주의적 물결이 교회를 장악해 가고 있는데, 언제까지 팔짱만 낀 채 강 건너 불구경하듯 앉아 있을 텐가? 더 이상은 자선이나 협력과 연합이라는 미명에 속아 혼란마저 구별 못한 채 포용하고 마는 불상사는 없어야 한다. 신실한 그리스도인들이 그러했듯이, 우리는 진리 편에 서야 하고 진리를 위해 싸워야 한다. 나아가 진리를 위해 기꺼이 죽을 수 있어야 한다.

성경이 말하는 영적 전쟁-하나님과 어두움의 세력들 사이의 우주적인 전쟁(엡 6:12)—은 진리에 대한 이런 해묵은 갈등을 뜻한다. 적들은 광명의 천사로 위장하고는 신앙 공동체에 침투해 들어온다(고후 11:13-15). 새로운 수법이 아닌데도, 현 세대는 전혀 눈치 채지 못하고 있다. 무엇보다 불행한 것은 이런 위협을 심각하게 생각하는 가치 있는 그리스도인이 그리 많지 않다는 것이다. 오히려 오늘날의 교회는 점점 거드름을 피우며 세속적인 자만심에 빠져 간다.

하나님의 영광은 생각지도 않고, 진리와 건전한 교리에 전혀 무감각해진 교회 지도자들이 이제는 방법론에 빠져 헤어나지 못하고 있다. 이런 점에서 당장은 싸움이 적에게 유리한 쪽으로 돌아가는 것처럼 보인다.

하나님이 "나 여호와 너의 하나님은 질투하는 하나님인즉 나를 미워하는 자의 죄를 갚되 아비로부터 아들에게로 삼사 대까지 이르게 하거니와"(출 20:5)라는 경고를 더하심으로 우상 숭배 금지에 관한 둘째 계명을 주셨다. 반면, 다른 성경 본문들은 자식이 아비의 죄로 인해 죽임을 당하지 않을 것을 분명히 하고 있다(신 24:16; 겔 18:19-32). 따지고 보면, 굳이 그런 대물림되는 저주가 아니더라도 죄짓는 자들의 결과는 대대로 이어지게 마련이다. 자식들은 선조들이 행한 것을 보고 따르며 경험한 그대로 모방하는 것이다. 이처럼 이전 세대의 가르침은 다음 세대들이 물려받을 영적 유산의 터를 견고하게 다져 주는 지렛대 역할을 한다. '선조들'이 수세대가 지나야 겨우 원상복구할 수 있는 진리를 포기하면 어떻게 되겠는가?

따라서 교회 지도자들은 책임감을 가지고 본보기를 보여야 한다.

"지식과 명철로 [신자들]을 양육할 [하나님의] 마음에 합한 목자들"(렘 3:15; 행 20:28-31)이야말로 오늘 우리 현실에서 가장 절실히 필요한 사람들이다. 신자라면 진리를 공격하는 어떤 시도에도 대항하고, 거짓된 생각은 아예 떨쳐 버려야 한다. 무엇보다 거짓의 아비인 사탄과 어떤 타협도 거부해야 한다(요 8:44).

진리 전쟁이란 것도 따지고 보면 전쟁 그 자체이지 않은가. 아무리 치열하다 하더라도 영적 전쟁에는 반드시 최고의 보상이 따른다. 따라서 우리는 그 어느 전쟁에서보다 최대한 열심히 싸워야 한다.

진리는 왜 반드시 하나님과 연결되어 있어야 하는가?

그동안 진리를 성경과 아무런 관련 없이 정의하려는 모든 시도들은 실패로 돌아가고 말았다. 하나님이 존재하는 모든 것의 근원이라는 이유 때문에 그렇다(롬 11:36). 하나님만이 진실된 모든 것들의 뜻을 명확하게 하시고, 거짓의 한계를 정할 수 있는 유일한 분이시다. 하나님은 자연 속에 계시하신 진리의 창조자가 되신다(시 19:1-6). 그 가운데 어떤 것은 하나님이 자신을 드러내신 것의 결과들이다(롬 1:20). 하나님은 마음과 양심을 주심으로 우리가 진리를 이해하고 참과 거짓을 구분할 수 있도록 하셨고, 심지어 우리 마음에 그의 율법을 새기심으로 기본적으로 잘 이해할 수 있는 터를 마련해 놓으셨다(롬 2:14-15). 더불어 그분은 생명과 경건에 속한 모든 충분한 계시(딤후 3:15-17; 벧후 1:3)이자, 완벽하고 무오한 진리인 성경을 중심으로 구주와 주님이신 그분께 우리를 인도하게 하셨다. 마지막으로, 신적 계시의 정점이신 하나님은 진리 그 자체의 구현이신 그리스도를 보내셨다(히 1:1-3). 자신을 피조물들에게 드러내고자 하심이 이 모든 것들을 위한 하나님의 궁극적인 이유이다(겔 38:23).

그러므로 모든 진리는 하나님에 대한 진실─그분이 누구신지, 그분의 마음이 하시는 것과 그분의 거룩하심이 의미하는 것과 그분의 의지가 입증하는 것들이 무엇인지 등등─에서 출발한다. 하나님의 존재가 옳다고 결정하고 설명하면 그것이 진리가 되는 것이다. 그러므로 그분이 존재하지 않는다는 모든 생각은 거짓이다. 성경에 기록되었듯이 "어리석은 자는 그 마음에 이르기를 하나님이 없다"(시 14:1, 53:1) 한다.

일단 누군가가 하나님을 부인한다고 가정했을 때, 궁극적으로는 모든 진리도 부인해야 하는 것이 앞서 다루었던 이유들과 논리적으로 일치된다. 하나님의 존재를 부인하는 것은 어떤 류의 지식에 대한 정당성도 거부하는 것과 마찬가지인 것이다. 성경에 "여호와를 경외하는 것이 지식의 근본이다"(잠 1:7)라고 기록되어 있지 않은가? 따라서 참이요, 한 분이신 하나님을 인정하는 것이 진리 자체를 기본적으로 잘 이해하는 출발점이 되어야 한다.

어거스틴Augustine이 말했다. "우리는 이해하기 위해 믿고, 게다가 우리의 믿음은 우리가 더 잘 이해하는 만큼 유지되고 강해지는 것이다." 먼저 하나님이 계시하시는 믿음을 깨닫는다면 진리를 진지하고 뜻깊게 파악하고자 하는 우리의 소망은 이루어질 것이다.

성경은 진리를 알고 진리가 자유케 한 사람들을 가리켜 참그리스도인이라 부른다(요 8:32). 이들은 전심을 다해 진리를 믿고(살후 2:13), 하나님의 성령을 통해 진리에 순종한다(벧전 1:22). 마음속에 있는 하나님의 은혜로우신 일을 통해 진리에 대한 강렬한 사랑을 받았기 때문이다(살후 2:10). 그렇다면 진리를 제대로 파악하지 못한 자들은 누구인가? 성경은 진리를 알고 믿고 순종하고 사랑하는 마음이 없는 자들이라고 기록하고 있다.

분명한 것은, 참으로 성경적인 그리스도인이라면 절대 진리가 존재한다는 것과 하나님의 인격과 진리가 뗄 수 없는 관계임을 받아들여야 한다. 쉽게 말해, 자신의 신앙 체계를 '기독교'적인 것으로 부르는 사람이라면 진리가 참으로 중요한지에 관한 의심을 절대로 할 수 없는 것과 같은 이치이다. 혹 누가 의심을 품기라도 한다면 그것은 진리의 본 모습이 아니리라.

참진리를 객관적 실체로 보는 사람이 있다면 성경적으로 진리를 잘 이해했다고 봐도 좋다. 진리는 우리 주변에 존재하고 우리가 인지하든 안 하든 상관없이 동일한 모습으로 존재한다. 진리란, 하나님이 불변하신 것처럼 늘 확고하며 변함이 없다. 프랜시스 쉐퍼Francis Schaeffer가 말한대로 "진정 참된 진리"란 실체에 대한 우리의 사적이고 자의적인 해석이 아니라, 하나님이 존재하시는 그대로 어떤 분이신지에 대한 변함없는 불변의 표시이기 때문이다.

현대 그리스도인들은 다음과 같은 것들을 알아야 한다. 하나님의 말씀을 쳐다보며 "이것이 대체 내게 무슨 의미가 있나?"라고 질문하는 것으로 진리를 결정할 수는 없다. 누가 그렇게 말한다면, 그럴 때마다 항상 이렇게 묻고 싶다. "당신이 존재하기 전에 성경은 무엇을 의미했으며, 하나님이 어떤 의미로 말씀하셨는지 아는가?" 참으로 적절한 질문들이리라. 우리의 직감과 경험, 그리고 욕망들이 진리와 의미를 결정하는 것이 아니다. 하나님의 작정하심이 이미 성경-그 문제에 관한 혹 다른 것들-의 참된 의미를 결정하고 고정시켜 왔다. 그 의미를 깨닫고 적용하기 전에 적절하게 해석하는 것이 해석자의 과제이다.

현대인들이 생각하는 것만큼 하나님의 말씀은 모호하거나 파악 불가능하지 않다. 물론 성경에 이해하기 어려운 내용이 없는 건 아니지만(벧후 3:16), 성경의 진리는 그 누구도 혼란에 빠뜨리지 않을 정도로 분명하다. "그 길을 걷는 자는 우매한 자라 할지라도 거기서 방황하지 않을 것이다"(사 35:8,NKJV)라는 말씀이 그것을 입증하고 있지 않은가?

더욱이 우리가 진리를 자기 나름대로 이해하고자 하면 가변적일 수도 있고 실제로 변하기도 한다. 물론 키가 자라는 만큼 우리의 이해력 역시 성장한다. 우리 모두는 유아들이 먹는 말씀의 젖을 빨며 신앙생활을 시작한다. 하지만 점점 더 단단한 진리의 음식을 씹고 소화할 능력을 얻으면서 말씀의 고기로 자라 간다(고전 3:2; 히 5:12). 진리의 풍성함이나, 진리와 다른 진리와의 관계에서 어린아이 같은 지식이 좀 더 성숙하고 장성한 분량으로 자라는 것이다. 그러나 개인의 생각이 바뀌었다고 해서 진리 자체가 변하지는 않는다. 진리를 더 깊이 알면 알수록 진리는 더욱 더 굳게 고정되는 법이다.

진리에 모든 생각들을 고정시키는 일이야말로 자기 본분을 다하는 것이다(시 19:14). 사적인 생각과 기호와 자기 욕망을 위해 '진리'를 맘대로 해석할 권한이 우리에게는 없다. 받아들이기 힘들다는 이유로 진리를 무시하거나 버려서는 안 된다. 무엇보다 중요한 것은, 진리를 이해하고 지켜 나가는 데 큰 대가와 희생을 치른다 해서 진리에 대해 냉담하거나 나태해서는 안 된다는 사실이다. 진리를 자의적으로 접근하는 일 외에 하나님의 권위에 도전하는 일이 또 있을까?(시 12:4). 그 길을 택하는 자를 기다리는 것은 오직 자멸뿐이다(롬 2:8-9).

더욱이 자신과 진리를 아주 선명하게 드러내신 분이 하나님이 아니시던가? 성경의 특별 계시는 별개로 치더라도, 영적 진리의 기본적인 요소들까지도 하나님은 아주 선명하게 이해할 수 있게 해놓으셨다. 예를 들어 성경에 따르면, 하나님은 자신에 관한 주요한 진실들과 그의 능력과 영광과 의로우심을 만물과 양심을 통해(롬 1:19-20, 2:14-16) 모든 사람들에게 자연스레 알리셨다. 모든 인류를 "핑계치 못하게" 할 만큼 진리는 충분히 자명한 것이다(롬 1:20). 최후의 심판대에서 심판 받을 모든 사람들은, 자신에게 알려졌음에도 자신이 거부한 진리에 대해 스스로 책임을 져야 한다. 공평하고 의로우신 하나님이 신·불신의 사람 모두에게 계시에 순종할 책임을 맡기셨다고 했는데, 이러한 증거만으로도 하나님이 우리를 위해 진리를 선명하게 하셨다는 사실을 반박할 수 없으리라. 결국 성경을 아주 확실한 책으로 보지 않는 사람은 하나님의 지혜와 고결성을 공격하는 사람임에 틀림없다.

현대 교회에서 진리는 어떤 식으로 공격받고 있는가?

역사적 기독교가 지닌 주요한 특징에 대해 오랜 세월 지속되어 온 확신들이 무엇이냐고 묻는다면 다음 네 가지로 요약할 수 있다. "성경의 명백함과 충분함, 구속되지 못한 자들의 버림받음, 그리고 죄인들의 심판에 대한 하나님의 정의로우심justice"이다. 대수롭지 않은 질문들이나 사소한 작은 교리 문제에서 그리스도인 개인끼리 서로 생각이 다를 수 있다. 하지만 역사적으로나 집단적으로 볼 때 누가 그것을 진리로 이해하고 좋아하고 받아들이든 상관없이, 사실인 것은 무엇이든지—그것이 객관적으로건 존재론적으로건 간에—사실이라는 점에 대해서만큼은 항상 일치된 견해를 보여 왔다. 달리 말해서, 하나님이 현실을 창조하시고 진리를 정의하신 이상, 누군가의 개인적인 관점이나 기호와는 상관없이, 정말로 사실인 것은 모두에게 사실이란 것이다.

하지만 요즘, 진리를 주관적이고 상대적인 개념으로 실험하면서도 그들에게 '그리스도인'이라는 훈장을 달아 주는 사람들이 있다. 이러한 흐름은 성경적이고 역사적인 기독교로부터 이탈하려는 시도에 불을 댕기는 신호탄 역할을 톡톡히 하고 있다. 그래서 원하는 지점에 도달했을 때 마침내 참기독 신앙의 필수요소 모두를 포기하거나 타협할 수밖에 없는 쪽으로 불길을 몰아 가고 있다. 필자가 확신하기로는, 오랜 진리와의 싸움에서 상대방을 포기하고 타협하게 만드는 것만큼 어두움의 세력들이 즐겨 사용하는 공격용 무기는 없다.

우리 시대에 결코 잊어서는 안 될 무서운 착각이 하나 있다. 기독교를 좀 안다고 생각하는 사람들이 가르치고 지지하고 조장하는 사상은 오류가 없다는 생각이다. 그 어떤 이유로도 거짓 사상이라는 사실은 변하지 않는 법이다. 또 복음주의 계통의 서점에 진열한 베스트셀러 가운데 상대주의relativism란 책이 한 권쯤 끼어 있다 해서, 오류의 심각성이 무디어질 거라 생각하면 그 역시 오산이다. 진리나 확실성의 개념을 바꾸려는 그 어떤 시도도 기독교 복음의 중심과 핵심 부위에 심각한 타격을 주는 위기로 몰아 갈 수 있음을 명심하라.

진리를 거역하는 전쟁은 지금도 계속 진행 중이다. 우리는 둘 가운데 한쪽에 속해 있다. 중립지대란 없다. 중립인을 위한 안전지대도 없다. 최근 이 전쟁에서 공통된 문제가 대두되고 있는데, 바로 진리에 대한 질문이다. 진리가 무엇이며, 그것은 우리가 진짜 이해할 수 있는 것인가 하는 것이다.

공교롭게도 이 세대에는 갈등과 싸움을 그다지 좋아하지 않는 그리스도인들이 많이 살고 있다. 논쟁이라면 그 대가가 무엇이건 간에 무조건 피하고 보자는 생각을 가진 얌체들이 많다. 이들은 다 성경적으로 교리적으로 제대로 된 공급을 못 받아 영양실조에 걸려 있는 실정이다. 유감스러운 것은 이런 자들을 모범으로 삼아 추켜세우는 덜 떨어진 목회자들까지 있다는 점이다.

사람들이 교회 안에서 논쟁이나 싸움에 참여하여 재미를 붙이는 것은 틀림없이 그럴 만한 이유가 있기 때문이다. 모든 세대에서 진리를 대적하는 자들이 너무도 잔혹했던 사실로 보아, 진리를 위한 싸움은 절대 피할 수 없다. 진리는 언제나 공격받기 마련이므로, 목숨 걸고 싸워야 할 진리들이 공격당할 때는 반드시 싸움에 나서야 하는 것이 참신자의 도리다.

신앙고백을 하는 기독교 공동체 내부에도 싸움으로 인해 갈등이 일어난다. 복음 진리를 막아서는 적들이 교회에 침투하면, 그때마다 신실한 신자들은 반드시 그들과 맞서 싸워야 한다. 사도 시대 이후부터 그래 왔듯이, 오늘 우리 역시 그렇게 해야 한다.

신실한 그리스도인은 어떻게 답해야 하는가?

진리를 위한 싸움이 얼마나 중요한 지 다루게 된 것은, 성령이 신약 성경 계시를 완성하도록 역사하셨을 때부터다. "갈등 중인 진리에 어떤 식으로 헌신할 것인가"를 공통 과제로 삼고 있는 짧은 서신이 셋 있다. 이 서신들은 마지막 전쟁과 진리의 최종 승리를 예언하고 있는 요한계시록 바로 앞에서 그림자 역할을 하고 있다. 셋 가운데 둘은 사도 요한이 썼다. '진리' 라는 말은 요한에서 처음 넉 절에만도 다섯 번이나 등장한다. 진지한 어조로 다음과 같이 끝을 맺고 있다(7-11).

"미혹하는 자가 많이 세상에 나왔나니 이는 예수 그리스도께서 육체로 임하심을 부인하는 자라 이것이 미혹하는 자요 적그리스도니 너희는 너희를 삼가 우리의 일한 것을 잃지 말고 오직 온전한 상을 얻으라 지내쳐 그리스도 교훈 안에 거하지 아니하는 자마다 하나님을 모시지 못하되 교훈 안에 거하는 이 사람이 아버지와 아들을 모시느니라 누구든지 이 교훈을 가지지 않고 너희에게 나아가거든 그를 집에 들이지도 말고 인사도 말라 그에게 인사하는 자는 그 악한 일에 참예하는 자임이니라"

이외에 요한삼서에서도 진리를 중요한 주제로 삼는다. 14절까지만도 '진리'라는 단어가 무려 여섯 번 한글 성경에서는 4번 나온다. 사도 요한은 진리를 지키기 위해 디오드레베를 비판하는 글을 썼다. 이 자는 진리를 사랑하기보다는 교회에서 대접받기를 더 좋아했다. 그와 대조적인 인물로 요한은 데메드리오라는 사람을 칭찬했는데, 성경은 그가 "뭇사람에게도, 진리에게도 증거를 받은"(요 3:12) 자라고 밝히고 있다.

"엽서 Postcard 서신" 세 쌍 가운데 세 번째 저자는 유다이다. 유다는 진리를 위해 싸워야 할 의무를 신자들에게 상기시키기 위해 이 책을 썼다. 물론 그의 원래 의도는 이것이 아니었다. 유다가 처음 펜을 들었을 때 그의 계획은 함께 받은 구원 common salvation에 대해서 써 보는(유 3 상) 것이었다. 그러나 대신 성령은 유다에게 "단번에 주신 믿음의 도를 위하여 힘써 싸우라"(유 3 하)고 성도들에게 권면을 지시하셨다. 유다는 기독교 공동체에 몰래 들어온 거짓 선생들의 영향력에 맞서 싸우는 일을 상세히 설명한다. 이들은 분명 기독교 강단을 세상 연단으로 대체해 버렸는데, 이 연단을 통해 기독교 교리의 핵심을 손상시킨 거짓말까지 퍼뜨렸다. 성경을 통해 이를 확인해 보자. "이는 가만히 들어온 사람 몇이 있음이라 저희는 옛적부터 이 판결을 받기로 미리 기록된 자니 경건치 아니하여 우리 하나님의 은혜를 도리어 색욕거리로 바꾸고 홀로 하나이신 주재 곧 우리 주 예수 그리스도를 부인하는 자니라"(유 4).

이 책을 쓰게 된 동기도 유다서 3-4절에서 영감을 얻었다. 그전에도 이미 유다서 주석을 저술한 바 있으므로,[8] 겹치는 문제는 피하고 앞서 말한 두 구절(유 3-4)에 초점을 맞추어 이 책을 써 내려갈 것이다.

다른 여러 각도에서 유다의 경고를 한번 살펴보자. 매사를 낙관적으로만 보는 호인의 입장과 전쟁을 지지하는 군인의 입장 중에서, 믿음을 필사적으로 지키고자 할 목적이라면 과연 누구의 입장이 더 적격이겠는지 알아볼 것이다. 복음이 공격을 당할 때에 무관심, 소심함, 타협 그리고 무저항이 왜 그리스도인들의 선택에서 제외되는 건지 이유를 살펴볼 것이다. 교회사 전반에서 벌어진 진리 전쟁에서 다소간의 중요한 싸움들도 점검해 볼 것이다. 무엇보다 유다의 경고가 왜 지금 이 시대에 각별히 필요한지 그 이유도 살펴볼 것이다.

교회에 대한 걱정, 복음에 대한 사랑, 그리고 진리에 대한 열정을 가진 유다를 생각할 때면 가슴이 흥분으로 마구 뛴다. 그리스도 안에서 모두가 소유하고 있는 구원의 부요함과 모든 기쁨과 축복들, 주님에 대한 우리의 사랑, 특히 주님의 은혜와 영광 같은 내용들, 필자 역시 그처럼 무언가 긍정적인 내용의 글들—구원의 풍성함과 그리스도 안에서 진리인 사람들이 누려야 할 모든 기쁨과 축복들이나, 주님에 대한 사랑이나, 특별히 그분의 은혜와 영광과 같은 것들—을 써 내려가고 싶다. 실은 이런 목적으로 이 책이 나오게 된 것이다. 다시 말하자면, 반드시 사수해야 할 논점들이 진리 전쟁에서 지금 심각한 위기를 맞고 있는 상황을 타개하기 위해 이 책을 집필했다는 말이다.

글을 쓰는 방향에 대해서 살을 붙이자면, 그리스도를 진심으로 사랑하는 독자들에게 영감된 유다의 말을 반복하여 "믿음의 도를 위해 힘써 싸우라"고 권면하는 쪽이, 전적으로 긍정적이고 아무런 논쟁거리도 없는 방식으로 다루는 것보다는 낫다고 생각한다. 싸울 용기를 가진 전사는 얼마 되지 않는데, 진리는 지금 거센 공격을 받고 있다.

이 세대의 신앙인들 가운데 그리스도의 심판대 앞에 서서, 자기네가 살았던 문화에서는 진리를 위해 싸우는 일을 부정적인 것으로 생각했기 때문이라고 불평하면서 자신들의 냉담함에 대해 변명할 수 있는 자가 과연 몇이나 되겠는가?

요한계시록 2-3장에서 그리스도는 교회 안에 들어온 거짓 선생들을 참아 낸 교회들도 비판하셨다(2:14-16; 20-23). 그분이 에베소 교회에 특별히 권면한 바는 어떤 거짓 사도들의 주장을 알아보고 그들을 거짓말쟁이로 드러내라는 것이었다(2:2). 교회들이 가져야 할 의무는 침투하는 거짓 선생들에 강력히 대적함으로 믿음을 보호하는 것이다. 그것을 요구하신 분이 그리스도시다.

물론 그렇다고 진리 사수만이 능사는 아니다. 믿음을 논증적으로 변호하는 것만이 반드시 건강한 교회나 건강한 신자를 보장해 주는 것이 아니란 사실에 주목할 필요가 있다. 진리를 사수함으로써 교리적으로 건전했던 에베소 교인들이 처음 사랑을 빨리 떠나게 된 것을 꾸짖으신 그리스도가 아니시던가?(계 2:4) 진리 전쟁에 참여해 믿음을 위해 싸우는 것이 중요한 만큼, 싸우는 이유를 확실히 기억하는 것은 더욱 더 중요하다. 진리를 위해서 싸우는 목적은 단지 적을 정복하거나 혹은 어떤 논쟁을 확보하는 전율을 맛보기 위해서만이 아니다. 진실로 통하고 싸울 가치가 있는, 그래서 실존해 살아 숨쉬는 구현이신 그리스도를 위한 진정한 사랑까지 경험하기 위해서라는 사실을 기억하자.

The Truth War

1부 공격 받다

포스트모던 사회에서 진리가 살아남을 수 있을까?

예수께서 대답하셨다. "빌라도가 가로되 그러면 네가 왕이 아니냐 예수께서 대답하시되 네 말과 같이 내가 왕이니라 내가 이를 위하여 났으며 이를 위하여 세상에 왔나니 곧 진리에 대하여 증거하려 함이로라 무릇 진리에 속한 자는 내 소리를 듣느니라 하신대 빌라도가 가로되 진리가 무엇이냐 하더라"(요 18:37-38).

빌라도의 태도는 그가 요구받은 사안의 심각성을 고려할 때, 의외로 느껴질 만큼 모욕적인 것이었다. 그래도 그는 "진리가 무엇이냐?"라는 중요한 질문을 던지긴 했다.

결국 이런 생각이 어디서 왔으며, 그것이 어떤 이유로 그처럼 모든 인간의 사고에 기초가 되어 구석구석 영향을 발휘하는 것인지 궁금하기 짝이 없다. 우리의 모든 사상, 개발하는 모든 관계, 소중히 여기는 신념, 알고 있는 모든 사실, 주고받는 모든 논쟁과 대화, 그뿐 아니라 우리가 생각하는 모든 사상들을 감안해서 판단할 때, '진리'란 게 있긴 하나 보다. 결코 부인해서는 안 될 이런 생각 없이는 우리의 마음이 제기능을 할 수 없을 것이다.

진리가 정말로 쓸모 있는 것인가 하고 회의적으로 보는 신식 사상가가 있다고 가정해 보자. 아마도 그런 사람은 그런 자기 생각을 피력하기 위해서라도 애초부터 진리를 의미심장한 것으로 인정하지 않을 수 없을 것이다. 진리가 절대적으로 필요하다는 사실만큼 모든 인간 사상의 확실한 기초가 되고 보편적이며, 부인할 수 없는 자명한 원리는 드물 것이다.

진리는 결코 하나님과 분리될 수 없다

진리는 결코 하나님과 분리될 수 없다. 하나님을 그 근원으로 설정하지 않은 채 진리를 이해하고 설명할 수 있는 사람은 이 세상에 없다. 하나님만이 영원히 자존하시고, 만물의 창조주이시며, 모든 진리의 터가 되신다. 그런 사실을 믿지 않으면서 하나님과 상관없이 진리를 설명하려고 애써 보라. 그런 모든 정의들은 결국 실패하고 말 것이다.

일단 진리의 본질을 생각하기 시작하면, 보편적인 완전함의 필수 요건인 하나님의 영원한 실체와 마주치게 될 것이다. 반대로 사람들의 마음에서 하나님에 대한 생각을 제거하려고 해보라. 그 순간 진리에 대한 모든 생각은 무의미한 것이 되고 말 것이다. 더불어 인간의 마음속에 품은 모든 상상 또한 완전히 어리석은 것이 되어 버린다.

바울 사도가 로마서 1장 21-22절에서 인간의 사고가 벗어난 것에 대해 적나라하게 추적한 이유도 바로 이 때문이다. "하나님을 알되 하나님을 영화롭게도 아니하며 감사치도 아니하고 오히려 그 생각이 허망하여지며 미련한 마음이 어두워졌나니 스스로 지혜 있다 하나 우준하게 되어"(롬 1:21-22).

누군가 진리를 하나님을 아는 지식에서 떼어 놓으려 한다면 그는 심각한 도덕적 결과를 맛보게 될 것이다. 바울은 계속해서 다음과 같이 기록하고 있다. "또한 그들이 마음에 하나님 두기를 싫어하매 하나님께서 그들을 그 상실한 마음대로 내어 버려두사 합당치 못한 일을 하게 하셨으니"(롬 1:28).

피할 수 없이 엄청난 결과를 경험하고 싶은가? 진리와 불의를 성경적으로 정의 내리는 일을 포기하면 된다. 현대사회의 구석구석에서 자신의 눈앞에 어떤 일이 펼쳐질지 보게 될 것이다. 동성연애나 반역, 그리고 오늘 우리 사회에서 볼 수 있는 모든 형태의 죄들을 인정한다고 해 보자. 로마서 1장에 기록된 대로 한 사회가 하나님과 진리 사이의 필수적인 연결을 부정하고 억누를 때 항상 일어나는 것들이 성취되는 것을 볼 것이다. 가만히 생각해 보자. 하나님과 떨어져서는 선이나 악, 우파와 좌파, 미와 추악, 혹은 명예와 불명예와 같은 가장 기본적이고 도덕적인 차이점들조차 참되고 지속적인 의미를 가질 수가 없다. 진리와 지식은 고정된 원천이신 하나님과 분리되어서는 일관된 의미를 가질 수 없기 때문이다.

하나님은 진리가 가지고 있는 정의 자체를 구현하신다. 하나님과 상관없이 주장하는 진리는 모두 상식 밖의 일이다.

수천 년 동안 인간 철학자들은 하나님과 상관없이 진리와 인간의 지식을 설명하고자 했다. 하지만 그들의 노력은 성공하지 못했다. 최근 세속적인 사고의 세계에서 불길한 변화가 일어나는 것도 바로 이 때문이다. 어떻게 그런 변화가 일어났는지 간략한 밑그림을 살펴보자.

고대 헬라 철학가들은 우리가 무엇을 그리고 어떻게 알아야 하는지 설명하려는 시도도 하지 않은 채 그저 진리와 인간 지식의 타당성을 추측했다. 그러나 그리스도가 오시기 대략 5백 년 전에 소크라테스와 플라톤과 아리스토텔레스는 진리를 어떻게 정의하고, 하나의 신념이 사실인지 아닌지를 어떻게 발견하는지, 그리고 믿음에서 실제로 정당한 것을 어떻게 결정할 수 있는지의 문제를 고려하기 시작했다. 약 2천 년 동안 거의 모든 철학자들은 자연이 지식을 전달하고, 진리와 지식이 인간의 마음에 어떻게 전달될 수 있는지 자연주의적인 시각으로 설명해 왔다.

17세기 중반, 소위 계몽주의의 동이 트고, 레내 데카르트Rene DesCartes와 존 로크John Locke와 같은 철학자들은 지식을 습득하는 방법에 대해서 굉장히 진지한 자세로 고민하기 시작했다. 인식론epistemology이라는 철학의 한 분파로 지식을 연구하고 또한 인간의 마음이 어떻게 진리를 인식하는가를 연구하기 시작한 것이다.

합리주의자인 데카르트는 이성이 진리를 드러내는 도구가 된다고 믿었다. 그 기초 위에 좀더 복잡한 지식의 구조를 짓기 위해 그는 몇 가지 기본적인 진리로 출발해 논리적 연역법을 사용했다. 그런가

하면 로크는 인간의 마음이 백지 상태로 시작하여, 감각을 통한 순수한 지식을 필요로 한다고 보았다_{로크의 개념을 경험주의라 한다}. 임마누엘 칸트Immanuel Kant는 논리와 경험_{합리주의와 경험주의}만 가지고는 인간이 가진 모든 지식을 설명할 수 없다는 사실을 입증했다. 또 합리주의와 경험주의는 몇몇 요소가 뒤섞여 있다고 지적했다.

헤겔G. W. F. Hegel 또한 실재는 변하지 않는다는 사실을 부인하면서 진리에 관해서 좀더 유동적인 입장을 피력했다. 그 대신, 진실한 것들은 시간이 지나면서 진화하고 변화한다고 말했다. 헤겔의 이런 생각은 다양한 비합리주의의 문을 활짝 열어제치는 열쇠 역할을 했다. 그리고 이 사상은 키에르케고르Kierkegaard, 니체Nietzche, 그리고 막스Marx의 철학에서부터 헨리 제임스Henry James와 같은 실용주의에 걸쳐서 분포해 온 '현대적' 사상 체계란 것이 대표한 것이었다.

그동안 공들여 왔던 인식론이, 이전까지 맺어 온 연결고리가 모조리 깨어진 긴 쇠사슬처럼 제시되고 정체 또한 하나하나 폭로되었다. 이후 수천 년이 지나도록 최고의 인간 철학자라는 이들도 하나님과 상관없는 진리와 인간 지식의 유래에 대해 설명하지 못하고 있다.

하나님을 출발점으로 인식하지 않은 상태에서 진리에 관해 생각하려는 그 어떤 시도도 불가능 자체일 뿐이라는 사실은 철학이 우리에게 남긴 가장 소중한 교훈이다.

패러다임 쉬프트

최근 쇠사슬이 끊어졌다는 것과 그 원인이 진리를 불합리하게 탐구하는 것에 있다는 사실을 인정하는 불신 지식인들이 많아졌다. 사실상 그들은 진리를 완전히 쓸데없는 것으로 내팽개쳐 버렸다. 따라서 현재 인간 사고의 세계는 심각한 변화의 상태에 직면해 있다. 우리는 지금 사회 전반에 퍼진 의미심장하고 급진적인 패러다임 쉬프트의 _{식구조의 전환}를 눈으로 목도하고 있다. 진리 자체에 관한 사람들의 생각이 대대적으로 완전 분해되어 버리고 있단 말이다.

현대 서구 사상은 진리가 무엇을 요구하는지, 왜 진리의 하나님을 믿어야 하는지 전혀 생각하지 않는다. 그 상태에서 서로 뒤엉켜 있는 진리의 일관된 개념을 인간 철학에서 제거하는 방법만 고안해 내고 말았다. 그 결과 진리의 개념은 철학적 공동체와 학자들, 세계 종교의 영역에서 무차별 공격을 받고 있다. 사람들은 진리에 관한 사고방식 자체를 완전히 개조해 버렸음은 물론, 인간 지식의 용어마저 전적으로 새롭게 정의해 버렸다. 진리에 관한 모든 개념을 잃어버리는 것이 목적이 되고 말았다.

인간 철학의 목표는 진리를 으레 하나님과 상관없는 것으로 인식하도록 만드는 것이다. 오늘의 철학들은 진리와 상관없는 하나님의 개념에 빠져 있다. 좀더 정확히 말하면, 모든 사람이 갖고 있는 개인 영성은 자신만의 신을 원하는 대로 만들어 내는 것이다.

각자 죄짓는 자신들의 개인 기호에 모든 기준을 맞추고, 그 밖에 다른 어떤 필요한 요구 사항들을 만들지 않기 때문에, 개인이 갖고 있는 신들은 죄악된 자기 의지에 조금도 위협을 주지 못한다.

진리를 부인하는 이 같은 모든 이유를 성경은 한마디로 이렇게 강조한다. "사람들이 자기 행위가 악하므로 빛보다 어두움을 더 사랑한 것이니라"(요 3:19). 예수님이 무어라 말씀하시는가? 사람들이 지적이어서가 아니라, 근본적으로 도덕적이라는 이유로 인해 진리를 거부하는 것이라고 하셨다. 진리는 너무나도 명확한 것이다. 진리는 죄를 드러내고 비난한다. 따라서 "악을 행하는 자마다 빛을 미워하여 빛으로 오지 아니하나니 이는 그 행위가 드러날까 함이다"(요 3:20). 죄인들은 자신들이 저지르는 죄를 사랑하고, 그래서 빛으로부터 도망하며, 심지어 빛이 존재한다는 사실조차 부인하는 것이다.

진리를 거부하는 전쟁은 이전에도 많이 있어 왔다. 뱀이 여인에게 "하나님이 참으로 ……시더냐"(창 3:1) 하고 유혹했던 에덴동산 시절부터 있어 왔던 것이다. 진리와 거짓, 선과 악, 빛과 어둠, 확신과 의심, 신앙과 회의, 의로움과 죄악, 이 둘 사이의 잔혹한 전쟁은 지금까지 사정없이 휘몰아치고 있다. 모든 인류 역사에 걸쳐 있는 사나운 영적 갈등인 것이다. 또한 이 전쟁은 전례를 찾아보기 힘들 정도로 잔인하고 무분별하다.

최근 일어나고 있는 패러다임 쉬프트의 결과가 어떠할지는 이미 불을 보듯 뻔하다. 과거 수세기에 걸쳐, 우리는 사회의 도덕적 가치관과 철학과 종교 및 예술 분야에서 급격한 변화를 경험했다. 이러한 변화는 우리 할아버지 세대에서는 감히 상상조차 하지 못한 일이다. 전혀 영향을 받지 않은 게 없을 정도니 말이다. 성경이 이끌어 낸 사상과 도덕적 기준들에 대한 전통적이고 유명무실한 헌신들은 이제 기성세대와 함께 사장되어 가고 있다. 또한 많은 사람들이 패러다임 쉬프트가 인간 사고의 발전에 있어서 현대 시대를 넘어 다가올 위대한 시기포스트모던 시대를 우리에게 가져다 줬다고 믿고 있다.

근대주의

근대성이라는 용어는 진리가 존재하고 그 진리를 결정하는 유일한 방법이 '과학적 방법'이라고 믿는 특징을 갖고 있다. 소위 현대 시대에, 합리주의적 전제가 대부분의 학문적 분야들 철학, 과학, 문학, 그리고 교육을 만들어 냈다. 다른 말로 하면, 현대 사상은 인간의 이성을 무엇이 진실한 것인가에 대해 최종적으로 조정하는 요인이라고 봤던 것이다. 때문에 근대주의는 초자연적인 것에 관한 개념은 완전히 무시한 채 모든 것에 대한 과학적이고 이성적인 설명들만 기대했다. 하지만 현대 사상가들은 진리를 아는 것이 가능하다는 생각을 가지고 있었다. 그들은 여전히 모든 이에게 응용 가능한 보편적이고 절대적인 진리를 추구하고 있다. 그래서 과학적 방법론은 현대인들이 그 지식을 얻고자 할 때 활용할 수 있는 중요한 수단이 된 것이다.

그 같은 전제들이 맺은 열매가 바로 다원주의인데, 이것은 인간적인 사고와 세계관이라는 쌍둥이를 낳았다. 그들 가운데 두드러지는 것들에는 막시즘과 파시즘, 사회주의와 공산주의, 신학적 자유주의를 포함한 몇 가지 무신론적이고 합리주의적이고 유토피아적인 철학들이다.

근대주의의 파괴적인 반향은 곧 세계적인 인식으로 자리 잡게 되었다. 이 같은 이데올로기들이 일으킨 다양한 갈등이 20세기를 지배해 왔다. 그리고 결과적으로 모두 패자가 되었다. 양대 세계대전 이후 학문적인 세계의 대다수 사람들은 근대주의의 사망을 선언했다. 베를린 장벽은 현대 이데올로기에 좀더 똘똘하고 위풍당당한 유적 가운데 하나였다. 그런데 이 장벽이 무너짐으로써 사실상 현대 시대도 사망했다고 할 수 있다. 그 벽은 근대주의가 잘못 주도한 유토피아적 세계관을 완벽하게 대변한 것이었고, 따라서 그것의 붕괴는 근대주의의 와해를 완벽하게 상징한 것이었다.

설사 다는 아니라 해도, 현대 시대에 활용되었던 대다수의 교리와 세계관들은, 사실상 지적이고 학문적인 세계의 모든 영역에서 이제 완전히 시대에 뒤떨어진 퇴물로나, 더 이상은 별 소망 없는 애물단지로 여겨질 운명에 놓였다. 심지어 근대주의자들이 갖고 있는 고등비평higher criticism, 성경에 기록된 연대 "기원" 신빙성 등에 관한 본문비평을 뜻하는 말로, 교회와 성경에 대한 불신감을 조장한다는 비판을 받아 왔다.-역주에 대한 종교적 매혹은 추상적인 영성으로 전락했다.

현대 시대의 특징인 지나친 합리주의와 인간 자만심의 거센 바람이 드디어 돛에 아무런 영향을 끼치지 못하게 되었다.

포스트모더니즘

포스트모더니즘post-modernism이란, 여러 가지 새로운 사고방식들을 한데 뭉뚱그려 놓은 것이다.

자신을 둘러싼 세계에 관심이 있다면, 이 같은 용어를 들어 보았을 것이다. 1980년대 이후 건축과 예술, 문학과 역사, 문화와 종교에 있어서 여러 인기 있는 유행들을 묘사하려다 보니 점차 포스트모더니즘이란 용어를 사용하게 되었다. 포스터모더니즘에 어떤 명백한 정의를 무시하는 사고방식이 내포해 있다 보니 설명하기가 쉬운 일이 아니었다.

진리의 확고 부동함을 무시하다 : 포스트모더니즘에는 진리에 대해서 확실하고 고정된 가능성을 무시하는 경향이 있다. 포스트모더니즘은 설사 객관적인 진리가 존재하더라도 객관적으로 확실히 알 수 없다고 주장한다.

포스트모더니즘에 따르면, 인간 정신에는 주관성이 있는데 그것이 객관적인 진리를 알 수 없게 한다고 주장한다. 그러므로 진리를 객관적인 용어로 이해하기란 불가능하다고 본다. 객관성이란 것은 망상에 불과하고, 확실한 것은 아무것도 없다는 것이다. 그래서 사려 깊은 사람이라면 결코 어떤 것에 관해 너무 확신에 찬 발언을 하지 않을 거라고 한다. 어떤 진리에 관하여 강하게 확신한다는 것은 최고로 오만하고 바보스러울 정도로 순진한 것으로 볼 수 있다. 모든 사람은 각자 자기 나름대로의 진리를 가질 권한이 있다.

그러므로 포스트모더니즘은 최악질의 범죄만을 악으로 규정할 뿐, 다른 어떤 것에 대해서 사실이라거나 선하다고 표현하는 의무 조항이 없다. 악 그 자체의 개념이 어떤 것들에 대한 포스트모던적인 도식에 맞지 않기 때문이다. 우리가 어떤 것을 확실히 알지 못한다면 그것이 악한지 또는 그렇지 않은지 어떻게 판단할 수 있단 말인가?

이처럼 다른 모든 진리에 관한 주장을 조직적으로 파괴하는 것이 포스트모더니즘의 유일한 목표다. 이것을 수행할 주된 도구는 다음과 같다. 상대주의, 주관주의, 모든 교리를 부인함과 분명한 정의를 해부함과 멸절시킴, 모든 자명한 이치를 가차없이 의문시함, 신비와 역설을 지나치게 칭찬함, 모든 모호함에 대해서 고의적으로 과장함, 그리고 그 무엇보다 모든 것에 대한 불확실성을 장려함 등이다.

불확실성으로 똘똘 뭉친 포스트모더니즘 : 포스트모더니즘을 솥에 넣고 오랜 시간 팔팔 끓이면, 유일하게 남는 건더기가 무엇일까? 그것은 그 어떤 것에 대해서도 확실히 표현하지 않는 것이라. 본래부터 포스트모더니즘은 확실성이란 것을 오만하고 엘리트주의적이고 강압적이어서 항상 옳지 않은 것으로 보아 왔다.

근대주의가 붕괴하고 이성적인 인간의 오만함을 강타한 것은 틀림없이 경축할 만한 일이다. 하지만 영적인 측면에서 볼 때 포스트모더니즘의 출현은 결코 긍정적인 발전으로 볼 수 없다. 포스트모더니즘이 낳은 두 쌍둥이가 있으니, 하나는 도처에 만연해 있는 '진리 거절'과 다른 하나는 '회의주의 절대 환영'이라는 악동들이다. 포스트모더니즘을 따르는 사람들은 진리를 주장하는 것을 경멸한다.

또한 통일성 있는 세계관을 세우려는 모든 시도를 아니꼬워하면서 포괄적인 이데올로기와 신앙 체계들에 '메타내러티브' metanarratives, 인류를 하나로 묶는 공통적이고 보편타당한 거대한 지식 체계를 뜻하는 "거대 담론"을 말한다. – 역주, 또는 그랜드 스토리 grand stories 라는 딱지를 붙인다. 그 같은 '담화들'로는 모든 사람의 개인적 관점을 제대로 나타낼 수 없으며, 항상 부적절하다고 그들은 주장한다.

객관주의보다 주관주의를 더 좋아하는 포스트모더니즘의 편애는, 결국은 그것을 본질상 상대주의적인 것으로 만든다. 자연히 포스트모더니즘은 절대불변의 개념으로부터 꽁무니를 빼며, 자명하게 보일 수 있는 어떤 진리도 인정하려 들지 않는다. 대신 진리를 인정한다 해도 그것은 결국 끝없이 유순하고, 어떤 객관적인 의미도 알 수 없는 무엇이 되고 만다.

그러므로 포스트모더니즘은 진리가 고정되고 객관적인 것이 아니라, 각 사람의 독특하고 주관적인 인식에 따라 개인적으로 결정되는 것이라는 주장을 하는 상대주의의 승리를 의미한다. 하지만 이 모든 것은 도덕성과 죄책감을 인간의 삶에서 제거하려는 헛된 시도에 지나지 않는다.

믿음을 비합리적이라고 보면 착각이다

진리에 대한 포스트모더니즘의 개념 가운데 경의로운 태도로 언급해야 할 한 가지 아주 중요한 사항이 있다. 이성적이고 논리적인 형태를 늘 의심하는 자들이 포스트모더니즘주의자들이다. 특히 그들은 진리를 명백한 명제적인 용어로 설명하기를 꺼려한다.

포스트모더니즘은 근대성의 억제할 수 없는 합리주의에 대한 반발로 일어났다. 그러나 사실 합리주의에 대한 많은 그들의 대응은 지나치게 과민한 것이다. 그 결과 비합리성을 합리주의보다 뛰어나다고 생각하는 포스트모더니즘주의자들이 많아졌다.

실제 이 두 가지 사고방식은 대단히 잘못된 것이요, 또한 참된 진리와 성경적 기독교에 매우 적대적이다. 하나의 극단은 그 반대의 극단만큼이나 치명적이다. 합리주의는 거절당해야 하나 합리성마저 버려져서는 안 될 것이다.

성경은 합리성 건전한 논리를 통하여 신뢰가 두터운 이성을 올바로 사용하는 것을 결코 정죄하지 않는다. 믿음을 비합리적이라고 보면 착각이다. 참성경적인 진리는 우리가 논리적이고 명확하고 분별 가능한 사고를 활용하기를 요구한다.

진리란 것은 다른 진리의 밝은 빛 아래서 분석 시험하고 비교할 수 있는 것이지, 아침 안개처럼 불합리한 것으로 흐릿하게 사라져 버리는 것이 아니다. 진리는 결코 자가당착의 모순된 것이나 부조리한 것이 아니다. 그리고 시종일관성이 모든 진리의 필요한 특성임을 주장하는 것은 합리주의가 아니다. 그리스도는 육신을 입으신 진리이며 자신을 부인할 수 없는 분이시다(딤후 2:13).

자기를 부정하는 진리는 "모든 거짓은 진리에서 나지 않음이라"(요일 2:21)는 말과 완전히 반대되는 것이다.

어쨌든 논리적이란 것은, 성경의 히브리적 상황에 적대적인 독특한 헬라어 범주가 아니다 그것은 포스트모더니즘의 불합리성과의 시시덕거림을 옹호할 때 기분 나쁠 정도로 지나치게 간소화된 흔히 쓰이는 신화이다. 성경은 대조법이나 "만일-그렇다면"의 논쟁이나 삼단논법이나 명제와 같은 논리적 장치를 자주 활용한다. 이들 모두는 표준적으로 논리적인 형태로 성경은 그러한 것들로 가득 차 있다 고전 15:12-19절에 나오는 부활의 중요성에 대하여 바울이 행한 일련의 긴 연역적 논증을 보라.

포스트모던적인 사고에 매혹된 사람들은 많다. 이들은 진리를 수학공식처럼 꾸밈없이 있는 그대로 드러내는 명제로 표현할 수 없다고 격하게 따진다. 심지어 신앙고백을 한 그리스도인조차도 "진리가 개인적인 것이라면 명제적이 될 수 없다"는 말을 그대로 따른다.

진리가 그리스도의 인격 속에 구현되어진다면 명제의 형태는 진리를 확실하게 표현할 수 없다. 성경의 대부분이 한 쌍의 명제가 아닌 이야기체의 형식으로 말하는 것도 바로 이런 이유에서다.

포스트모더니즘이 명제적 진리를 경멸하는 이면에 숨어 있는 이유에 대해서 이해하는 것은 그리 어렵지 않다. 명제란 것은 어떤 것을 확언하거나 부인하는 논리적 진술로서 짜 맞춰진 사고이며, 또한 사실이거나 거짓이어야만 하는 방식으로 표현되어진다. 진실과 거짓 사이에 제3의 대안은 존재하지 않는다. 이것을 논리 용어로 '제외된 중명사' the excluded middle, 여기서 "중명사"는 명제들을 연결해 주는 명사를 말한다. – 역주 라고 한다.

명제가 쓰이는 목적을 볼 때, 진리를 진술한다는 것은 결국은 긍정적이거나 부정적인 것이 되어야만 하는 원래의 명료함으로 요약할 수 있다. 다른 말로 하면, 명제는 우리가 믿는 것의 본질을 표현하는 진리 가치에 관한 가장 단순한 표현이다. 솔직히, 포스트모더니즘은 그런 유의 완전한 확실함을 견뎌 낼 수 없다.

그러나 실제로, 명제적 형태를 거절하는 포스트모더니즘의 견해는 사실 있을 수 없음이 판명났다. 명제를 사용하지 않고 진리를 말하기란 불가능하다. 꽤 최근까지, 사실상 논리와 의미론과 철학을 공부한 사람들은 진리를 명제적 형태로 표현함의 타당성과 필요성이 자명한 것으로 인식했다. 얄궂게도, 명제를 사용함에 대한 설득력 있는 어떤 논증을 하기 위해서는 반드시 명제적 진술을 활용해야 할 것이다. 그래서 명제에 반대하는 모든 논증은 즉각적으로 스스로를 죽이는 짓이다.

믿음은 예수 그리스도 자체를 받아들이는 것이다 : 진리는 사실 그대로의 명제 이상을 필요로 한다. 진리에 개인적인 요소가 있다는 사실은 의심조차 할 수 없다. 예수께서 직접 자신이 육체를 입은 진리라고 선언하셨을 때 그 점을 분명히 하셨다. 또한 성경은 다음과 같이 가르친다. 믿음은 -그분이 실제로 존재한다는 사실과 개인적인 이해와 그 안에서 사는 것- 그리스도에 대한 현실과 동떨어진 진실들의 짧은 목록이 아닌 그 자체를 받아들이는 것이다(마 7:21-23).

믿음이란 것은 일련의 명제들에 대해 그저 동의하는 것으로만 축소할 수 없다는 것이 사실이다(약 2:19). 이미 이전 책에서 거듭해서 표현한 바 있는데, 믿음을 얻는다는 것은 극소주의자 minimalist, 단지 믿기만 하면 된다고 말하는 최소한의 믿음의 의미만 주장하는 사람들.-역주가 써 놓은 복음의 개요, 그 꾸밈없는 사실들에 대해 그저 머리만 끄덕이는 정도의 지적 동의가 다는 아님을 알아야 한다.

그리스도에 대한 참 믿음이란, 그분의 권위에 복종하고자 하는 그분의 인격과 의지에 대한 사랑을 포함한다. 인간의 마음과 의지와 지성은 모두가 믿음의 행위에서 동의하는 것이다. 그런 의미로 봤을 때는, 단순한 명제만으로는 진리의 차원을 모두 바르게 정의 내릴 수 없다는 사실을 인식하는 것이 옳다.

반대로 진리는 명제적 내용을 제외하고서는 살아남을 수 없다. 진리를 믿는다는 것이 어떤 명제에 대한 인간의 지적 동의 이상을 의미하듯이, 사실상 참믿음이란 것도 동의보다 떨어지는 그 어떤 것을 포함할 수 없는 것을 뜻한다. 복음의 명제적 내용을 거절하면 무조건 구원하는 믿음도 상실하게 되는 법이다.

포스트모더니즘주의자들은 다음과 같은 이유로 명제와 꽤 불편한 관계를 유지하고 있다. 그들은 진리를 명제적 형태로 취급해야만 하는 명확함과 불변성을 좋아하지 않는다. 명제는 어떤 진리적 주장의 가장 단순한 형태인 반면, 포스트모더니즘의 근본적인 출발점은 모든 진리 주장을 경멸하는 것이다. '이야기'의 형태로 사상을 전달하는 '모호한 논리'는 꽤 융통성이 있어 보인다. 사실은 그렇지 않은데도 말이다. 명제는 이야기를 포함해서, 진리를 전달하는 모든 수단을 뒷받침하는 필수불가결한 건축 받침대와도 같다.

하지만 진리를 명제적으로 표현하는 것을 공격하는 것은, 포스트모더니즘의 논리에 관한 일반적 불신과 확실함에 대한 혐오, 그리고 명확함에 대한 반감으로 볼 때 자연스럽고 꼭 필요한 것이다. 포스트모더니즘의 관점에 필요한 진리의 모호함과 유연성을 유지하기 위해서는, 진리를 표현하는 수단으로 명백하고 결정적인 명제를 사용해서는 안 될 것이다. 명제는 우리가 사실들에 직면하도록 하고 그들을 긍정하거나 부정하게 하는데, 그 같은 명확함이 포스트모던 사회에서는 잘 어울리지 않는다.

불확실성이 새로운 진리로 각광받다

포스트모더니즘은 몇 단락 정도의 설명으로는 다 표현할 수 없을 정도로 복잡하다. 그러므로 포스트모더니즘의 패러다임 쉬프트에 관한 중요한 특징들만을 다루고자 한다. 단, 어떤 것에 대한 확실성이란 것은 본시 오만한 성격을 띠고 있다는 개념을 염두에 두고 출발했으면 좋겠다.

확실한 것을 정말로 아는 사람은 없다는 믿음은 사실상 포스트모더니즘주의자들이 겪어야 할 하나의 교리로 부각되고 있다. 불확실성은 이제 새로운 진리가 되었다. 누군가가 의심하거나 회의적으로 생각하면 마치 겸손한 사람인 것으로 추앙받는 시대가 되어 버렸다. 옳고 그름의 문제를 주관주의적 감정과 개인적 관점의 용어로 새롭게 정의하고 있다.

이러한 사고들이 교회 안에도 침투했다. 교회 안의 어떤 단체들은 냉소주의를 더할 나위 없이 근사한 것으로 생각한다. 앞서 말한 '이머징 처치' 운동을 벌이는 사람들이 바로 그들이다. 포스트모더니즘이 너무 많은 확실성에 대해 고뇌하고 있는데, 이머징 처치 운동 전체에 그러한 논조가 스며들어 있다. 기독교를 포스트모던 문화에 좀더 잘 어울리도록 하기 위한 자의적인 노력의 일환으로 이머징 처치를 시작했다는 사실에 놀라지 말라. 이머징 그리스도인들은 기독신앙과 교회

구조와 신앙언어, 심지어 복음 메시지 자체까지도 포스트모더니즘 사고와 수사에 마찰되지 않고 순조롭게 잘 조응할 수 있도록 정했다.

포스트모던 사상과 이머징 처치 운동 : 포스트모던 사상은 이머징 처치 운동의 문학에서도 중요한 주제이다. 그 운동에서 주도적 목소리를 내는 지도자들 가운데 포스트모더니즘이 교회가 포용하고 채택해야 할 대상이라고 주장하는 이들이 있다. 그런가 하면 포스트모더니즘을 전적으로 찬성하는 데는 주저하지만, 적어도 그리스도인들이 포스트모더니즘 세대들에게 영향을 미치기를 바란다면 그들의 방식으로 접근할 필요가 있다는 점을 인정하는 이들도 있다. 우리가 전달하는 수단도 바꾸고, 세상에 가져갈 메시지 자체도 바꾸라는 것이다.

그 운동에 속한 어떤 이들은 포스트모던 문화에서 설교를 위한 적절한 역할이 있을 것인지에 대해 공개적으로 문제 삼는 이들이 있다. 의사소통에서 가장 중요한 것은 대화다. 따라서 이머징 스타일의 교회 중에는 목회자를 없애고 "이야기해 주는 사람"narrator으로 대체한 곳도 있다. 아무도 주도적 역할을 하지 않고 자유롭게 대화하는 스타일로 설교를 대체한 교회도 있다. 그 같은 환경에서는 "주께서 말씀하시기를" 따위의 권위주의적인 말투가 절대 환영받지 못한다.

그 같은 사고방식의 첫 번째 피해자는 모든 종류의 확실성certainty이다. 성경의 영감성과 권위에 대한 확고한 신앙, 참복음에 대한 건전한 이해, 구원의 확신, 그리스도의 주 되심에 대한 변치 않는 확신, 그리스도만을 구원의 유일한 길로 믿는 폭이 좁은 배타성과 같은 성경적 기독교의 중심 명제와 기본 확신은 확실성을 부정하는 포스트모더니즘과는 조화를 이룰 수 없다. 포스트모더니즘의 불확실성은 즉각적이고 자동적으로 메시지를 변화시킨다.

포스트모던은 여러 수단들을 동원해 복음주의 운동에까지 그 영향력을 끼쳐 왔다. 2001년에 스탠리 그랜즈Stanley Grenz와 쟌 프랑케John Franke가 공저해서 발간한 「토대주의foundationalism, 기정 사실을 처음부터 옳다는 토대로 놓고 지식 불변의 동일성을 강조하는 주의 – 역주를 넘어서 : 포스트모던 상황에서 신학의 틀 형성하기」Beyond Foundationalism : Shaping Theology in a Postmodern context란 책은 복음적이고 학문적인 공동체에 큰 영향을 끼쳤다. 많은 긍정적인 반성을 이끌어 냈을 뿐 아니라, 글에 동조하는 복음주의 계통 지도자들이 많은 논문과 강연을 하도록 자극제 역할을 했다.

하지만 부제가 암시하듯이, 이 책은 포스트모던 문화를 위하여 기독교를 '상황화' 할 목적으로 신학에 대한 전적으로 새로운 접근을 호소하고 있다. "현대 세계의 범주와 패러다임들은 붕괴했다"고, 그 저자들은 그 책의 서론 문장에 기술했다.[1] 그들은 이토록 변화무쌍한 시기에 보조를 잘 맞추고, 또 당면한 문제에 적절하게 대응할 수 있게 하기 위해 기독교 신학을 재정립하고 고치고 적응시켜야 할 필요가 있다고 계속해서 주장했다.

그랜즈와 프랑케는 하나님의 성령이 성경과 전통과 문화를 통하여 말씀하며, 신학자들은 모든 경우에 성령의 음성을 들어야 한다고 말한다. 더욱이 문화가 끊임없이 흘러나오기 때문에 기독 신학은 계속해서 변하고 또 예민한 상태로 있어야 한다고들 한다. 결코 어떠한 논의도 최종적으로 확정할 수 없다는 것이다. 그러므로 이 모든 문제의 최대 희생자는 '성경적 진리를 확실하고 분명하게 알 수 있다는 주장'이 될 것이다.

그랜즈와 프랑케의 말에는 문제가 없다. 그들은 고정되고 긍정적인 지식을 얻고자 하는 모든 욕망이 계몽주의적 합리주의의 파괴적인 범주에 실제로 속한 것임을 확신했다. 그래서 책 제목에 '토대주의'란 말을 사용한 것이다. 그들은 고전 토대주의를 "완전한 인식론적 확실성의 추구"로 정의를 내린다.[2]

무엇이든 확실한 것은 불편해 : 확실성은 이 책에서 거듭 공격을 받는다. 이것은 확실성이 궁극적으로 소망과는 양립할 수 없는 것이라는 믿을 수 없는 주장에서 정점을 이룬다.[3] 물론 우리가 아직도 확실히 보지 못한 채 여전히 성취의 날을 소망하는(롬 8:24-25) 어떤 것들이 있다. 그러나 우리가 진실하고 고정된 확실함으로 알 수 있는 것이 없다고 결론짓는 것은 무리인 것 같다.

하지만 아직도 존 암스트롱John Armstrong을 포함해 그랜즈-프랑케의 논증이 설득력이 있다고 보는 독자들이 있다. 암스트롱은 작가이자, 회의연사요, 한때 개혁신학의 수호자요 부흥 연구생이었던 전직 목사이다. "개혁과 부흥"이라는 그의 목회 명목이 그것을 반영한다.

「토대주의를 넘어서」를 읽은 후 암스트롱은 목회편지와 일련의 소논문들을 통해 ―믿음과 이해와 성찬과 계시와 기독론의 교리를 포함한― 여러 교리의 중요한 논점들에 관한 자기 마음을 바꾸었다고 선언했다. 출판에 도움을 준 그랜즈와 프랑케를 추켜세우면서 암스트롱은 이렇게 썼다. "저는 신학적 방법에 대해 더욱 깊은 생각을 함으로써, 소위 인식론적인 확신이라는 것을 강제로 포기하지 않으면 안되었어요."[4] 계속 설명하기를, "개혁주의 교의학자들과 선생들은 꾸준하고 흔들릴 수 없으며 확실한 진리를 추구하고 있어요. … 쟌 프랑케는 신학자들이 활용한 의무 조항이 이성을 찬양하고 과학을 무시하고 있다고 했지요. 저는 신학을 하기 위한 방식에 대한 마음을 바꾸었고 이제 프랑케의 결론과 일치함을 고백합니다."[5]

"만일 기독 신학에 기초가 있고, 또 반드시 있어야 함을 제가 믿는다면, 그것이 교회나 성경이나 전통이나 문화 속에서는 발견되지 않습니다." 이 같은 암스트롱의 진술로 볼 때 그가 자신의 출발점을 얼마나 멀리까지 옮겼는가를 알 수 있다.

성경이 기독 신학의 기초가 아니라고? 그렇다면 도대체 무엇일까? 암스트롱의 대답은 「토대주의를 넘어서」의 중심 주제를 되풀이해서 말하는 것이리라. "우리가 기독 신앙과 신학적 계획을 위한 기초에 대해 말해야 한다면, 성경과 교회와 심지어 세상을 통한 운율에 변화가 있는 형태로 나타난 삼위일체 하나님에 대해서만 말해야 할 것이다."[6]

암스트롱은 거북스럽게도 성경의 권위에 대한 입에 발린 찬사를 바치고자 했다. 우리의 교리가 "항상 성경이 포함하고 있는 신적인 자기계시에 대한 규범적 증거와 일치해야 한다" 칼 바르트가 들으면 박수칠 말로고 주장한 것이다.[7] 경멸적인 어투를 잘라내고 그 진술을 최고의 의미로 읽으면서, 암스트롱은 최소한 당분간은 성경이 말하는 하나님의 자기계시가 하나님에 대한 우리의 모든 사상과 신앙과 가르침을 측정하는 궁극적 표준이어야 한다는 사실을 인정하는 듯이 보인다. 하지만 다른 한 손으로 그 맛난 음식을 낚아채고서는 완전히 주관적이고 비합리적이고 포스트모던의 반해석학적인 것으로 재빨리 대체해 버린다. "신학은 그를 들으려는 겸손한 인간의 시도가 되어야 하며, 본문에 대한 합리적인 접근에 관한 것이 되어선 안 된다."[8]

그의 급진적인 전향이 '겸손'의 전형이며, '종의 리더십'의 본질이라고 자랑함으로써[9] 오류에 지배를 받는 많은 환상들을 확인하고 있다. 한편, 자신이 한때 가졌던 견해를 공격하기 위해 풍자와 과장을 사용한다. 그의 주장에 의하면, 어느 "탁월한 그리스도인이 '내 마음은 결코 변하지 않았네, 결코 말이네!'라고 말하는 것"을 자주 들었다.[10] 그는 신학의 용어색인적 관점의 실례로 웨인 그루뎀Wayne Grudem의 조직신학을 인용한다.

예를 들어 "주어진 주제에 관한 모든 절들을 모으고, 그들을 분류해서 당신의 체계 속에 적절히 배치하고, 그 다음에 형식적이든 아니든 나름대로의 신학을 전개해_{혹은 기록하거나} 나가는 것이다. 그런 다음 이 신학을 마치 그 체계 자체가 하나님의 진리를 포함하는 것처럼 전한다."[11]

당신은 그리스도의 마음을 가졌는가?

암스트롱과 그랜즈와 프랑케, 그리고 새롭게 대두되는 포스트모더니즘주의자들은 확실성과 전지함omniscience 둘 사이의 분명한 선을 흐려 놓았다. 그들은 우리가 아무것도 완벽하게 알 수 없다면 어느 정도의 확실함도 정말 알 수 없다는 전제를 갖고 있는 듯하다. 그것은 포스트모던 사상에 먹혀들어가는 논증일지는 모르지만, 다음에 나오는 성경의 가르침과는 완전히 맞지 않다. "우리가 그리스도의 마음을 가졌느니라"(고전 2:16).

물론 우리가 철저한 지식을 갖고 있다고 말하는 것은 아니다. 그러나 하나님의 성령이 그분의 말씀을 통하여 우리에게 가르치듯이, 우리는 성경이 드러내는 무오한 지식을 가지고 있다. "우리가 세상의 영을 받지 아니하고 오직 하나님께로 온 영을 받았으니 이는 우리로 하여금 하나님께서 우리에게 은혜로 주신 것들을 알게 하려 하심이라"(고전 2:12).

우리의 지식이 점차 넓고 깊게 자란다는 사실은 우리가 아는 모든 것이 불확실하다거나 시대에 뒤떨어진 것이라거나, 혹은 자라기까지 정밀검사가 필요하다는 것을 뜻하지 않는다. 요한일서 2장 20-21절 말씀은 모든 믿는 자에 대한 그들의 진정한 마음을 적용하고 있다. "너희는 거룩하신 자에게서 기름 부음을 받고 모든 것을 아느니라 내가 너희에게 쓴 것은 너희가 진리를 알지 못함을 인함이 아니라 너희가 앎을 인함이요 또 모든 거짓은 진리에서 나지 않음을 인함이니라."

포스트모던화된 복음주의자들은 이와는 정확히 반대다. 그들은 '확실성은 과대평가됐고, 확신은 오만한 것에 지나지 않다. 당신의 마음을 변하도록 유지하고 당신의 신학을 끊임없이 변화하는 상태로 유지하는 것이 낫다'고 주장한다.

그 같은 수단으로 인해 진리에 대한 해묵은 전쟁이 바로 기독교 공동체 내부로 옮겨졌고, 그래서 교회 자체는 전쟁터가 되었다. 그러나 오늘 교회 안에 진리를 위해 싸울 준비가 되어 있는 귀한 존재들은 찾아보기 힘든 안타까운 형편이다.

이 땅의 교회는 전쟁 중이다

진리 전쟁은 교회사의 중요한 시기마다 있어 왔다. 교회가 막 시작할 무렵인 사도 시대에도 기독교 공동체 안에는 맹렬한 진리 전쟁이 일어난 바 있다. 사실 성경은 당시 복음이 가는 곳마다 교회 안에 있던 거짓 선생들이 항상 골칫거리였음을 기록하고 있다. 결국 신약성경에 나오는 모든 주요 서신들은 어떤 식으로든 그 문제를 다루고 있다.

사도 바울은 끊임없이 "자기를 그리스도의 사도로 가장하는 자들이었던 거짓 사도와 속이는 일꾼들"(고후 11:13)의 거짓에 대한 싸움에 매달려 왔다. 바울은 싸움을 예상했고, 싸움은 악한 자가 가장 좋아하는 전략 가운데 하나이다. "이것은 이상한 일이 아니니라 사탄도 자기를 광명의 천사로 가장하나니 그러므로 사탄의 일꾼들도 자기를 의의 일꾼으로 가장하는 것이 또한 대단한 일이 아니니라 그들의 마지막은 그 행위대로 되리라"(14-15).

그 같은 일이 우리 시대에 일어나지 않을 것이라는 생각은 참으로 어리석은 발상이다. 사실, 그 전쟁은 대규모로 일어나고 있다. 그리스도인들이 시대의 영들과 시시덕거리고 장난칠 때가 아니다. 이제 더 이상 하나님이 신뢰하신 진리에 관해 냉담할 여유가 없다. 진리를 잘 지켜 다음 세대로 물려주는 것이 우리의 의무이다(딤전 6:20-21). 그리스도를 사랑하고, 자신의 가르침으로 구현하신 진리를 믿는 우리는, 지금 주변에서 맹렬히 일어나는 전쟁의 현실에 눈떠야 한다. 해묵은 진리 전쟁에서 우리의 몫을 감당해야 한다. 우리에게는 전쟁에 참여하여 믿음을 사수해야 하는 거룩한 책임이 있다.

좁은 관점에서 보자면, 이머징 처치 운동 저변에 깔린 개념은 옳다고 할 수 있다. 사실 포스트모더니즘이 만들어 내는 최근 환경은 예수 그리스도의 교회를 위해 놀라운 창구 역할을 하고 있다. 근대 시대를 지배했던 오만한 합리주의는 이미 죽음이라는 고통의 대가를 치르고 있다. 하지만 온 세계가 환멸과 혼돈에 사로잡혀 있다. 모든 것이 불확실하고, 진리를 위해 어디서 돌이켜야 하는지 알지 못한다.

이런 때에 그리스도인들이 불확실성을 모방하거나 포스트모던 입장의 냉소주의를 그대로 흉내 내는 것이야말로 복음 사역 수행에 최악의 전략이다. 대신 우리는 하나님이 그의 아들을 통해(히 1:1-2) 분명하고 권위 있고 최종적으로 말씀하신 그 시대의 영에 대하여 확신해야 한다. 성경에(벧후 1:19-21) 그 메시지의 무오한 기록이 있지 않은가!

포스트모더니즘은 그저 세상의 불신앙을 가장 최근 상황에 맞게 표현한 것에 지나지 않다. 진리에 대한 미심쩍은 모호함—그것의 핵심 가치는 그 순수한 본질—을 순화한 회의주의인 것이다. 포스트모더니즘에서 덕스럽거나 진짜로 겸손한 모습은 찾아볼 수 없다. 단순히 신적 계시에 대한 자만심 높은 반역일 뿐이다.

사실, 포스트모더니즘은 진리에 관해 망설인다. 이는 성경이 말하는 담대한 자신감과는 아주 대조적이다(엡 3:12). 한편 성경의 그 같은 확신은 하나님의 성령이 믿는 자들에게(살전 1:5) 만들어 주신 것이다. 그러므로 우리는 그 확신에 힘입어 세상과 담대히 맞서 싸워야 한다.

복음 메시지란, 예수가 주이시며 그분이 믿는 모든 자에게 영원하고 풍요로운 생명을 주신다는 사실을 분명하고 권위 있게 선포하는 것이다. 우리는 그리스도로부터 영원한 생명을 선물로 받았다. 나아가 그분의 대사들로서 복음 메시지를 담대히 전하라는 명령 또한 받았다. 따라서 그리스도의 좋은 대사들이라면 메시지를 선포할 때 분명한 자세를 취해야 한다.

우리는 평범한 대사일 뿐만 아니라 진리를 위해 전쟁을 치르도록 위임받은 군인이기도 하다. 진리를 공격하는 헤아릴 수 없이 많은 맹공격을 방어하면서 보급하도록 부름받은 것이다. 우리는 죽음의 그림자가 드리워진 어두운 땅에 거하는 자들(사 9:2)에게 좋은 소식을 전하는 대사들이다. 또한 악의 군대가 만든 본거지를 허물어뜨림으로써 거짓과 속임을 내던지게 할 책임을 맡은 군인들이다(고후 10:3; 딤후 2:3-4).

명심하라! 그리스도의 대사로서 우리가 맡은 사명은 사람들에게 좋은 소식을 전하는 것이며, 그리스도의 군인으로서 우리 사명은 거짓 사상을 뒤집어엎는 것이다. 한 순간도 그 사명을 잊어서는 안 된다.

사람들과 직접 전쟁을 치르거나 적그리스도적인 사상을 가진 사람들과 만나 직접 담판을 지을 필요는 없다. 우리의 싸움은 혈과 육의 싸움이 아니다(엡 6:12). 또한 대사로서의 우리의 의무는 인간 철학이나 종교적 기만이나 다른 종류의 거짓(골 2:8)과 타협하는 것을 허락하지 않는다. 만일 그것들이 균형을 잃지 않고 적당한 관점을 고수하여 주장하기 어려운 임무들이라면, 그것은 실제로 그렇기 때문이다.

유다는 그 사실을 이미 알고 있었다. 이와 같은 문제로 싸우는 사람들에게 짧은 서신을 쓰라고 성령이 그에게 영감을 주셨다. 그래서 그는 그들에게 권고했다. 파멸에서 영혼을 구원할 수 있는 모든 방법을 동원함으로써 모든 거짓에 대적하여 믿음의 싸움에 임하라는 것이다. "또 어떤 자를 불에서 끌어내어 구원하라 또 어떤 자를 그 육체로 더럽힌 옷이라도 싫어하여 두려움으로 긍휼히 여기라"(유 23).

한마디로 말하면, 죄인들의 거짓과 다른 모든 악을 파괴하기 위해 최선의 노력을 기울여 왔듯이, 우리는 죄인들을 향해 진리로 나아가는 대사이자 군인인 것이다. 진리 전쟁에 부름받은 모든 그리스도인은 이 사실을 반드시 기억해야 한다.

고귀한 복음 군인이라고 할 수 있는 마틴 루터Martin Luther는 다음과 같이 말하며 자기 뒤에 오는 모든 세대와 모든 그리스도인들에게 도전장을 내밀었다.

만일 내가 세상과 마귀가 공격하는 그 시점을 정확히 제외한 상태에서, 가장 높은 목소리와 가장 분명한 설명으로 하나님의 진리의 모든 부분을 공언하고 또 아무리 담대히 그리스도를 고백한다 해도, 그분에 대한 신앙 고백을 하고 있는 것이 아니라네. 전쟁이 치열해지는 곳은 군인의 충성심을 입증하는 곳이라네. 만일 그 시점에 꽁무니를 빼버린다면, 다른 모든 전쟁터에서 흔들림 없이 싸운다 해도 다만 도주와 치욕거리가 될 뿐일걸세.[12]

The Truth War

2부 무장하다

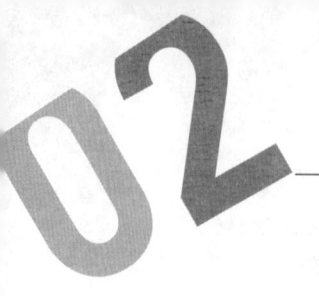

그리스도인은 영적 전쟁에 담대히 참여해야 한다

예수 그리스도의 종이요 야고보의 형제인 유다는 부르심을 입은 자 곧 하나님 아버지 안에서 사랑을 얻고 예수 그리스도를 위하여 지키심을 입은 자들에게(유 1-2).

"전쟁은 지옥이다"라고 윌리엄 테쿰세 셔먼William Tecumseh Sherman이 말했다. 셔먼이 현역에서 은퇴할 때까지 이 말은 그의 이름과 동의어가 될 만큼 유명했다. 그가 언제 그리고 어떤 이유로 그 말을 처음 했는지에 관해 여러 가지 설이 있다. 셔먼은 그의 삶 말년에, 어디서 그 말을 처음으로 내뱉었는지는 정확히 기억할 수 없지만 여전히 그 말이 옳다는 것은 인정했다.

군인으로 오랜 경력을 쌓은 그로서는 전쟁을 경멸할 수 밖에 없었다. 미국 남북전쟁Civil War이 끝나고 한 달 뒤, 군인으로서 그의 명성은 최절정이었다. 그런데 그때 셔먼은 친구들에게 이렇게 편지를 썼다.

"난 지금 전쟁으로 아프고 지쳐 있어."[1]

그러나 그는 여전히 전쟁을 끝낼 수 없었다. 이후로도 14년 동안 미군 장군으로서 명령을 내려야 했기 때문이다. 그때 그는 다시 미 서부 정착을 방해하는 인디언들과의 전쟁에서 잔혹한 장면들을 목격했다. 셔먼은 전쟁을 경멸한 만큼이나 그것으로부터 멀리 떨어질 수 없었다.

여러 역사가들은 셔먼 장군을 위대한 전략가요, 타협 없는 전투원이요 비정한 싸움꾼으로 묘사했다. 하지만 셔먼의 경력은 논쟁의 여지가 많았다. 그래서 역사가들은 그의 개인적 인품과 그가 군대에게 내린 명령에 대해 항상 뒤섞인 평가를 내렸다. 군인으로서 그는 결코 모든 면에서 이상적 모델은 아니었다. 그가 정말로 전쟁을 경멸했다 하더라도, 사실 그는 역사 속의 어떤 군인보다 더 결의가 굳고 집요한 전사였다. 셔먼 장군의 인간적인 면모는 어떻든 간에, 군인으로서의 그는 칭찬받을 만 했다.

마찬가지로 그리스도인도 최선을 다해 전쟁을 경멸해야 한다. 전쟁은 악이 빚어 낸 가장 비참한 결과로 큰 파멸을 낳는다. 전쟁은 항상 추하고 결코 미화할 수 없는 것이다. 제정신인 사람은 결코 전쟁이 일어나길 바라거나 치열한 전투를 재미있어 하지 않을 것이다. 그러나 악이 있는 한 전쟁은 피할 수 없다. 그러므로 악과의 싸움에 직면했을 때 결코 뒤로 물러서거나 적과 타협해서는 안 된다. 또 내키지 않는 마음으로 전쟁에 임해서도 안 된다. 전쟁이 아무리 혐오스럽다 해도 싸우지 않는 것이 그릇된 선택인 경우도 있음을 알라.

어째서 전쟁이 육적인 것이 아닌가?

우리 그리스도인은 도대체 어떤 종류의 싸움을 하고자 하는가? 신약성경에서 말하는 영적 전쟁은 지상의 무기로 육체에 폭력을 가하는 피 튀기는 전쟁이 아니다. 물론 멀지 않은 과거까지도 이러한 일들을 아무 거리낌없이 자행한 건 사실이다. 하지만 더는 그러지 말아야 한다.

일부 종교적 광신자들은 자신을 날려 버리거나 비행기로 빌딩을 폭파하고, 종교라는 미명하에 야만스런 테러 행위를 일삼고 있다. 그러나 영적 전쟁에 임하는 성경적 전략은 이슬람의 성전Jihad이 일삼는 무자비한 전략 따위와는 거리가 아주 멀다.

육체의 힘은 하나님 나라를 발전시키는 데 적절한 도구가 아님을 성경은 분명히 말한다. 기독교 확장을 위해서나, 심지어 적들을 방어하기 위해서도 교회는 칼을 사용할 어떤 권한도 주님으로부터 받지 못했다. 배반당하시던 날 밤, 예수께서 베드로에게 말씀하셨다. "네 검을 도로 집에 꽂으라 검을 가지는 자는 다 검으로 망하느니라"(마 26:52). 이후 성경을 믿는 경건한 그리스도인은 그 말씀을 그대로 따랐다.

물론 범죄나 전쟁으로부터 자신과 가족을 보호해야 하는 순간에도 힘을 사용하지 말라는 말은 아니다. 성경 어디에도 그 같은 일에까지 힘을 사용하지 말라는 말은 없다. 마태복음 5장 39-40절에 나오는 "다른 쪽 뺨도 내밀라"는 원칙은 모든 범죄의 공격에 해당하는 것이 아니라, 그리스도를 위해 개인적으로 모독당하고 핍박당하는 일에 해당한다. 이와 같이 누군가 자기 재산이나 생명, 신체에 위협을 가해 올 때 적절한 힘을 사용하는 것은 성경 원리에 전혀 어긋나지 않는다

(느 4:14). 또한 경찰이나 군인이나 혹은 다른 정부로부터 정당하게 힘을 위임받은 사람도 필요에 따라 반드시 힘을 사용해야 한다. 그렇게 함으로써 그들은 나라에 대한 자신의 의무를 이행하는 것이다. 성경은 어떤 종류의 반전평화주의pacifism에 대해서도 승인한 적이 없다.

요컨대 몸으로서의 교회와 그리스도의 이름으로 행하는 그리스도인이 이 땅에 그리스도의 왕국을 세운다는 미명하에 결코 힘을 사용해서는 안 된다. 진리 전쟁은 세상의 전쟁이나 신체에 폭력을 가하는 것과는 아무런 관계가 없다. 찰스 스펄전Charles Spurgeon은 이렇게 말했다. "하나님의 교회가 힘을 사용한다면, 그것은 기독교 정신을 위배하는 것이다. 기독교 감독이 군인이 되어 군사력이라는 세상 무기를 사용하는 것보다 더 큰 모순은 없을 것이다."[2]

물론, 한때 교회가 그리스도의 이름으로 십자군 전쟁이나 종교재판과 같은 비극적 사건을 수행한 것은 사실이다. 성경을 기준으로 판단할 때, 그것들은 모두 불의하고 부당한 것들이요, 교회의 진정한 직무를 벗어난 잘못이었다. 이런 전쟁과 폭력은 교회가 사회의 영향을 받아 완전히 부패했을 때 일어날 수 있다. 또 다른 예로, 교회와 국가 사이에 불화가 생기자 몇몇 사람들이 그리스도의 이름으로 성전을 벌여야 한다고 생각했다. 결국 이러한 혼란은 열정이 지나친 정치 지도자들이나 착각에 빠진 군대 지휘관들에게 권력을 부여하고 말았다. 바로 영국 혁명이 그런 과정을 거쳐 일어났다. 당시 사람들은 크롬웰Cromwell의 군사 운동 행위를 경건한 청교도 운동의 발현이라고들 생각했다. 또 스코틀랜드에서 종교의 자유를 보존한다는 미명하에, 언약주의자들이 많은 사람을 살해함으로써 영국의 야만스러움에 대해 보복을 했다.

그러나 진리 전쟁은 완전히 다른 무기와 전혀 다른 목적을 위해 싸우는 전쟁이다. "우리의 씨름은 혈과 육에 대한 것이 아니요 정사와 권세와 이 어둠의 세상 주관자들과 하늘에 있는 악의 영들에게 대함이라"(엡 6:12). "우리가 육체에 있어 행하나 육체대로 싸우지 아니하노니 우리의 싸우는 병기는 육체에 속한 것이 아니요 오직 하나님 앞에서 견고한 진을 파하는 강력이라"(고후 10:3-4).

신약에서 언급한 영적 무기에 관한 모든 구절이 이러한 논점을 확실히 뒷받침해 준다. 우리가 전쟁에 사용할 도구는 세상의 모루로 연마한 그 어떤 것이 아니다. 우리에게 허락된 유일한 공격용 무기는 "진리의 말씀과 하나님의 능력"이고, 유일한 갑주는 "의의 병기"(고후 6:7)이다.

요한복음 18장 36절에서 예수님이 빌라도에게 말씀하셨다. "내 나라는 이 세상에 속한 것이 아니라 만일 내 나라가 이 세상에 속한 것이었더면 내 종들이 싸웠으리라."

주님은 전적으로 반전주의를 옹호하시는 것이 아니다. 만약 그분의 나라가 이 땅에 실재했다면, 종들이 그분을 위해 싸우는 것을 과연 말리셨겠는가? 그러므로 폭력 자체가 어떤 상황에서든 정당하지 못하다고 가르치는 자들은 성경의 가르침을 오해한 것이다. 로마서 13장 1-4절을 보면, 악행하는 자들을 벌주고 국가의 평화를 지키기 위해 정치하는 사람들에게 칼을 사용할 권한을 분명히 주셨다.

다시 말하지만, 결코 교회에 육체의 힘을 사용할 권한을 허락해서는 안 된다. 하나님의 사람들에게는 함께 단결하여 치러야 할 보다 중요한 전쟁이 있기 때문이다. 진리 전쟁은 세상의 전쟁이 아니다. 국가를 지키기 위한 전쟁도 아니고, 땅이나 도시를 얻기 위한 전쟁도 아니다. 당파 간의 분쟁이나 개인 간의 인종 갈등으로 빚어진 전쟁도 아니고, 교파 간에 정치적 영향력을 확보하기 위한 싸움도 아니며, 물질 소유를 위한 충돌도 결코 아니다. 하나님의 사람들이 치러야 할 전쟁은 오직 진리를 위한 싸움이다. 진리 전쟁은 이념과 정신에 관한 것이다. 거짓 교리와 악한 이데올로기, 잘못된 신앙이 우리의 적이다. 바로 진리를 위해 싸워야 한다.

바울은 고린도후서 10장 5절에서 진리 전쟁의 궁극적 목표에 대해서 아주 분명하게 기록했다. "모든 이론을 파하며 하나님 아는 것을 대적하여 높아진 것을 다 파하고 모든 생각을 사로잡아 그리스도에게 복종케 하니." 우리의 생각이 곧 전쟁터이며, 전쟁의 목표는 진리의 절대적 승리이다. 그 전쟁에서 우리가 얻을 귀중한 전리품은 죄의 속박에서 승리한 영혼들이고, 결과는 그리스도에게 우리의 모든 생각을 복종시키는 것이다. 더불어 최고의 상급은 주님으로서 그분에게 주신 영광이고, 궁극적 승리는 전적으로 그분의 것이다.

진리가 왜 중요한가?

요즘 이런 말을 갈수록 자주 듣는다. "우리가 믿는 바에 대해 논의는 하지 말자. 그것은 단지 교리일 뿐이다. 대신 어떻게 살아야 하는지 방법에 집중하자. 예수님의 길은 그의 말씀에 대한 우리의 논쟁보다 참으로 더 중요할 것이다. 신조와 교리에 맞지 않는 것들을 버리고, 대신 삶을 살아가는 방식으로 그리스도에 대한 사랑을 보여줄 수 있도록 자신을 바치자."

그리고 꽤 많은 사람들이 이런 제의를 받아들인다. 얼른 보기에는 이 제의가 꽤 관대하고 겸손하며 이타적인 듯 느껴진다. 하지만 그러한 사고 자체는 구원이 예수의 말씀을 듣고 믿느냐와 믿지 않느냐에 달려 있다고 가르치신 "예수의 길"(요 5:24)을 심각하게 위배한 것이다. "내가 너희에게 이른 말이 영이요 생명이라"(요 6:63)고 말씀하셨다. 그리고 그분의 진실된 주장을 의심한 자들에게 "너희가 만일 내가 그인 줄 믿지 아니하면 너희 죄 가운데서 죽으리라"(요 8:24)고 말씀하셨다. 예수님은 우리가 그분의 행동을 닮고자 하는 한 그분의 가르침에 대한 명제적 내용이 선택과목이 아니라 필수과목이 되도록 해놓으셨다.

신약은 계속해서 이 같은 사실을 강조한다. 죄로부터 구속받을 수 있는 단 하나의 중요한 원칙이 모든 논쟁을 파괴한다. 행함이 아니라 오직 믿음만이 의롭게 되는 유일한 수단이다(갈 2:16; 엡 2:8-9). 우리가 '무엇을 행하는가'가 아니라 '무엇을 믿는가'가 우리를 하나님 앞에 의롭게 설 수 있도록 보장하는 것이다. 왜냐하면 행함이 아니라 오직 믿음으로만 의롭다 여김을 받도록 되어 있기 때문이다(롬 4:5).

바울은 로마서 9장 31-32절에서 이렇게 말했다. "의의 법을 좇아간 이스라엘은 법에 이르지 못하였으니 어찌 그러하뇨 이는 저희가 믿음에 의지하지 않고 행위에 의지함이라 부딪힐 돌에 부딪혔느니라.

"다른 말로 하면, 그들이 하나님의 율법을 형식적으로 얼마나 엄격하게 지켜 왔느냐에 상관없이, 그들의 불신앙 자체만으로도 그들을 하나님 나라에서 제외시키기에 충분하다는 것이다. 하나님의 의를 모르고 자기 의를 세우려고 힘써 하나님의 의를 복종치 아니하였느니라 그리스도는 모든 믿는 자에게 의를 이루기 위하여 율법의 마침이 되시니라"(롬 10:3-4). 그들은 그리스도의 진리를 의심했기 때문에, 경건을 아주 완벽하게 형식적으로 과시했지만, 영적으로는 아주 치명적이었다.

바울은 그들이 의를 추구했다는 점은 부인하지 않는다. 하지만 문제는 그들이 잘못된 장소에서 그것을 찾으려 했다는 것이다. 그들은 하나님이 요구하시는 의에 대한 잘못된 믿음에 집착했고, 그리스도가 그들에게 제시하신 의를 거절했기 때문에, 영원히 정죄를 받고 만 것이다. 단지 행함의 결점뿐만이 아니라, 믿음의 중요한 항목에 대해 잘못된 사상을 가지고 있었기에 그들은 실패하고 만 것이다. 행함만이 아니라 그들의 모든 신앙 체계가 잘못되어 있었다. 그들이 어떻게 행했느냐 하는 것과는 상관없이, 불신앙만으로도 그들을 정죄하기에 충분했다.

무엇을 믿든지 어떤 것을 영적인 것으로 느끼고, 또 선하게만 행동하면 된다고 주장하는 사람이 혹 있다면, 그것은 전혀 선한 것이 아니다. 그런 주장은 복음에 대한 노골적인 반박이다.

그와는 달리, 참된 의義는 진리에 대한 믿음과 따로 떨어져 존재할 수 없다. 건전한 교리와 상관없이 존재하는 '실천적인 선'의 개념을 증명하기 위해서는, 그 선의 정의로부터 '참으로' 의로운 것이 무엇인가에 대한 모든 개념을 재빨리 제거해야만 한다. 그렇게 되면 그 같은 사고가 기독교의 근간을 훼손시키는 데 드는 시간은 그리 길지 않다.

성경은 올바른 신앙인은 올바로 행동한다고 가르친다. 의롭게 사는 것이 참된 믿음의 열매로 보일 수는 있겠지만, 그 반대는 절대 아니라는 것이다. 진리를 진실하게 사랑하지 않으면서 경건을 행한다면, 그 행위는 결코 참된 정통실천이라 할 수 없다. 오히려 그것은 '자기의'라고 하는, 위선 가운데 가장 최악의 종류이다.

그래서 진리는 싸울 가치가 있다. 또한 진리는 이 세상에서 교회가 지키기 위해 싸워야 할 유일한 한 가지이다. 만약 그 싸움에 진다면 모든 것을 잃고 만다.

진리에 관한 모든 문제가 지각 있는 대부분의 사람들에게 똑같이 중요한 문제로 다가오지는 않을 것이다. 그러므로 조금이라도 일치하지 않는 면이 있다면 같은 열정으로 대할 수는 없을 것이다. 사실 어떤 것이 대수롭지 않고, 또 어떤 것이 정말로 싸울 가치가 있는지 묻는 것이야말로 영적 전쟁에서 가장 중요한 문제이다.십 년 전, 「무모한 신앙과 영적 분별력」 Reckless Faith[3]이라는 책에서 이 질문을 보다 상세하게 다룬 적이 있다.

오늘날 포스트모던주의자들은 명제적 진리 영역에서 싸울 가치가 있는 것이 별로 없다고 생각한다. 사도신경이나 니케아 신조 같은 고대신조를 인정하지만 결국 따져보기 시작하면 그저 교파적 특징과 대수롭지 않은 교리적 사소함이라는 문제로 골치 아플 뿐이라는 말을 넌지시 비춘다. 그러나 그것은 진리 전쟁의 핵심 사안을 제대로 이해하지 못한 말이다. 진리 전쟁의 주된 원인은 하나님의 말씀이 계시하시는 진리의 객관성과 지각성에 대한 문제이다. 바로 뱀이 하와에게

"하나님이 참으로 ……시더냐?"(창 3:1)라고 질문했을 때 뒤집어엎고자 했던 것과 똑같은 진리이다. 이러한 것들은 복음 메시지의 필수적인 견해들로 두말할 필요 없이, 진리 전쟁의 중심부에 항상 있어 온 진리들이다. 결코 왜곡된 자비의 개념이나 거짓 겸손이라는 이름을 가지고 대수롭지 않은 것이라 일축시키거나 무시할 수 없는 그런 문제들인 것이다.

역사적으로 그런 교묘한 모호함이 얼마나 많은 기독교 핵심 메시지를 훼손했는지 살펴본다면 현재의 논의가 매우 심각하다는 것을 알게 될 것이다. 더욱이 몇 몇 고대 신조들 속에 분류된 몇 가지를 넘어 싸울 가치가 있는 몇가지 아주 중요한 교리가 분명히 있다는 것을 깨닫게 될 것이다.

역사 이래 대다수의 그리스도인은 복음의 진리를 위해 죽음을 무릅썼다. 솔직히 말해서, 포스트모더니즘의 사고로 진리를 이해하는 사람이 진리를 위해 죽을 수 있는 이유를 설명하기란 어려울 것이다. 왜냐하면 포스트모더니즘은 진리의 변함없는 확실성을 부정하기 때문이다.

진리는 참기독교의 가장 핵심적인 개념이다. 그것은 진리로서 받아들여질 수 있을 만큼 객관적이고, 명확하고 권위있는 증거와 역사적 사실성과 확신을 포함한다. 종교적 경험에 관련한 다른 모든 견해들은 우리가 믿는 진리를 단지 표현하는 말인 것이다. 그 진리의 토대를 제거해보라. 그러면 당신은 모든 종교적 감정들도 뿌리채 흔들리는 것을 경험할 것이다.

사도 바울은 교회를 "진리의 기둥과 터"(딤전 3:15)라고 불렀다. 우리에게는 인간의 모든 이론과 하나님에 관한 지식에 반대해서 자라온 세상 가설들에 맞서 진리를 보호하고 하나님의 말씀의 칼을 휘둘러야 할 의무가 있다. "모든 생각을 사로잡아 그리스도에게 복종케 할"(고후 10:5) 때까지 그 싸움은 계속될 것이다. 누구보다 교회가 그 싸움을 계속 수행해야 하는데, 지도자들이 본을 보이지 않는 것은 그들의 소명에 충실하지 않는 것이다.

배교가 왜 위협적인가?

에덴동산에서 뱀이 하와를 유혹한 그날 이후 지금까지, 무자비하게 거짓으로 진리를 공격했다. 인간의 마음에 의심과 불신앙의 씨앗을 뿌리는 똑같은 전략을 계속해서 사용해 오면서 말이다. "우리가 그 궤계를 알지 못하는 바가 아니로라"(고후 2:11).

사탄이란 놈이 즐겨 쓰는 악의 논리의 형태는 거의 바뀌지 않는다. 사탄은 하나님이 계시하신 진리를 의심하게 했다. "하나님이 참으로 너희더러 동산 모든 나무의 실과를 먹지 말라 하시더냐"(창 3:1).

그놈은 하나님이 말씀하신 것을 부정한다. "너희가 결코 죽지 아니하리라"(창 3:4).

마침내 그놈은 진리의 다른 대체역an alternate version, 성경을 왜곡해서 변질시키는 경우를 말함 – 역주을 날조했다. "너희가 그것을 먹는 날에는 너희 눈이 밝아 하나님과 같이 되어 선악을 알 줄을 하나님이 아심이니라"(창 3:5).

사탄의 다른 신조들을 보면, 간혹 조심스레 선택된 진리의 요소들이 뒤섞여 있다. 즉 사탄은 진리를 거짓말과 부정과, 허위 진술과 왜곡과, 그 밖의 상상할 수 있는 다른 모든 실제를 곡해함으로써 흐리게 하고 완전히 뒤섞어 버리는 것이다. 어찌 됐든 그것은 결국 하나의 큰 거짓말이다.

더욱이 사탄은 거짓말을 선동함에 있어 자신의 대리인인 귀신들과 불신자들, 그리고 심지어 진리와 관련된 사람들_{가장 효과적으로 이용하는 수단임}과 혹은 진리의 대리인으로나 광명의 천사들로 가장한 자들_{가장 최악의 경우}을 활용한다. 1장에서 살펴봤듯이, 이 방법은 사탄이 가장 좋아하고 또 아주 오래 사용해 온 수법 가운데 하나이다(고후 11:13-15).

영지주의의 초기 성격을 띤 니골라당의 출현 : 초기 기독교 시절 아주 광범위하게 이미 일어났던 사건이다. 바울은 에베소 교회를 세우고 3년간 열심히 가르쳤다. 그런데 자신이 떠난 뒤 교회에 곧 일어날 일에 대해 장로들에게 다음과 같이 경고했다. "내가 떠난 후에 흉악한 이리가 너희에게 들어와서 그 양떼를 아끼지 아니하며 또한 너희 중에서도 제자들을 끌어 자기를 좇게 하려고 어그러진 말을 하는 사람들이 일어날 줄을 내가 아노니 그러므로 너희가 일깨어 내가 삼 년이나 밤낮 쉬지 않고 눈물로 각 사람을 훈계하던 것을 기억하라"(행 20:29-31).

바울이 염려한 가장 큰 위협은 교회 자체에서 비롯된 것이었다. 그는 앞으로 일어날 일을 아주 확실한 어조로 말하고 있다. "내가 아노니." 하나님은 바울에게 진리에 대한 도전이 교회 지도자들 가운데서 일어날 것과 사람들이 끌려 나갈 것임을 알리셨다. 그리고 그것은 바로 그런 방식으로 일어났다. 1세기 말에 사도 요한이 계시록을 썼을 때에 에베소 교회에 대한 그리스도의 메시지에는 "자칭 사도라 하되 아닌 자들을 시험하여 그 거짓된 것을 네가 드러낸 것"(계 2:2)에 대한 칭찬이 들어 있었다. 같은 상황에서 그분은 "니골라당의 행위"(계 2:6)에 대해 비난하셨다.

니골라당은 위험한 분파였고 사도행전 20장에 나타난 바울의 유명한 예언적 경고에서 조심시킨 바 있던 '이리'에 해당하는 이단들이었다. 만일 그렇다면 그 단체의 가르침은 에베소 교회 안에 있던 초기 장로들 가운데 얼마와 함께 시작했을 것이다. 얼마는 사도행전 6장 5절에서 예루살렘 교회에서의 지도권을 임명받았던 안디옥에서 온 회심자인 니골라와 동일한, 2세기 중반기 이레니우스를 포함한 초기의 근원이었을 것이다. 그것에 대한 확실한 근거는 없지만, 그 교회 지도자로서였던 자들이 니골라당을 양육하고 성장시켰다는 증거는 꽤 많다.

에베소 교회가 니골라당을 거절하자 그들은 다시 버가모에 있는 교회 근처로 갔고, 거기서 추종자를 얻어냈다. 요한계시록 2장 12-17절에 나오는 버가모에 대한 그리스도의 메시지는, 그 교회가 "니골라당의 교훈을 지키는 자들"(15절)을 수용했기 때문에 거의 그에 관한 비난의 내용들이 주류를 이루고 있었다.

그들의 교리는 무엇이었을까? 바로 14절에 묘사한 과도한 방탕함이었다. "발람의 교훈을 지키는 자들이 있도다 발람이 발락을 가르쳐 이스라엘 앞에 올무를 놓아 우상의 제물을 먹게 하였고 또 행음하게 하였느니라"(갈 5:13; 벧전 2:16). 그들은 기독교의 자유를 이용해 악을 위한 구실을 만들고, 육체적으로 해이해졌다.

이것이야말로 분명히 유다가 보내려고 기록했던 것과 같은 종류의 죄였다. 왜냐하면 유다가 "우리 하나님의 은혜를 도리어 색욕거리로 바꾼 경건치 않은 자들"(유 4)과 "삯을 위하여 발람의 어그러진 길로 몰려 간 자들"(유 11)로 적대시했던 거짓 선생들에 관한 언급이 나오기 때문이다.

영지주의의 공통적인 특징은 방탕과 탐욕이다. 2세기를 풍미한 영지주의는 기독교의 가면을 쓰고 교회에 침투한 대표적인 거짓 종교였다. 그런데 니골라당이 바로 후기 영지주의의 특징을 많이 띠었다. 그리고 유다가 편지를 썼을 때 유사한 교리가 뿌리를 내리기 시작했다. 영지주의자들의 죄악상은 4장에서 보다 자세히 다룰 것이다.

요컨대 유다서의 전체 요지는 신자들에게 이런 형태의 죄에 맞서 싸워 참신앙을 지키라는 것이다. 또 유다는 당대의 배교자를 평가함에 있어 모호함으로 시간을 낭비하지 않았고 말을 아끼지도 않았다. 유다는 배교자들의 죄를 매우 엄격히 다루었다(요이 7-11).

배교란 기술적인 용어로, 교회 내에서 발생하는 영혼을 망치는 심각한 죄라는 뜻이다. 데살로니가후서 2장 3절에 나오는 말로 '배도하다'라는 뜻이 있으며, 헬라어 아포스타시아apostasia에서 유래했다. 또한 '이혼'이라는 헬라어와도 밀접한 관련이 있으며, 분리나 변절 또는 진리를 포기한다는 표현으로 사용한다.

참그리스도인은 배교자가 될 수 없다 : 참그리스도인이 신앙에서 타락하여 배교자가 될 수 있을까? 결코 그럴 수 없다. 성경은 그에 관해서는 아주 명확하다. 가룟 유다와 같은 자들은 그들이 시작부터 참 믿음을 갖지 않았음을 증명할 뿐이라는 것이다. "저희가 우리에게서 나갔으나 우리에게 속하지 아니하였나니 만일 우리에게 속하였더면 우리와 함께 거하였으려니와 저희가 나간 것은 다 우리에게 속하지 아니함을 나타내려 함이니라"(요일 2:19).

예수께서 참양들에게 다음과 같이 말씀하셨다. "내가 저희에게 영생을 주노니 영원히 멸망치 아니할 터이요 또 저희를 내 손에서 빼앗을 자가 없느니라 저희를 주신 내 아버지는 만유보다 크시매 아무도 아버지 손에서 빼앗을 수 없느니라 어떤 사본에, 내 아버지께서 내게 주신 것이 만물보다 크매"(요 10:28-29).

그런데도 수많은 배교자들이 생겨났다. 유다 시대 이후 그리스도에 대한 신앙을 고백하고 스스로 제자라 하는 자들이 있었다. 그러나 그들은 결코 진실된 마음으로 진리를 받아들이지는 않았다. 진리를 이해했을는지는 모른다. 또 잠시나마 열렬히 진리를 따랐을 수도 있을 것이다. 교회와 하나로 생각하면서 활발하고 완전하게 기독교 공동체의 일부가 되었을 수도 있다. 때로 교회 안에서 지도자 역할을 수행하기도 했다. 하지만 그들은 변함없는 마음으로 진리를 믿은 적은 없었다. 보리 속의 가라지처럼 짧은 시간 동안 참그리스도인인 체했으나 그 어떤 쓸모있는 열매도 맺지 못했다(마 13:24-30).

그러므로 배교자란 진리를 배반한 자이다. 진리를 알았고, 그것에 대한 외면적인 모습도 보여 주고, 심지어 잠시 동안 진리를 선포하기도 했으나, 결국은 그것을 거절한 자들인 것이다. 배교자의 전형적인 모습은 겉으로는 진리를 믿고 선포하는 체하지만, 실제로는 진리를 거부하고 그것을 훼손시키는 자들이다. 이런 자들은 진리에 대한 반역자들이며 진리 전쟁에서 맞닥뜨릴 적들이다.

그러나 배교자는 사람들이 달리 생각하기를 바란다. 배교자 대다수가 교회 안에 머물러 있기를 바라고, 하나님의 사람들이 받아들여 주기를 바란다. 하지만 배교자들의 모든 행위는 믿음을 훼손하고 진리를 더럽힌다. 그들은 실체를 감춘 채 친절하고 호감이 가고 경건하게 보이려 애를 쓰지만, 결국 양떼들의 건강을 큰 위험에 빠뜨릴 뿐이다. 예수께서 그들을 양의 옷을 입은 게걸스런 이리로 비유하신 이유도 바로 여기에 있다(마 7:15).

진리에 대해 거리낌없이 공격하는 배교자들도 있지만, 대부분은 속내를 드러내지 않고 음흉하게 행동한다. 그들은 양의 옷을 입은 이리로서 항상 악이나 자기를 과장하는 동기─자만심과 반항심과 탐욕과 욕망이나 기타 무엇이든(벧후 2:10-19)─에 따라 움직이는 자들이다. 그들이 스스로 배교자임을 잘 알고 있다는 얘기가 아니다. 그들 중 다수는 스스로 악의 포로가 되다 보니 실제로 그리스도를 반대하고 있을 때조차도 그분을 섬기고 있는 것으로 오해한다(요 16:2).

실제로 선한 의도로 시작하긴 하지만, 결코 이중적 마음을 넘어서질 못한다. 그들은 잡초가 무성한 밭에 얕게 뿌리 내린 씨앗과 같다. 한때는 놀랍게 번식하지만 얕은 믿음과 버리지 못한 세속적인 성향 때문에 하나님의 말씀에 뿌리 내리지 못한다(마 13:20-22). 참열매를 맺지 못한 채 시들어 죽고 만다. 그러므로 일시적으로 영적인 성장을 보이며 신앙생활에 열정적이라 해도 결코 속아서는 안 된다.

배교의 영향

배교는 전체 공동체의 영적인 건강에 광범위하고 심각한 영향을 끼친다. 그와 같은 거짓 사상이 아무런 제재도 받지 않고 교회 안에 침투하면, 더 깊은 혼란을 초래하거나 더 천박하고 위선적인 사람들을 목장 안으로 끌어들이는 결과를 낳는다. 거짓 가르침에 강하게 대처하지 않으면, 신학교나 교파나 선교단체나 기타 다른 기독교 기관을 통해 배교가 누룩같이 광범위하게 퍼질 것이다. 따라서 거짓된 사상은 기생충같이 교회를 공격하고, 공동의 신앙고백에 영향을 미친다. 그 결과 사람들에게 복음의 참진리에 대적하도록 주입시키고, 거짓되고 냉담한 제자들을 보급시키고, 실제로 교회를 불신자들로 채울 것이다. 그런 방법으로 전체 교회와 교파가 이단들로 대체되는 것이다

사실, 기독교의 전 역사에 걸쳐 그런 일들이 헤아릴 수 없이 많이 일어났다. 특히 과거 한 세기 반에 걸쳐 근대주의와 신학적 해방주의와 신정통주의와 '과정신학'과, 그 밖의 수많은 유사 사상들이 퍼진 곳이면 어디에서든지 그런 일들이 더욱 광범위하게 일어났다. 거짓 사상과 불신들을 대적하기보다는 용납하다 보니 전체 교파 한때 복음을 아주 분명하게 전달했던 많은 교회들조차도 가 영적인 파산 상태가 되어 버렸다.

이러한 일이 일어날 때 진리의 대의명분은 반드시 상처를 입는다. 배교를 수용하는 사람은 그것으로 망하고, 그것 때문에 교회는 시들고 죽어 간다. 요한이 계시록 2-3장을 기록한 1세기 말까지 소아시아

일곱 교회 가운데 다섯 교회가 신앙에서 이탈하기 시작하거나 이미 배교단체가 되었다.사데 교회는 이미 배교했고, 라오디게아 교회는 배교할까 말까를 두고 동요하고 있는 상태였다. 그들 가운데 있는 배교자를 잘 처리하라는 명령이 단지 두 교회를 제외한 나머지 모든 교회에 전달하신 주님의 중심 메시지였다. 기독교회에서 진리를 위한 전쟁을 수행한다는 것이 이처럼 항상 아주 힘겹고 필수적인 갈등이었음을 알 수 있다.

오늘날 왜 복음주의 운동이 어려움에 직면했는가?

배교는 오늘날에도 여전한 위험 요소이다. 대다수 그리스도인이 거짓 교리가 교회 안에 널리 유포되는 것을 별로 신경 쓰지 않는다. 또한 배교에 맞서 진지하게 싸우려 들지도 않는다. 게다가 모든 사람들에게 마음을 여는 우호적인 분위기를 좋아하고, 반대 사상을 용납하고 배교자들과도 되도록 관대한 대화를 나누어야 한다고 생각한다. 그러므로 배교의 위협 앞에서 그 어느 때보다 더 절박한 상황이라고 할 수 있다.

진리란 본래 꽉 막힌 것이 아니라 융통성이 있는 것이라고 생각한다. 역사적으로 복음주의 운동은 중요한 성경의 교리를 그처럼 대수롭지 않게 취급하는 일에 맞서 왔다. 복음주의자들의 주된 특징은 복음의 순수성에 대해 헌신하는 것이었다. 복음주의라는 단어 자체가 헌신에 영향을 미쳤다.이것은 헬라어 단어 '복음'에서 유래한다. 윌리암 틴데일 William Tyndale은 '복음 진리' evangelical truth를 복음gospel의 동의어로 활용했는데, 그가 그 표현을 처음으로 사용했다. 그리고 복음주의 운동은 복음을 항상 모든 진리의 핵심과 기초로 다뤄 왔다.

종교개혁 이후로 그 용어는 역사적으로 보수 장로교의 특별한 변형을 의미했다. 소수의 주요 복음교리가 보수 장로교에서 진정한 기독교에 절대적으로 필수적인 것으로 간주되었다. 이신칭의 교리와 구속의 교리와 성경의 영감과 완벽한 능력의 교리가 바로 복음주의가 갖고 있는 타협불능의 특징이다. 물론, 그 짧은 목록이 암시하거나 포함하고 있는 것은 그리스도의 신성과 그분의 동정녀 탄생과 육체의 부활을 포함한 다른 여러 중요한 교리들이다.

더욱이 인간의 선행이나 성례전, 혹은 칭의를 위한 어떤 수단이 되는 효력이 하나님 앞에서 아무런 의가 될 수 없다는 점을 복음주의는 항상 분명히 해 왔다. 그래서 역사적 복음주의는 행함보다는 믿음에 중점을 두고 강조를 해 왔다. 복음주의는 참선행은 믿음의 열매이지, 그것에 타당한 대안은 결코 아니라고 주장하면서, 건전한 교리보다 선행을 우선시하려는 압력에 항상 대적해 왔다.

그러나 복음주의 운동은 이제 더 이상 복음적이지 못하다. 복음주의라 하면 중요한 성경의 진리를 공격하는 이상한 복음주의에 대항하는 것이 정상이다. 그러나 오늘날의 복음주의 지도자는 오히려 명료하고 정확한 교리를 요구하는 이들을 향해 분노하는 사람이라는 인식이 팽배해 있다. 그런가 하면 세대를 이어 가며 승인을 얻기 위해서는 세속 문화의 유행과 보조를 맞추어야 한다고 생각하는 복음주의 운동들이 많다. 그렇게 함으로써 미성숙하고 약하고 무식하고 비겁한 자들에게 열정적 지지를 받을지는 모르겠지만, 그건 아무 소용 없는 일이다. 진리 없이는 영적인 변화는 불가능하다(벧전 1:22-25; 요 17:17).

필사적으로 문화를 따라잡으려는 복음주의자들은 어차피 몇 년 정도는 반드시 뒤떨어지게 마련이다. 아무리 애를 써도 보조를 맞추지 못한 채 어색하고 서툴게만 보일 뿐이다. 그래서 교회는 세상 유행이나 세상의 호의를 흉내 내지 않게끔 되어 있는 것이다. 예수께서 말씀하셨다. "세상이 너희를 미워하면 너희보다 먼저 나를 미워한 줄을 알라 너희가 세상에 속하였으면 세상이 자기의 것을 사랑할 터이나 너희는 세상에 속한 자가 아니요 도리어 세상에서 나의 택함을 입은 자인고로 세상이 너희를 미워하느니라"(요 15:18-19).

세상 사람들의 눈에 기독교를 "시대에 부합"하는 고상한 것으로 보이게끔 하려는 사람들이 있는데, 이보다 엄청난 잘못은 없다. 성경의 권위와 명료함, 그리고 권위 있는 진리 선포에 점점 더 적대적인 포스트모던 문화에 맞춰 세상에 유화적인 자세를 취하는 것이다. 그런 식으로 진리에 관한 포스트모던의 사고방식 속으로 휘말려 들어가고 있다. 결과적으로 진리를 위하여 싸우려는 그리스도인의 자세는 점점 더 소극적으로만 되어 간다.

그리스도인이 어떻게 안전을 유지할 수 있을까?

비슷한 어떤 사건이 사도시대에 분명히 일어나고 있었다. 짧지만 강력한 유다서의 중심 메시지가 '어째서 진리 전쟁에서 그리스도인들이 군사가 되도록 동기를 부여한 도전이었는가'의 이유가 바로 그것 때문이다. 그러나 흥미롭게도 유다의 출발점은 참신자들의 안전을 강조하는 것이었다. 유다는 서신에서 이렇게 말했다. "예수 그리스도의 종이요 야고보의 형제인 유다는 부르심을 입은 자 곧 하나님 아버지 안에서 사랑을 얻고 예수 그리스도를 위하여 지키심을 입은 자들에게 편지하노라"(유 1:1).

성경구절에 나오는 모든 촉구와 경고들, 그리고 격려들은 냉담하고 두 마음을 가진 불신자들에게는 해당되지 않는 말이다. 그것은 참 믿음을 가진 자들에게 주어진 말이다.

모든 전쟁은 추하고 위험하고 혐오스러울뿐더러, 제정신을 가진 사람이라면 누구나가 다 피하고 싶어 하는 것이라는 사실을 유다는 잘 알고 있다. 그런 점에서 영적인 전쟁은 육적인 전쟁과 같다. 만약 다르다면, 좀더 위협적일 뿐이다. 전통적인 전쟁이 지상에 존재하는 지옥에 가장 가까운 것이라면 영적 전쟁은 실제로 더 겁나는 전쟁이다. 그것은 적들이 조금도 노출되어 있지 않은 영적인 영역에 있는 지옥의 권세들과의 문자적인 적개심에 불타는 싸움이기 때문이다.

우리의 진정한 적들은 혈과 육을 가진 자들이 아님을 기억하라. 이것은 그리스도를 대적하기 위해 배치된 지옥의 군대와 싸우는 우주적인 전쟁이다. 온갖 종류의 거짓말이 그들의 무기이다. 반면, 우리가 사용할 유일한 무기는 하나님이 그분의 말씀 속에서 계시하신 그리스도의 순수한 진리이다.

그 시나리오는 아주 무시무시하다. 우리가 스스로의 약점과 자기기만과 죄에 대한 자신의 경향들을 완전히 실감할 때 특히나 그러하다. 우리는 진리 전쟁에서 군사가 되기에는 한없이 부족하다. 그러나 딱 한 가지 방법이 있긴 하다. 그것은 하늘과 땅 위에서 모든 권위와 절대 지도권을 위임받으신 사령관을 따르는 것이다(마 28:18).

바울이 밝혔듯이, 그리스도는 "모든 정사와 권세와 능력과 주관하는 자와 이 세상뿐 아니라 오는 세상에 일컫는 모든 이름 위에 뛰어나게 하시고 또 만물을 그 발아래 복종하게 하시고 그를 만물 위에 교회의 머리로 주셨느니라"(엡 1:21-22). 그분은 육체를 입은 진리이시다. 만일 당신이 참 신자라면 반드시 부르심에 응해야 하고 성화되어야 하며 그분 안에 보존되어야 한다.

궁극적이고 영원한 분별력으로 볼 때, 그 어떤 참 그리스도인이라도 결코 진리의 희생자가 된 적이 없었고 또한 앞으로도 되지 않을 것이다. 심지어 배교가 확대되어 가는 와중에도, 하나님은 우리를 사랑하시고 부르시고 복 주시고 거룩하게 하시고 안전하게 하셨다. 지옥 같은 거짓말과 우주적인 전쟁이 야기한 모든 위험에도 불구하고, 우리는 그리스도 안에서 보호받고 마침내 승리할 것을 보장받았다.

유다서의 출발점이 바로 그것이다. 유다가 "능히 너희를 보호하사 거침이 없게 하시고 너희로 그 영광 앞에 흠이 없이 즐거움으로 서게 하실 자"(유 1:24)라고 격려함으로 서신을 매듭짓는 이유도 정확히 그런 이유 때문이다. 진리를 대표하여 전쟁을 치르도록 성경이 우리를 부르는 상황도 바로 그 때문이다. 그 일은 위협적이다. 적은 무시무시하고, 위험은 우리의 기세를 꺾어 놓는다. 그 같은 전쟁의 광경은 소름이 끼칠 지경이고, 거기에 연루된 대가는 완전한 자기희생, 즉 구원의 때에 모든 참 그리스도인이 그리스도에게 바쳐야 하는 것이다(눅 9:23-25). 그럼에도 불구하고 그 같은 희생은 항상 가치가 있는 것이고,

게다가 마지막 승리가 보장되어 있음을 약속 받았다. 그 이유는 "예수 그리스도가 우리를 보존하고 계시기" 때문이다.

진리 전쟁에서 자신의 역할을 생각할 때 마음에 두고 생각해야 할 점이 바로 이것이다. 자신이 부적절하다고 생각하는 것은 충분히 있을 수 있는 일이다. 우리는 무조건 부적절하다(고후 3:5-6). 그러나 주님은 더할 나위 없이 충분하신 분이고, 우리는 믿음으로 그분과 연합되어 있다. 그러므로 두려워하거나 염려할 필요가 없다. 그리스도가 우리를 대신해 궁극적으로 승리하셨기 때문에, 우리는 반드시 승리한다. "너희가 말세에 나타내기로 예비하신 구원을 얻기 위하여 믿음으로 말미암아 하나님의 능력으로 보호하심을 입었나니"(벧전 1:5), 참신자들은 믿음으로 보호를 받는다. 예수님의 말씀을 명심하라. "내 양은 내 음성을 들으며 나는 저희를 알며 저희는 나를 따르느니라 내가 저희에게 영생을 주노니 영원히 멸망치 아니할 터이요 또 저희를 내 손에서 빼앗을 자가 없느니라"(요 10:27-29). 저주받을 거짓말은 진리의 능력 아래 붕괴한다(고후 10:4-5).

그러므로 그리스도인이라면 전쟁에 참여하라. 진리를 위해 싸우고 신앙을 위해 열심히 싸우라. 배교는 교회 안에 존재하며, 아마도 상황은 더 좋지 않게 흘러갈 것이다. 그러나 예수 그리스도를 믿는다면 조금도 두려워할 필요가 없다. 우리는 그분에게서 부름 받고 사랑 받고, 그분 안에서 안전을 보장받았다. 그래서 그 어떤 악 조건 속에서도 최상의 자신감을 가질 수 있다. 육으로 오신, 진리 되신 그분은 우리의 사령관이자 보호자이시다. 그리고 그분의 말씀은 가공할 만한 무기이다.

왜 우리는 믿음을 위해 싸워야 하는가?

사랑하는 자들아 내가 우리의 일반으로 얻은 구원을 들어 너희에게 편지하려는 뜻이 간절하던 차에 성도에게 단번에 주신 믿음의 도를 위하여 힘써 싸우라는 편지로 너희를 권하여야 할 필요를 느꼈노니(유 3).

유다는 목회적으로 보호받는 사람들에게 도전하고 있으며, 이것이 이 책의 촉매제 역할을 했다. 유다는 예수님의 동생이었다. 성경을 보면 요셉과 마리아는 예수님 밑으로 적어도 네 명의 아들을 더 낳았다. 마태복음 13장 55절에는 예수님의 네 명의 형제 이름이 자세히 기록되어 있다.마가복음 6장 3절에서는 비록 그 이름과 숫자는 알 수 없지만 그들이 딸들도 낳았음을 암시한다. 예수님의 집은 상당히 대가족이었음을 알 수 있다.

그런 상황에서 마태는 예수님의 고향 나사렛에 사는 사람들이 그분의 권위 있는 가르침에 어떻게 반응했는지 묘사한다. 그들은 평범한 마을 천한 목수의 가문에서 예수 같은 선생이 나올 수 있다는 점에 대해 놀라면서 불신의 반응을 보였다. 그 과정에서 그들은 예수님의 부모와 형제들에 대해서 말했다. 마태가 남자 동생 넷의 이름을 나열하는데, 거기서 맨 마지막에 나오는 이름을 눈여겨보라. "이는 그 목수의 아들이 아니냐 그 모친은 마리아, 그 형제들은 야고보, 요셉, 시몬, 유다Judas라 하지 않느냐."

'유다'Juda는 유다Jude의 헬라어 이름을 있는 그대로 음역한 것이다. 성경의 원래 필사본에서, 유다는 가룟 유다Judas Iscariot를 가리킬 때와 똑같이 'Judas'로 되어 있다. 그러나 스승을 팔아먹은 배신자 가룟 유다와 구분하기 위해, 예수님의 동생이요 유다서의 저자인 유다를 영어로 유다Jude, 우리말 성경은 둘 다 "유다"로 되어 있다. - 역주라고 달리 표기한다. 덧붙여 말하자면, 유다의 이름이 실제로 축약된 낯익은 형태Jude로 나타나는 영어성경 상에서의 유일한 장소는 유다의 짧은 서신인 유다서 1절의 맨 처음 부분이다. 거기서조차도 헬라어 필사본이 기록한 이름은 '유다스'Ioudas임에 주목하라.

유다Judas는 영국식으로 된 헬라어 유다Judah의 변형인데, 이것은 이스라엘 열두 지파 가운데 하나의 이름이다. 이것은 1세기 이스라엘에서 아주 흔했던 이름이다. 예수님의 열두 제자 가운데 두 명을 포함하여 신약성경에 적어도 일곱 명의 서로 다른 유다Judas가 있다.

물론 가룟Iscariot이라 하는 악명 높은 거짓 제자가 있었는가 하면, 열두 명 가운데 하나이자 충성스런 제자였던 유다가 있었다. 요한복음 14장 22절은 유다라는 이름 앞에 "가룟인 아닌"이라는 삽입구를 집어넣었다. 사도행전 1장 13절은 "야고보의 아들" 유다로 이름하는 덜 알려진 제자에 대해 말한다. 그는 일반적으로는 유다보다는 레베오와 다대오Lebbaeus and Thaddaeus로 불렸다(마 10:3). 이 사람은 유다서의 저자는 아니다다대오가 유다서의 저자라고 하는 의견이 있긴 하지만, 그것이 잘못된 생각이라는 것을 간략히 살펴볼 것이다.

신약성경에서 나타난 이외의 다른 유다들 가운데 갈릴리의 폭동자 유다(행 5:37)가 있고, 안디옥에 있는 신자들에게 예루살렘 공회의 통치에 대한 소식을 전해 준 교회 지도자 바사바라 하는 유다(행 15:22)가 있고, 이 사람의 개종 후 바울이 즉시 머물렀던 집이 있었던, 직가라 하는 거리Straight Street의 다메섹에 살던 유다(행 9:11)가 있다.

우리가 살펴볼 유다는 다른 유다들과는 비교가 안 될 만큼 돋보이는 사람이다. 성경 곳곳에서 마태복음 13장 55절에 나오는 요셉과 마리아의 어린 아들로 명시된 '유다'가 유다서의 저자임을 밝히고 있다. 유다 자신이 자신의 신분에 관해 충분한 세부 사항을 언급하지 않고 있긴 해도, 그가 밝히는 몇 가지 사실들로 볼 때 그가 그리스도의 동생임을 알 수 있다.

그리스도의 종이요 야고보의 형제

유다의 진짜 신분에 대한 최선의 단서는 유다서 자체이다. 무엇보다 먼저 그가 언급한 바를 주목하라. 유다서 서두에서 그는 자신을 "예수 그리스도의 종이요 야고보의 형제"(유 1:1)로 묘사하고 있다.

이 '야고보'가 누구일까? 우리가 성경에서 봤던 것처럼, 요셉과 마리아 사이에서 태어난 아들들 가운데에는 야고보라는 이름이 가장 먼저 나온다. 게다가 사도 바울은(갈 1:19에서) 초기 예루살렘 교회의 중요 지도자였던 "주의 형제 야고보"에 대해 언급하고 있다. 고린도전서 9장 5절에서 바울은 어떤 이름도 명시하지 않고 "주의 형제들"이라고 언급했다. 거기서 그는 사도들과는 구별해서 말하고 있다. 그렇지만 바울은 초대 교회 사역에서 그들을 사도들과 비슷한 중요한 위치에 두고 있음이 분명하다.

예수님의 형제인 야고보와 유다는 성경 어디서나 명백하게 언급되고 있는 이름의 소유자들이다. 사도 유다 레바오 다대오의 아버지는 야고보라 이름하는 다른 사람이며¹, 불행히도 두 이름의 유사성 때문에 괜찮은 주석가들까지 포함하여 많은 사람들이 사도 다대오를 유다서의 저자인 유다로 혼돈하게 되었다. 그러나 그들은 동일 인물이 아니다.

그런데 유다서 1절이 언급하는 '야고보'는 사도가 아니다. 사도행전 12장 1-2절에 따르면 야고보(살로매와 세배대의 아들이자 사랑받는 사도 요한의 형제인)라 칭하는 유일한 사도는 헤롯에 의해 일찍이 순교한 사람이다. 유다가 편지를 썼을 당시는 그가 죽은 지 오래였다. 그래서 유다가 자신을 이런 식으로 소개했을 때 교회에서 가장 많이 알려진 야고보는 바울이 "주의 형제 야고보"(갈 1:19)라고 말하던 바로 그 사람이었다. 신약성경에 자신의 이름을 딴 서신을 쓴 바로 그 야고보인 것이다. 그는 또한 사도행전 15장 13절에 있는 예루살렘 교회의 주요 대변인으로 보인다.

이제는 유다가 자신에 대해 말하지 않은 점들을 주목하라. 먼저 그는 어디서도 자신의 사도직을 주장하지 않는다. 그러한 사실로 볼 때 유다서의 저자를 열두 사도 가운데 하나로 생각하는 것은 억측일 것이다. 더욱이 유다는 자신이 17-18절에 나오는 사도들 가운데 한 사람이었는지에 관한 모든 의심을 제거하는 듯하다. 거기서 유다는 자신과 사도들을 분명히 구분하여 "그들을" 3인칭으로 호칭하고 있다.

다음으로, 유다는 자신을 예수님의 동생이라고 분명히 말하지 않는다. 처음에는 이상하게 느껴질 수 있는데, 그러한 복잡한 관계와 유다의 믿음을 향한 여정을 생각하면 굳이 이해 못할 일도 아니다.

예수님의 형제들은 처음에는 그분을 신뢰하지 않았다. 마가복음 6장 1-6절은 마태복음 13장 54-58절과 같은 사건을 그리고 있다. 나사렛 사람들이 "'이 사람이 어디서 이런 것을 얻었느뇨 이 사람의 받은 지혜와 그 손으로 이루어지는 이런 권능이 어찌됨이뇨 이 사람이 마리아의 아들 목수가 아니냐 야고보와 요셉과 유다와 시몬의 형제가 아니냐 그 누이들이 우리와 함께 여기 있지 아니하냐' 하고 예수를 배척한지라"(막 6:2-3).

마가복음 6장 3절에 나오는 목록에 마태복음 13장 55절에 나오는 것과 같은 이름이 있다. 그런데 유다를 세 번째로 시몬을 마지막으로 위치함으로써 마가는 마지막 두 사람의 이름을 거꾸로 기록했다. 야고보는 두 기록에서 모두 첫째로 표시하고 있다. 그 순서는 야보고가 네 형제 가운데 맏형이었다는 사실두 기록이 그를 그렇게 기록하고 있듯이과 유다가 요셉과 마리아 가정에서 어린 동생들 가운데 하나였다는 사실을 암시하고 있다. 서로간의 관계에 있어서 나이는 어디에도 없고, 유다는 맏형보다 4살이나 다섯 살 어렸다. 유다의 삶에 있어서 그가 이 시점에 부모의 집에 살고 있는 것이 분명했다. 마가복음 6장 3절은 나사렛 동네가 예수님에 대해서 반감을 품었을 당시 그의 가족이 전부 거기 살았고, 따라서 유다가 그 사건에 증인이었음을 암시한다.

어린 유다로서는 예수님에 대한 거센 반대에 혼란을 느꼈을 것이고, 그도 처음에는 회의주의에 사로잡혔을 것이다. 요한복음 7장 5절은 예수님의 지상 사역 동안 "이는 그 형제들이라도 예수를 믿지 아니함이러라"고 말한다. 물론 후에는 유다가 믿었지만 말이다. 처음에는 유다가 예수님의 권위에 대한 군중들의 거절에 동조를 했던 것으로 볼 수 있다.

따라서 유다의 참신분과 그리스도와의 가족관계를 잘 이해하면 이 사람의 인격과 진리를 수호하는 그의 열정에 불을 지핀 것에 대한 재미있는 통찰력을 얻을 수 있다. 유다 자신의 경험은 분명 진리를 위한 성숙된 전사로서 그가 가진 열정이 얼마나 강한가를 잘 설명해 준다.

유다를 예수님의 형제로 보는 마지막 이유를 유다가 자신에 대해 확실히 해놓은 소수의 정보들 속에서 찾을 수가 있다. 그와 그의 가족은 그 당시 초대 교회 조직에서 잘 알려져 있었다. 때문에 그가 아무 직함을 주장하지 않고 또 개인적인 증명서를 제시하지 않았음에도 화려한 소개가 필요 없었던 것이다. 1절에서 자신을 "예수 그리스도의 종과 야고보의 형제"라고 주장하는 것만으로도 충분했다. 초대 교회에서 야고보보다 더 잘 알려진 사람이 없었고, 성경 어떤 기록도 '야고보'와 '유다' 혹은 '유다' Judas로 불렸던 다른 형제들에 대해 기록하지 않고 있기 때문에, "유다…야고보의 형제"가 다름 아닌 그리스도의 형제요, 복음서가 두 번이나 호칭했던 바로 그 유다임은 피할 수 없는 결론일 것이다.

지상에 있던 예수님 자신의 형제 두 사람이 하나님의 성령을 힘입어 신약성경을 기록했다는 사실이 얼마나 놀라운 일인가? 그들이 사도가 아니었기에, 사도들이나 초대 교회가 그들의 작품을 성령이 계시하신 말씀으로 인정하지 않았다. 그러나 하나님의 성령이 감동하시고 보존하셔서 신약 정경의 일부로 두 서신을 우리에게 전해 주셨다.

유다가 자신을 "예수 그리스도의 종"으로 겸손하게 이해한 점에서 우리는 이 사람에 대해 많은 것을 알 수 있다. 육체의 혈통을 따라 난 형제와 가까운 가족과 동생으로서 가진 예수님과의 세상적인 관계가 무엇이었든 간에, 유다 자신의 마음에는 세상적인 모든 것들이 심오한 영적, 그리고 거룩한 천상적 관계 앞에서 사정없이 무너져 내렸던 것이다. 그 예외적인 관계 안에서 유다는 예수님을 자신의 주권자이신 주님과 거룩한 주인으로 여겼다.

그것은 유다와 형제들의 이전의 불신앙(요 7:5)을 회고해 볼 때 특별히 매력적이다. 분명히 예수님을 불신하는 가족들은 부활 후 모두 신자들이 되었다. 야고보와 유다 두 사람은 분명히 영향력 있는 교회의 지도자들이 되었다. 또 그들은, 비록 복음서 외에 어디에서도 예수님의 다른 가족들에 대해서 언급하지 않고 있지만, 부활의 증인이었음에는 틀림없다. 사도행전 1장 14절이 "예수의 모친 마리아와 예수의 아우들" 이 성령 강림 바로 직전에 다락방에서 마음을 같이하여 모두 기도하면서 사도들과 함께 있었다고 적고 있기 때문에, 그들이 모두 신자가 되었다는 사실을 이 구절을 통해 분명히 알 수 있다.

십자가 사건과 오순절 성령 강림 사건 사이에 사십 일이 지난 이후, 예수께서 그들을 위해 죽으신 후에 그분의 지상 형제들이 구원받는 믿음으로 나아왔음이 확실하다.

유다는 이전의 불신앙 때문에 자신을 낮추었을 것이며, 형이 실제로 자신의 죄와 불신앙 때문에 죽었다가 의기양양하게 부활하신 하나님의 아들이시라는 사실에 두렵고 떨리는 마음을 가졌을 것이 분명하다. 예수가 누구신지에 대한 유다의 생각을 완벽하게 바꾸어 준 것이 바로 이 사건이다. 그는 더 이상 예수님을 자신의 형제로 생각하지 않았다. 그래서 유다는 자기를 "예수 그리스도의 종"으로, 그리고 야고보의 형제로만 소개하는 것이다.

유다가 서신을 다급하게 쓸 수밖에 없었던 이유

유다의 신자로서의 회심이나 체험에 대한 상세한 기록은 없지만, 그가 유명한 서신을 쓸 때까지 진리를 위한 성도들과 실제 동원 가능한 전사들 사이에서 권위에 관하여 존경받는 대변자가 되었다는 사실은 명백했다. 그는 자신의 원래 독자가 누구인지 알리지 않는다. 아마도 그들은 하나의 교회이거나 한 떼의 교회일 것이다. 유다서가 구약의 상징으로 가득 차 있는 걸 볼 때 유다의 마음속에 유력한 유대인 신자들이 있었던 것으로 볼 수 있다. 그러나 이 서신의 원래 수신자에 대한 어떤 확실한 단서도 없다. 더욱이 유다는 서론에서 신임을 얻거나 또는 기존의 신뢰를 지키기 위해 시간을 낭비하지 않는다. 이를 바탕으로 보건대 유다가 편지를 썼던 사람들은 이미 그를 알고 있었고, 또 대단하게 생각했던 것으로 보인다.

게다가 유다 자신도 그들을 잘 알았다. 유다는 그들의 부르심에 대해서 확실히 알고 있었다(유 1:1). 그래서 그들에게 마음에서 우러나는 짧은 축복의 말씀을 전했다. "긍휼과 평강과 사랑"(유 1:2). 유다는 그들을 "사랑하는 자들"(유 1:3)이라 불렀고, 친한 친구와 영적인 스승으로서 편지를 썼던 것이다.

유다는 짧은 길이만큼이나 다급한 심정으로 서신을 썼다. 3-4절에 서신을 쓸 수밖에 없었던 이유가 나온다. 그는 원래 모든 신자들이 누려야 할 구원에 대한 위로와 격려의 메시지에 대해 쓰려고 했다. 그러나 다음에 나타난 내용대로 편지를 시작하기 전에 그러한 자신의 목표를 단념했다. "사랑하는 자들아 내가 우리의 일반으로 얻은 구원을 들어 너희에게 편지하려는 뜻이 간절하던 차에 성도에게 단번에 주신 믿음의 도를 위하여 힘써 싸우라는 편지로 너희를 권하여야 할 필요를 느꼈노니 이는 가만히 들어온 사람 몇이 있음이라 저희는 옛적부터 이 판결을 받기로 미리 기록된 자니 경건치 아니하여 우리 하나님의 은혜를 도리어 색욕거리로 바꾸고 홀로 하나이신 주재 곧 우리 주 예수 그리스도를 부인하는 자니라"(유 1:3-4).

사도 바울은 모든 편지에서 은혜로운 칭찬의 말을 사용했다. 심지어 문제 많은 고린도 교회에 편지를 썼을 때조차도 그들에 대한 인정과 감사의 말을 잊지 않았다(고전 1:4-9; 고후 1:7). 그런데 갈라디아서를 쓸 때는 격려 내용을 완전히 생략했다. 보증이나 칭찬의 말은 서신 전체 어디에도 발견할 수 없다. 대신 바울은 다급함과 엄숙함으로 갈라디아 교인들에게 편지를 쓰기 시작했다. 그들 가운데 있는 거짓 선생들에 대한 침울한 이중의 저주를(갈 1:8-9)선포했다. 갈라디아서의 첫 아홉 구절은 그의 독자들을 뒤흔들어 놓았고 숨이 가쁘게 했다. 그 구절들은 그들에게 거짓 선생들의 유혹적인 영향에서 벗어날 수 있게 했다.

유다 역시 비슷한 걱정에 사로잡혔고, 게다가 서둘러 본론으로 들어간다. 어떤 방식에서 유다서 서두에 나타난 구절들은 갈라디아서 1장보다 더 무겁다. 3-4절은 신약성경에 나오는 서신들에 대한 매우 강력하고 진지한 서론들 가운데 하나이다. 원래는 유다가 자리에 앉아서 구원의 기쁨을 축하하는 긍정적이고 격려하는 어조의 글을 쓰려고 했는데, 현존하는 다급함을 파악하고 성령의 주권적 통제와 감동을 따라 원래 계획했던 내용과는 다른 어떤 것들을 쓰지 않을 수 없었던 상황을 한번 상상해 보라. 따라서 유다의 편지는 그들이 신앙을 위하여 싸우라고 촉구하는 짧고 강한 어법의 경고로 바뀌게 된 것이다.

원래 쓰고자 했던 서신 내용을 바꾸다

유다가 원래 쓰고자 했던 방향과 내용을 바꾸게 한 것은 무엇일까? 이에 관한 언급은 없다. 아마도 그가 편지를 쓰기 전에 어디선가 정보를 받았을 것이다. 아니면 주께서 신속히 편지 내용을 바꾸도록 그에게 초자연적으로 보여 주셨을 수도 있다. 그게 무엇이든 간에, 성령은 유다에게 원래 계획을 바꾸어 글을 쓰게 하셨다.

복음을 위해 싸워야 할 경우에 교회가 일어서서 대적하지 않는다면, 그가 원래 쓰기로 계획했던 영광스런 구원은 심각한 타협에 빠질 위험에 봉착하게 된다. 그래서 위로와 격려의 마음을 전하려는 마음에서 우러나는 우호적인 시도를, 무장을 명령하는 강렬한 부름으로 대체한 것이다. 서신 전체는 모든 세대 모든 신자들에게 적용하는 전쟁의 함성으로 넘쳐난다. 유다는 진리 전쟁에 참전하여 주님 편에 서라고 촉구한다.

놀랍게도 진리를 위한 전쟁은 사도들의 시대에도 필요했다. 많은 이들이 초대 교회 시대는 더럽혀지지 않은 순박하고 순수한 시대라고 생각한다. 하지만 사실은 전혀 그렇지 않다. 진리의 방해꾼들은 처음부터 거짓을 기독교 교리와 섞어 하나님의 사람들에게 주입했다. 교회 밖에 있는 박해자들로부터 정상적으로 왔을 뿐 아니라, 교회 공동체 안에 있는 거짓 선생들과 신앙고백을 하는 신자들로부터 진리에 대한 공격이 왔다. 나쁜 교리를 심을 교회 내부에 자신의 사역을 두고자 하는 사탄의 전략은 신약성경을 쓰고 있는 동안에도 위험할 정도로 유효했던 것임을 입증하고 있다(고후 11:14-15).

덧붙여 말하자면, 유다서는 그보다 더 일찍 써서 회람되었을 것이 확실한 베드로후서 2:1-3:4절에 나오는 사도 베드로의 내용을 거의 그대로 반복한 내용이다. 사실 유다서 18절이 베드로후서 3장 3절을 인용하고 있고, 17절에서 유다가 자신의 서신이 한 사도로부터 온 것임을 분명히 인정하고 있는 사실로 볼 때, 우리는 베드로후서를 유다서보다 앞서 기록했다는 결론을 얻을 수 있다. 또 베드로후서 2장 1-2절과 3장 3절은 거짓 선생들의 출현을 예상하고 있다. 유다는 분명히 "가만히 들어온 사람 몇"(유 1:4, 11-12, 17-18 참조)에 대해서 언급하고 있다.

그래서 이미 거짓 선생들은 가만히 교회 안에 들어와 있었다. 그들은 신자들의 공동체 안에 가만히 숨어 있었다. 사람들은 그들을 동료 신자로 받아들였고, 그들의 해로운 거짓 가르침은 교회 안에 퍼지고 있었다. 유다는 그들을 용납하기보다는 대적하라고 신자들에게 촉구했다. 교회의 생명이 달려 있기 때문이었다.

사탄이 거짓 선생이라는 선교사를 보냈다

교회에 침투하는 영적 테러리스트들의 거짓 가르침은 항상 교회를 괴롭혀 왔다. 사탄은 더 많은 배교자를 만들어 내기 위해 거짓 선생이라는 선교사를 보냈다. 복음을 접한 사람들을 복음에서 파멸의 죄악으로 가게 하는 것이 바로 사탄의 계획이다. 진리를 듣고 이해한 교회들 내부와 주위에 항상 사람들이 있다. 그러나 구원에 이르도록 진리를 감싸고 그것에 헌신하지는 않는다. 그들은 그것을 거절할 수 있는데 그것이 바로 사탄이 성취하기를 원하는 바이다.

이 문제는 유다가 편지를 쓰는 청중에게는 특별한 것이 아니었다. 배교는 성경에서 아주 친숙한 주제다. 유다서는 성경의 여러 책들 가운데 배교라는 주제에만 초점을 맞춰서 쓴 유일한 책이다_{따라서 유다의 메시지의 다급함을 강조하고 있다}. 그러나 신약의 서신들 가운데 유다서만이 배교와 거짓 교리의 위험성에 대해 언급하는 것은 아니다. 이 문제는 교회사의 초기부터 아주 광범위하게 퍼져 있는 중요한 문제였다. 서신들은—특히 히브리서, 고린도전서, 고린도후서, 갈라디아서, 골로새서, 데살로니가전서, 데살로니가후서, 요한이서, 그리고 요한삼서— 사람들을 잘못된 길로 이끈 여러 거짓 선생들의 잘못을 사람들에게 일러 주기 위해 부분적으로나 전체적으로 그 사실을 기록해 두었다.

이것은 물론 예상된 것이었다. 예수님 자신도 어떤 사람들이 얼마나 쉽게 진리에서 벗어나는가를 친숙한 비유로 말씀하신 바가 있다. 마태복음 13장과 누가복음 8장에 씨 뿌리는 비유가 나오는데, 이 비유는 하나님의 말씀을 네 가지 유형의 밭에 뿌려진 씨로 그리고 있다. 이 밭은 여러 단계의 이해력으로 나눌 수 있는 사람의 마음을 의미한다. 예수께서 누가복음 8장 11-15절에 나오는 비유의 상징적 의미를 이렇게 설명하셨다.

"이 비유는 이러하니라 씨는 하나님의 말씀이요 길 가에 있다는 것은 말씀을 들은 자니 이에 마귀가 와서 그들로 믿어 구원을 얻지 못하게 하려고 말씀을 그 마음에서 빼앗는 것이요 바위 위에 있다는 것은 말씀을 들을 때에 기쁨으로 받으나 뿌리가 없어 잠깐 믿다가 시험을 받을 때에 배반하는 자요 가시떨기에 떨어졌다는 것은 말씀을 들은 자니 지내는 중 이생의 염려와 재리와 일락에 기운이 막혀 온전히 결실치 못하는 자요 좋은 땅에 있다는 것은 착하고 좋은 마음으로 말씀을 듣고 지키어 인내로 결실하는 자니라."

네 개의 밭 가운데 무려 세 개가 말씀을 듣고도 외면하는 사람들을 묘사하고 있다. 어떤 이딱딱한 밭의 청중는 "마귀가 와서 그들로 믿어 구원을 얻지 못하게 하려고 말씀을 그 마음에서 빼앗는 사람"이다. 그들은 하나님의 말씀이 지속적으로 영향을 미칠 수 없는 영적으로 반응이 둔감한 청중들이다.

다른 이 잡초가 우거진 밭의 청중는 처음에는 생명의 징후를 보이지만, 하나님의 말씀 앞에 아무런 열매를 맺지 못한다. 세속적인 욕구들이 그들의 모든 영적 관심을 메마르게 하고 결국엔 없애 버리기 때문이다. 그들은 잠시 자라고 번성하지만 참된 회심이 비유에서 가장 으뜸이자 필수적 열매를 의미하는을 경험하지는 못한다. 그래서 결국 그들은 배교한다. 이들 세상적이고 천박한 청중들이 하나님의 백성과 동일시하는 한, 그들은 교회의 영적 복지에 위협이 될 것이다.

그러나 모든 것 중에서 가장 큰 위협은 얕은 밭의 청중들이다. 그들은 "기쁨으로 받으나 [그러나 그들은] 뿌리가 없어 [그들은] 잠깐 믿다가 [그러나] 시험을 받을 때에 배반하는 자"이다. 복음에 대한 그들의 첫 번째 반응은 모두 긍정적이다. 심지어 아주 열정적이기까지 하다. 그들은 진짜 생명과 생존 능력의 모습을 보여 준다. 하지만 참믿음이 아니기 때문에 진정한 영적 열매를 맺지 못한다. 이러한 사람들은 그저 가장 엉성한 감각으로 "잠깐 믿는다." 그들은 진리를 듣고 이해하고 피상적으로 지지한다. 그러나 뿌리가 없기 때문에 진짜 열매를 맺을 수 없다.

배교자들을 "죽고 또 죽어 뿌리까지 뽑힌 열매 없는 가을 나무"로 묘사한, 유다서 12절은 실제로 씨 뿌리는 비유에서와 똑같은 묘사를 사용한다. 이들 천박한 '성도들'은 실제로 뿌리도 없고 열매도 없이 죽은 자들이다. 그래서 그들은 필연코 배교하는 것이다.

그것이 배교의 본질이다. 진리를 듣고 그것이 무엇인지 알고, 그것을 받아들이기로 고백하고, 그리고 나서 마침내 그것을 거절하는 것이다. 최종적으로 진리를 부인하는 것이 완전한 지식과 이해와 더불어 일어나기 때문에, 이것은 회복의 가능성이 없는 치명적인 배교이다. 이것은 히브리서 6장 4-6절이 냉담한 말투로 묘사한 바로 그 죄를 의미한다. "한번 비췸을 얻고 하늘의 은사를 맛보고 성령에 참예한 바 되고 하나님의 선한 말씀과 내세의 능력을 맛보고 타락한 자들은 다시 새롭게 하여 회개케 할 수 없나니 이는 자기가 하나님의 아들을 다시 십자가에 못 박아 현저히 욕을 보임이라."

예수님의 씨 뿌리는 비유는 히브리서 6장이 묘사하는 바로 그것을 그리고 있다.

그것은 또한 유다가 적고 있는 배교, 바로 그것을 말한다. 배교는 단지 영적으로 대수롭지 않거나 진리에 아주 냉담한 자들만의 문제가 아니다. 때로 기독교 지도자들도 똑같이 배교한다. 그들은 권력과 명성을 좋아하기 때문에 심지어 배교할 때조차도 반드시 교회를 떠나지는 않는다. 그들은 여전히 설교자와 선생과 저자로 계속 남아 활동한다. 틀림없이 그들은 그리스도인인 체하며 속내를 드러내지 않으며 자기들의 결점을 가린다. 심지어 그들이 진리의 기초를 훼손할 때도 진리에 대한 신실함을 고백한다. 아마도 교회가 직면하고 있는 최대의 내부적인 위험은 구원에 이르는 참 믿음이 아님에도 불구하고 진리를 고백하고 믿는 체 가장하는 지도자들일 것이다.

기독교 교회사는 이러한 실례들로 넘쳐난다. 유대주의자들에서부터 오늘날 타락한 많은 TV 전도자들에 이르기까지 말이다. 전자의 가짜 복음은 갈라디아 교인들을 혼란에 빠뜨렸고, 후자의 탐욕과 도덕적 실패와 거짓 예언과 가짜 기적과 잘못된 교리는 기독교에 치욕거리와 영적 분별력을 상실하게 하는 걸림돌이 되고 말았다.

어느 정도 배교는 항상 계획적이고 고의적인 죄이다. 배교자가 단순히 하나님의 말씀에 무관심하나 그것이 가르치는 바에 대해서 무지한 어떤 자를 의미하지는 않는다. 거짓 종교에서 선생의 위치에 있었다 할지라도 진리를 전혀 들은 적이 없는 사람은 '배교자'가 될 수 없다. 배교자는 그보다 더 심각하다. 배교자는 빛을 받았으나 생명이 없고, 씨를 받았으나 열매가 없고, 기록된 성경을 받았으나 살아있는 말씀이 아니고, 진리를 받았으나 진리에 대한 사랑이 없는 자를 말한다(살후 2:10).

속이는 자들은 스스로도 속는다

그렇다고 배교자 자신이 결코 미혹되거나 혼란에 빠지지 않는다는 말은 아니다. 대개 속이는 자들은 스스로 여러 종류의 속임수에 눈멀기 일쑤다(딤후 3:13). 실제로 어떤 점에서는 그들은 진리의 근본이신 하나님을 섬기는 것으로 스스로 착각할 때도 있다(요 16:2 참조). 그러나 또 다른 점에서는 그들이 충분한 지식과 이해를 가지고 그것에 완전히 책임을 지는 진리를 고의적으로 거절하기도 한다. 그것이 배교의 죄를 그렇게 악하게 만드는 이유다. 진리를 듣고 이해한 후에 그것에 대해 고의적으로 거절하기 때문이다.

사도행전 8장 9-25절은 배교가 어떻게 발생할 수 있는가에 대한 고전적 성경의 실례를 보여 준다. 누가에 따르면, 거기서 우리는 마술요

술과 흡사함로써 사마리아 사람들을 놀라게 함으로 평판을 얻었고, 스스로 대단하고 능력 있는 사람이라 자랑하던 마술사 시몬을 만날 수 있다. 시몬은 사기를 일 삼았던 사람이다. 누가에 따르면 사마리아 사람들은 시몬의 기술이 "하나님의 큰 능력"(유1:10)에서 온 것이라고 믿었다.

그러나 복음이 사마리아에 이르렀을 때 모든 것이 변했다. 12-13절은 이렇게 소개한다. "빌립이 하나님 나라와 및 예수 그리스도의 이름에 관하여 전도함을 저희가[사마리아 사람들이] 믿고 남녀가 다 세례를 받으니 시몬도 믿고 세례를 받은 후에 전심으로 빌립을 따라 다니며 그 나타나는 표적과 큰 능력을 보고 놀라니라."

여기서 우리는 빌립의 메시지가 예수 그리스도의 복음을 분명하고 완전하고 정확하고 신실하게 전달한 것을 알 수 있다. 세례 받은 사람들이 상당히 많았음이 분명하다. 빌립은 사마리아 사람들에게 심도 깊이 복음주의적 영향을 끼쳤으며, 마술사 시몬조차도 "믿었던" 공동체 속으로 복음이 깊이 흘러 들어갔다.

시몬이 세례를 받고 "빌립과 함께 다니고" 그가 본 것에 놀랐다는 사실을 통해, 처음에는 시몬의 믿음을 얼마나 진짜인 것으로 판단했을까를 짐작할 수 있다. 표적과 큰 능력이 일어나고 있었고, 그래서 술책만 일삼던 시몬도 엄청나게 놀랐다. 숙달된 눈속임과 요술의 전문가인 시몬은 빌립이 자기처럼 질 낮은 사기꾼이 아니라는 사실을 분명히 보았고, 즉시 알아차렸다. 바울의 메시지가 진리인 것을 즉시 알아차렸기 때문에, 시몬의 처음 반응은 모두 긍정적이었다. 적어도 겉으로 볼 때는 시몬이 "믿었다." 즉, 그가 진리를 보고 이해했을 때 그것을 딱 잘라서 거절하지 않았다.

그러나 18-19절은 다음과 같이 소개한다. "시몬이 사도들의 안수함으로 성령 받는 것을 보고 돈을 드려 가로되 이 권능을 내게도 주어 누구든지 내가 안수하는 사람은 성령을 받게 하여 주소서 하니." 분명히 사도들이 사마리아의 새 신자들에게 안수했을 때 각자에게 임하시는 성령의 시각적인 현상이 있었다. 십중팔구, 사마리아 회심자들이 오순절 성령 강림 때 첫 신자들이 경험했던 것과 같이 기적적인 누구나 알 수 있고 인식 가능한 언어로 방언을 체험했을 것이다. 방언이 임했다는 것은, 교회 안에서 분열이 없도록 하기 위해 유대인 신자들이 최초로 경험했던 것과 같은 의미에서의 같은 성령을 사마리아 사람들이 받고 있었다는 분명한 증거가 되었을 것이다. 시몬이 그같이 놀라운 기적을 목격했을 때, 자기에게도 마음 내키는 대로 그것을 행할 수 있는 힘을 달라고 간절히 요청했다.

시몬은 믿었고, 세례 받고 빌립과 동행하고 모든 기적을 봤으며, 계속해서 긍정적인 놀라운 사실을 만난다. 겉으로 봤을 때는 누가 봐도 그의 믿음이 진짜인 것처럼 보인다. 그러나 베드로는 그에게 이렇게 말했다. "네가 하나님의 선물을 돈 주고 살 줄로 생각하였으니 네 은과 네가 함께 망할지어다"(행 8:20). 베드로는 시몬의 요구를 통해 그가 참신자가 아니라는 사실을 알 수 있었다. "하나님 앞에서 네 마음이 바르지 못하니 이 도에는 네가 관계도 없고 분깃 될 것도 없느니라"(행 8:21). 여기서 배교자에게 대처하는 직접적인 방식에 대한 지식을 얻을 수 있다.

베드로가 이어서 시몬의 회개를 촉구하는 장면이 나오는데, 여기서 베드로가 시몬의 죄가 너무 심각하여 용서받을 수 없음을 전제로 깔고-가정법적인 용어-용서에 대해서 말하고 있다는 사실에 주목하라. "내가 보니 너는 악독이 가득하며 불의에 매인바 되었도다 시몬이 대답하여 가로되 나를 위하여 주께 기도하여 말한 것이 하나도 내게 임하지 말게 하소서 하니라"(행 8:23-24).

시몬은 "나를 위하여 주께 기도하여 말한 것이 하나도 내게 임하지 말게 하소서"(행 8::24)라며 베드로에게 기도해 줄 것을 간청하고 있다. 베드로의 책망이 적어도 잠시 동안은 시몬을 흔들어놓고 두렵게 했음이 분명하다.

그러나 자신이 배교하리라는 시몬의 두려운 마음은 오래 지속되지 못했다. 그날에 시몬은 그리스도에게서 영원히 떨어져 나왔고, 누가는 더 이상 그에 대해 기록하지 않고 있다그 밖의 다른 성경에서도. 그러나 자신이 사마리아 사람이었고 시몬보다 거의 한 세기 뒤에 살았던 초대 교회의 변증학자 저스틴 마터Justin Martyr는 시몬에 관해 상세한 것들을 기록했다. 그에 따르면 시몬은 기타Gitta라고 하는 사마리아의 한 마을 출신이었다고 한다. 저스틴과 이레니우스Irenaeus 저스틴 당대의 친한 친구이자 동료 변증학자와 두 사람은 시몬이 첫 번째 유사quasi 기독교 종파 가운데 하나를 시작했다고 기록한다. 이레니우스에 따르면, 그 마술사는 성경의 상징과 용어를 빌려서 자신이 육신으로 오신 참하나님이라고 말하며 자신에 관해 스스로 창안한 다양한 신비들을 뒤섞어 말했다고 한다.

초대 교회 역사가들은 시몬을 초대 영지주의 분파의 탁월한 설립

자로 간주한다. 기독교 교회사는 시몬이 시몬 마구스Simon Magus인데, 그의 이름에서 돈을 받고 교회의 직분을 팔아먹는 성직매매를 뜻하는 시모니Simony란 용어가 유래했다고 전한다. 공격적인 배교자보다 더 기독 신앙에 위협적인 사람은 없다. 그에 대한 가장 빠른 증거를 시몬의 경력을 통해 알 수 있다.

진리를 알고도 등돌리는 자에게는 구원의 소망이 없다 : 복음의 진리를 보고 그것을 믿는다고 고백하고서 돌이킨 자들에게는 구원의 소망이 전혀 없다. 히브리서 6장 4-6절과 10장 26-30절은 타락한 자는 믿음으로 되돌아올 수 없음을 암시한다. 나아가 배교는 더 이상의 기회가 없는 최종적인 결론이라고 정죄한다. 베드로 역시 배교에 대해서 다음과 같이 말한다. "만일 저희가 우리 주 되신 구주 예수 그리스도를 앎으로 세상의 더러움을 피한 후에 다시 그 중에 얽매이고 지면 그 나중 형편이 처음보다 더 심하리니 의의 도를 안 후에 받은 거룩한 명령을 저버리는 것보다 알지 못하는 것이 도리어 저희에게 나으니라"(벧후 2:20-21).

그러나 그 위치에 있는 자들은 흔히 자기네들이 거절한 진리를 공격하는 일에 일생을 바친다. 그리고 그런 속내를 절대 드러내지 않는다. 그들은 평생을 살면서 이렇게 말한다. "난 이미 거기에 가 봤어. 그것을 해봤어. 하지만 소용 없더라고. 나도 믿어 봤어. 하지만 진실이 아니더라고. 나는 이제 개화되었어. 너도 도와 줄게." 아니면, 요즘 사람들이 자주 말하기를, "나는 성경의 뜻을 모두 알고 이해하는 줄 알았어. 하지만 나는 더 이상 거만하지 않아서 그런 주장을 할 수가 없어."

한편, 이것은 뱀이 하와에게 유혹한 말을 흉내 낸 실례이다. "하나님이 참으로 …하시더냐?" 대신 내 말을 들으라. 뱀이 여자에게 이르되 "너희 눈이 밝아 하나님과 같이 되리라"(창 3:1, 5 참조).

진리를 위한 긴 전쟁

배교란, 최근에 와서야 문제가 된 것도 아니고, 기독교 시대에만 잠시 나타났다 사라진 특정 시기만의 문제도 아니다. 뱀이 정원에서 진리에 반대하는 전쟁을 인간 세상으로 전파한 순간부터 오늘까지 진리에 반대하는 운동은 늘 있어 왔다.

구약에서 이스라엘은 배교하지 말라는 경고를 몇 번이고 되풀이해서 받았다. 그런데도 구약 역사의 시대마다 배교자가 등장했다. 가끔 나라 전체가 배교한 것처럼 보일 때도 있었다. 예를 들어, 엘리야 시대에 신실한 백성의 수가 칠천으로까지 줄어든 것을 생각해 보라(왕상 19:18). 엘리야조차도 한동안은 자신이 마지막으로 살아남은 유일한 참신자라고 생각할 정도였다.

예레미야의 일생 동안, 신실한 남은 자들의 수는 아마도 훨씬 더 적었을 것이다. 이스라엘의 거의 모든 사람이 예레미야의 사역에 완전한 적대감을 나타냈다. 40년간의 강력한 설교 후에 위대한 선지자는 마침내 홀로 서 있었다. 성경은 그가 단 한 명의 회심자를 보았다는 암시를 전혀 주지 않는다.

구약 역사 내내 배교 문제는 널리 퍼진 전염병과 같았고, 느헤미야 8장에서 묘사한 포괄적인 부흥과 같이, 나라 전체에 걸친 신실함의 때는 예외적이고 주로 일시적인 현상일 뿐이었다. 느헤미야의 부흥도 점차 묽어지다가 어느새 냉담한 형태의 종교의식으로 변질되었다(느 13장). 영적인 미지근함이 이스라엘 후기 역사를 지배했다. 나라 전체가 끝내 완전히 배교자가 됨으로써, 약속하신 메시아가 태어났을 때는 사실상 모든 사람이 그 사건의 진정한 의미를 깨닫지 못할 지경에 다다랐다. 예수님이 공생애를 시작하시고 3년 안에 그들은 예수님이 위험한 사기꾼이요, 그들 종교에 위협이 되므로 죽여야 한다고 부르짖었다. 인간적인 관점에서 본다면, 구약시대는 진리의 적들이 대개 이긴 것처럼 보인 시대였다.

아포스타시아라는 말이 70인경(그리스도보다 몇 백 년 앞선 구약의 고대 헬라어 번역본)에 여러 번 나오는 것은 전혀 놀랄 일이 아니다. 예를 들어, 여호수아 22장 22절은 배교를 "신들의 주 하나님"에 대항하는 "패역함이나 범죄함"으로 특징 짓는다. 게다가 예레미야 2장 19절은 아포스타시아라는 단어를, 주 하나님을 완전히 버린 자들의 배교를 설명하는데 사용했다. 같은 절은 모든 배교의 핵심을 다음과 같이 정의한다. 주 만군의 여호와 하나님께서 말씀하시기를 "나를 경외함이 너희 속에 없음이라."

배교는 구속사 전체에 걸쳐 항상 존재하는 현실이었다.

진리를 안다면 과감히 일어서라 : 어쨌든 진리를 아는 많은 사람들이 그것을 거절해 왔다. 이런 점에서, 우리가 살고 있는 이때도 결코 예외는 아니다.

예수님의 사역조차도 배교가 현실이라는 놀라운 실례를 보여 준다. 요한복음 6장의 기록에 의하면, 그분이 기적을 행하시는 동안 그분이 가는 곳마다 수많은 군중이 모여들었다. 그러나 그들이 듣기 원치 않는 진리를 예수께서 선포하기 시작하셨을 때는 모두 떠나갔다. 대부분의 경우, 그들이 그리스도를 거부함은 다름 아닌 최종적이고 치유불가능의 배교인 것으로 보인다. 그 비극적 장의 긴 구절 가운데 마지막 절 가까이 있는 66절은 이렇게 말한다. "이러므로 제자 중에 많이 물러가고 다시 그와 함께 다니지 아니하더라."

예수님의 가르침 덕에 진리는 아주 분명해졌다. 어쨌든 진리를 분명히 보고 예수님의 가르침을 완벽히 잘 이해했던 이들이 돌아섰다. 사실 진리에 대해 아주 분명히 하는 것이야말로 그들을 물러가게 했던 중요한 원인이었다. 진리가 무엇인지 보았을 때 그들은 그것을 싫어했다. 그것은 너무도 벅찬 요구이자, 시대에 맞지 않고, 아주 불편하고, 자신들의 의무조항에 너무 큰 위협이 되고, 죄에 대한 지나친 비난이었다. "사람들이 자기 행위가 악하므로 빛보다 어두움을 더 사랑한 것이니라"(요 3:19)는 말씀을 기억하라.

이것으로써 신약 시대가 어떻게 출발했는지 잘 알 수 있다. 성경은 또한 배교가 시대 말에도 유행할 것이라고 가르친다. 감람산 강화 Olivet discourse, 마 24:25, 막 13장, 눅 21:5-36에서 행해진 말씀을 통칭 "감람산 강화"라고 한다.-역주에서 예수님은 종말에 대한 보다 자세한 설명을 하셨다. 거기에는 "거짓 선지자가 많이 일어나 많은 사람을 미혹하게 하겠으며"(마 24:11)라는 말씀도 포함되어 있다. 게다가 베드로도 "먼저 이것을 알지니 말세에 기롱하는 자들이 와서 자기의 정욕을 좇아 행하며 기롱하여 가로되 주의 강림하신다는 약속이 어디 있느뇨?"(벧후 3:3-4)라고 예언했다. 또 디모데전서 4장 1-2절에서 사도 바울은 이렇게 말한다. "그러나 성령이 밝히 말씀하시기를 후일에 어떤 사람들이 믿음에서 떠나 미혹케 하는 영과 귀신의 가르침을 좇으리라 하셨으니 자기 양심이 화인 맞아서 외식함으로 거짓말하는 자들이라." 사실 진리를 세계적으로 통합하고 그리스도를 일괄적으로 거절하려는 시도야말로 종말에 나타날 심각한 위기 가운데 하나가 될 것이다. 이것은 데살로니가후서 2장 3절이 말한 '배도'apostasia를 가리킨다.

그러므로 배교는 모든 역사의 사실이며, 진리 전쟁에서 휴전이란 결코 없다. 우리가 사는 이 세대 역시 그 법칙에서 예외일 수 없다. 오늘날 진리에 대한 최대의 위협들은 교회 내부에서 온다. 교회 안에 배교자가 엄청 많다는 것이다. 거짓을 가르치고 사악한 거짓말을 보급하고 필수 교리와 심지어 진리들을 제멋대로 왜곡하고 정의 내리는 일들이 교회 안에서 일어나고 있다. 복음이란 상품을 만들어 내는 이런 작자들은 오늘날 복음주의 문화 곳곳에서 찾아볼 수 있다.

하지만 거짓 선생들은 반드시 그렇게 분명하게 자신을 드러내지는 않는다. 그들이 이마에 '나는 배교자요' 하고 써 붙이고 다니는 것은 아니지 않는가. 그들은 대부분 자신이 진리의 적인 것을 숨기려고 애를 쓴다. 그리스도에 대한 헌신적인 태도를 흉내 내고 그리스도의 제자들에게서 인내력을 요구한다. 또 이들은 꽤 호감이 가고 설득력이 있고, 논리도 정연하다.

유다의 말에 따르면, "그것이 배교를 교회의 절박한 염려로 만드는 것임을 알 수 있다. 그것이 교회에 가만히 들어오고"(유 1:4) 침투하는 사람들을 생기게 한다.

이제 교회 안에는 거짓 선생이나 배교자가 없다고? : 역설적으로, 오늘날의 기독교는 관대하여 모든 것을 포용하므로 이제 교회 안에는 거짓 선생이나 배교자가 없다고 주장하는 자들이 있다. 진리 자체가 한없이 유순하고, 따라서 모든 사람의 관점을 양보할 수 있으니 진리를 위한 싸움에 더 이상 미련을 가질 필요가 없다는 것이다. 또한 진리가 기독교 외의 종교로부터 온 모든 사상을 다 수용할 정도로 포용적이라고 생각하는 자들도 있다. 특히 현대 포스트모던의 흐름에 아주 관대하다.

진리에 대한 오랜 전쟁으로 지친 그리스도인이 많다. 교리적인 불일치와 분열이 교회의 영적인 연합에 어두운 그림자가 되어 세상에 대한 무능한 증거가 되는건 아닌지 마음이 편치 못한 자들 말이다. 또한 다음과 같은 질문들이 끊임없이 오가고 있다. "우리의 차이를 무시하고 서로 사랑만 할 때가 되지 않았소? 여러 가지 다양한 교리들에 관해서 우리와 일치하지 않는 자들과 싸우기보다는 따뜻하게 대화하고 그들의 사상에 귀 기울여 줄 단계가 되지 않았나요? 신랄한 충돌보다는 우호적인 대화를 가질 수는 없나요? 논쟁하기보다는 같은 마음을 갖고 화합할 수는 없나요? 정말로 우리가 신앙이나 이데올로기에 관한 싸움을 영구적으로 할 필요가 있나요? 아니라면, 교리에 관한 모든 논쟁을 그치고 드디어 평화를 선언할 수는 없는 건가요?"

물론 그 같은 질문 분위기에 맞는 듯한 관심사가 성경에도 나온다. 성경은 우리에게 다음과 같이 명령하고 있다. "할 수 있거든 너희로서는 모든 사람으로 더불어 평화하라(롬 12:18). 모든 사람으로 더불어 화평함과 거룩함을 좇으라 이것이 없이는 아무도 주를 보지 못하리라(히 12:14). 오직 성령의 열매는 사랑과 희락과 화평과 오래 참음과 자비와 양선과 충성과 온유와 절제니 이 같은 것을 금지할 법이 없느니라"(갈 5:22-23).

성경은 툭하면 싸우는 자세는 옳지 않다고 이야기한다. 성령의 열매를 보여 준다면서 갈등 중에서 기쁨을 취할 수는 없는 법이다. 그래서 신앙을 위해 싸우도록 명령하는 것이, 싸움 좋아하는 자들이 사소한 문제 때문에 일부러 싸우도록 선동하는 것과는 다르다는 사실을 분명히 해야 한다. 심지어 갈등을 피할 수 없는 순간에도 품위 없는 자처럼 행동해서는 안 될 것이다.

하지만 유다서 전체 요지가 말해 주듯, 갈등이란 항상 피할 수 있는 것이 아니다. 진리에 신실한 자로 머물러 있기 위해서는 신자로 행세하는 진리의 대적자들이 이단을 교묘한 방법으로 들여오려고 할 때 전쟁은 피할 수 없다.

전쟁하러 가야 할 때

유다는 진리 전쟁이 아주 긴급하며 절대적으로 필요하다고 강조한다. "믿음의 도를 위하여 힘써 싸우라는 편지로 너희를 권하여야 할 필요를 느꼈노니"(유 1:3). 힘써 싸우라는 표현은 문자적으로 '필사적으로 애쓰다'agonize against의 뜻을 가진 강한 헬라어 동사 '에파고니조마이'epagonizomai를 번역한 것이다. 이 단어는 치열하면서도 오래 가는 싸움을 묘사한 것으로, 수동적이고 평화롭고 편안한 의미는 조금도 없다. 유다는 진실된 믿음을 내세우며 강력한 전투를 치르라고 권했는데, 이 말 역시 헬라어로 '촉구하고 명령하다'라는 보다 강력한 뜻을 가지고 있다.

유다는 하나님이 주시는 강력한 마음을 견디지 못해 이러한 것들을 저술했다. 그가 전투에 대한 괴팍한 환희에 사로잡혀 있어 이런 글을 쓴 것이 아니다. 순간적인 변덕이나 개인적인 분노에 반응해서도 아니다. 성경은 오직 성령의 감동하심으로 된 것이다(벧후 1:21). 그러므로 유다가 느끼는 극도의 다급함은 성령의 주권적인 영향력과 그리스도의 마음이 어떠한지 잘 드러내는 증거라고 할 수 있다.

이와 같이 하나님은 진리 전쟁에서 우리의 몫을 감당하라고 다급히 명령하셨다. 성령은 유다의 서신을 통하여 그리스도인이 조심성과 구별성과 용기를 가지고, 진리를 위하여 힘써 싸우라고 촉구하신다.

우리가 무엇을 위해 싸워야 하는지 주목하라. 쩨쩨하거나 사적이거나 세속적이거나 자기와 관련된 어떤 것들이 아니다. 이 전쟁에는 아주 제한된 목적이 존재한다. 우리가 지켜야 할 것은 다름아닌 "성도들에게 단번에 전달된 믿음"인 것이다.

유다는 사도의 가르침(행 2:42)에 대해서 말한다. 이것은 성령이라는 대리자를 통하여 사도들의 손으로 예수께서 교회에 전하신 믿음이라는 객관적인 진리를 가리킨다. 17절에서 유다는 다음과 같이 말한다. "사랑하는 자들아 너희는 우리 주 예수 그리스도의 사도들의 미리 한 말을 기억하라."

기독교 신앙을 발견하거나 창안한 자가 없다는 사실에 주목하라. 신앙은 성령이 우리에게 전달하신 것이다. 누군가가 초자연적인 영역에 올라가 진리를 이해할 수 있도록 이해력을 내려 보내 준 게 아니다. 우리에게는 믿음의 신비를 열어 줄 지혜로운 도사가 필요 없다(요일 2:27 참조). 진리는 하나님께서 교회에 맡기신 것이다. 손상되지 않고 영원히 변하지 않는 진리 말이다. 진리는 계시와, 성경에 보존된 사도들의 가르침을 통해 대대로 전해졌다.

유다는 일찍이 전해진 진리의 완전한 몸으로서의 '믿음'에 대해 말했다. 그래서 어떤 식으로든 또 다른 계시를 추구하거나 '믿음'의 본질을 윤색하려고 해서는 안 된다. 하나님이 단번에 교회에 주신 진리를 해석하고 이해하고 출판하고 수호하는 것만이 우리의 임무이다.

진리 전쟁이 궁극적으로 말하고자 하는 것이 바로 그것이다. 단순히 지상의 경쟁하는 이데올로기들과 맞붙어 싸우는 것을 가리키지 않는다. 또한 누군가의 종교적 신조를 다듬거나 각 교파들과의 대화에서 이기기 위한 단순한 운동도 아니다. 신학적으로 풀리지 않는 문제들을 이해하기 위해 벌이는 싸움도 아니다. 여흥을 위한 논쟁도, 논쟁의 기술을 보고 누가 더 영리한지 판단하기 위한 것도 아니다.

진리 전쟁은, 무서운 기만의 함정에 빠져 있던 사람들의 영혼을 구출하기 위한 소망을 품고 진리 자체의 마음과 영혼을 지키는 것이다. 어둠의 세력에 담대히 맞설 진리를 풀어놓는 진지한 싸움이다.

진리 전쟁에서 항상 멋있고 유순하고 호감을 주는 사람이라는 인상을 주려고 해서는 결코 맡은 바 임무를 효과적으로 수행할 수 없다. '조화를 위해서'라는 명목으로 어디서나 진리와 타협하려 해서도 안 된다. 물론 우호적인 대화는 친절하고 유쾌하게 들린다. 그러나 그리스도나 사도들 어느 누구도 거짓 선생들과 연합해 영혼을 파괴하는 실수를 저지르지 않았다(롬 16:17; 고후 6:14-15; 살후 3:6; 딤후 3:5; 요이 10-11). 성경은 기독교 신앙의 근본이 공격받을 때 어떻게 대처해야 하는지 분명한 가르침을 준다. 특히 유다서는 그것을 간결하게 언급한다. 신앙을 위해 열심히 싸우는 것이 바로 우리의 본분이다.

이제 기독교의 핵심 진리에 대한 작은 불일치와 진리를 위협하는 큰 문제 사이의 차이를 분명하게 깨달았으리라 생각한다. 물론 거짓 선생들은 그들의 치명적인 죄를 진리로 가장하기를 좋아한다. 하지만 실상은 진리인 체하는 속에 유혹이 놓여 있다. 그러므로 거짓 선생들의 평판, 사람들이 평가한 온화한 인격을 그의 가르침이 위험한지 않은지 판단하는 잣대로 삼아서는 안 된다. 상식이나 직관, 혹은 첫 인상 같은 것들도 올바른 잣대가 될 수 없다. 성경, 오직 성경만이 이 분야에서 그 모든 것을 판단하는 유일하게 안전한 지침임을 명심하라.

The Truth War

배교: 어떻게 거짓 선생들이 침투해 들어오는가?

가만히 들어온 사람 몇이 있음이라 (유 4).

거짓 선생들은 겉모습만으로는 쉽게 알아볼 수 없다. 모든 거짓 종교 지도자들도 '종교적'이며, 신앙심 또한 깊어 보인다. 예수님은 거짓 종교를 퍼뜨리는 자를 '양의 옷을 입은 이리들' (마 7:15)과 "회칠한 무덤 … 겉으로는 아름답게 보이나 그 안에는 죽은 사람의 뼈와 모든 더러운 것이 가득한 자들" (마 23:27)로 묘사하였다. 그들의 종교는 교묘한 위장술로 가장한 노력의 산물인 것이다.

예수께서 주로 비난하셨던 바리새인들같이, 대부분 거짓 선생들은 경건을 가장한 전문가들이었다. 그들의 가장은 아주 설득력이 있었다. 그들은 매력과 순결 그리고 일종의 '영성'으로 겉모습을 그럴듯하게 꾸몄다. 또한 그들은 말을 친절하게 하고, 좋은 성격을 내세우며, 성경적이고 영적인 단어에 대해서도 꽤 높은 지식을 소유하고 있다.

물론 자신들의 추악한 모습을 애써 가장하지 않은 거짓 선생들도 있다. 예를 들어, 그리고리 라스푸틴Grigory Rasputin은 음탕한 러시아 정통교리의 신비주의적, 종교적 치료사이자 자칭 '거룩한 사람'이었다. 그는 러시아의 짜르 니콜라스 2세Nicholas II의 왕궁을 타락시켰고, 20세기 초 로마노Romanov 왕조의 몰락을 불러왔다. 라스푸틴은 우리가 예상하는 악한 사람의 외모와 행동을 모두 갖추었다. 소문에 의하면, 그는 좀처럼 목욕을 하지 않아 몸에서 악취가 났으며, 항상 시끄러운 소리를 내며 무례했고, 음탕한 성욕의 소유자였다고 한다. 그런데도 수많은 여성 지지자들이 그를 따랐으며, 그들 가운데 많은 사람이 국왕 피터스버그Petersburg의 단체에 최고위에 속해 있었다.

그리고 미국 남가주에 사는 괴짜 텔레비전 전도자 진 스캇Gene Scott을 어찌 빼놓을 수 있겠는가? 굵은 여송연을 피우고 신성 모독을 일삼으며 무뚝뚝한 자세로 일관하는 그는 우둔한 설교 방식만큼이나 생활도 방종 그 자체였다.

스캇의 교회에 돈을 기부하는 사람들은 자신들의 기부금을 그가 원하는 대로 사용할 수 있도록 모든 권한을 허락했다. 그는 일반적인 영적 지도자와는 거리가 먼 사람이었다. 그런데도 상당히 많은 추종자가 그를 따랐고, 수백만 불의 재산도 긁어모았다.

그처럼 명백하게 타락하고 영적이지 못한 자가 그렇게 많은 어리석은 제자들을 얻을 수 있었다면, 독실한 듯 가장한 거짓 선생들은 얼마나 더 위험하겠는가? 실제로 대부분의 거짓 선생들은 라스푸틴이나 진 스캇만큼 세속적인 면들을 그렇게 드러내지 않는다. 성령의 열매를 흉내 내고, 자신들을 의의 사도들로 위장한다(고후 11:14-15). 어떤 말이나 행동을 하면 영적으로 보이는지 알고, 성경 인용에 아주 능수능란하다. 또한 하나님의 백성들로부터 어떻게 신뢰와 찬성을 얻을 수 있는지도 정확히 안다. 진리를 오직 자신들의 목적을 위해 이용하는 것이다.

그들은 절대 진리를 대놓고 공격하지 않는다. 진리의 기초에 작은 구멍을 뚫어 아주 비밀리에 공작을 시도한다. 예를 들어 어떤 정의를 새롭게 내려야 한다고 교활한 시도를 하거나, 기독교도 시대에 맞춰 현대화되어야 한다거나, 아니면 구시대적인 교리는 과감히 버려야 한다고 주장한다. 그런 식으로 가능하면 해가 없는 것처럼 보이도록 해 많은 의심을 교회 안에 심어 놓는다. 그러한 의심의 구멍이 많아지다 보면 결국 진리는 붕괴하고 마는 것이다.

이것이 바로 유다가 말한 "가만히 들어온"(유 1:4) 거짓 선생들이 벌이는 행태이다. 유다가 말하는 거짓 선생은 예배에 은밀히 출석한 완전한 이방인이 아니다. 이미 교회의 구성원으로서 폭넓은 환영과 존경을 받고 있었던 자들 가운데 거짓 선생이 있다는 것이다. 최악의 경우, 그들은 교회 지도자일 수도 있고, 교사일 수도 있다. 그들은 기독교의 신앙을 훼손할 목적으로 자신들의 영향력을 은밀히 발휘하고 있으며, 또 자신들의 사악한 목적을 위해 교활함을 이용하고 있다.

비록 교회에서 아무리 존경할 만한 지도자로 인정을 받았다 해도, 이들은 거짓 선생들 가운데 가장 위험한 족속들이다. 그들은 자신들의 이기적인 혜택을 위해 교회를 등쳐먹고 사는 영적 기생충들인 것이다. 그들의 영적인 상태가 겉으로는 어떻게 보였는지 몰라도, 그들의 진정한 목적은 가장 영적으로 방종하고 방탕한 사람의 목적을 쏙 빼닮았다. "경건치 아니하여 우리 하나님의 은혜를 도리어 색욕거리로 바꾸고 홀로 하나이신 주재 곧 우리 주 예수 그리스도를 부인하는 자니라"(유 4).

어떤 영어번역에서 유다서 12절은 이들 사기꾼을 가리켜 "너의 애찬의 암초"라고 부른다. '암초' spots로 번역한 이 헬라어 단어는 물 표면 아래 숨겨져 있는 바다의 위험한 암초들을 뜻하는 아주 구체적인 용어다. 다른 말로 하면, 거짓 선생들은 영적으로 치명적인 위험거리라는 말이다. 그들은 잠복해 있기 때문에 숨어 있는 곳을 알아내기가 쉽지 않다. 그러나 이들은 참혹한 영적 파선을 일으키는 자들이다(딤전 1:19 참조).

유다는 다음과 같이 말한다. "저희는 기탄없이 너희와 함께 먹으니 너의 애찬의 암초요 자기 몸만 기르는 목자요"(유 12). 애찬이란 용어는 그리스도가 교회를 위해 제정하신 주님의 성찬식과 뒤따라오는 공동식사를 의미한다. 그래서 유다는 교회 밖에 낯선 사람들이 아닌, 교회 안에 있는 식탁 공동체에 친숙한 교회 내부의 사람들에 대하여 말하고 있다. 이들은 교회의 신자들을 안전하다고 보고 아주 멋지다고 생각하며, 그들에게 잘 알려진 사람들이었다. 그러나 실제로 그들은 사악한 생각을 품은 가짜 그리스도인이었다.

그 같은 자들이 교회 밖에서 성경이 가르치는 모든 것을 공공연히 반대하는 비평가보다 더 위험하게 보이는 자들이 될 수 있을까? 물론이다. 교회 내부의 거짓 선생들과 교리 파괴자들은 밖에서 공개적으로 대적하는 자들보다 항상 더 많은 사람들을 혼란시켰으며 더 큰 해를 끼쳤다. 자신의 등장을 미리 알리고 쉽게 알아 볼 수 있도록 제복을 입고 있는 대적보다, 숨어서 활동하고 충격적인 기습을 감행하는 테러범들이 훨씬 더 위험한 것이다.

초기의 상황처럼 배교의 역사는 반복된다

교회사가 시작되는 날부터 지금까지 그리스도인은 진리 전쟁에서 헤아릴 수 없이 많은 적들에 맞서 싸워 왔다. 또한 가장 단호한 적과 심각한 위협은 교회 내부로부터 시작되었다. 그리스도인이라고 주장하는 자가 기독교의 필수 진리를 공격하는 것이다. 그리고 이 싸움은 오늘날도 계속되고 있다. 신약의 정경이 채 완성되기도 전에 이러한 공격 방식은 있어 왔다. 이처럼 유다는 특정한 하나의 사건이나, 일반 대중과는 동떨어진 이야기를 다루는 것이 아니었다.

적들은 복음이 가는 곳이면 어디든지 가라지를 뿌린다. 신약성경은 초대 교회의 거의 모든 진영에서 거짓 선생들이 일어났음을 암시한다. 신약성경의 모든 저자들이 교회 안에 있는 거짓 가르침의 문제에 대해서 다루고 있는 것을 보면 알 수 있다. 그 주제는 또한 계시록 2-3장에 나오는 교회들에 대한 그리스도의 메시지에도 담겨 있다. 영화롭게 되신 주님은 계속적으로 경계하고 그들 중에 있는 거짓 선생들을 몰아낸 자들(2:2, 6, 9)을 거듭 칭찬하신다. 반면 문제를 직시하지 못하고, 심지어 이단을 일부러 묵인하는 자들(2:14-16, 20)은 책망하신다.

성경의 기록에 의하면, 교회 안에 있는 영적 테러범과 파괴자들이 교회 밖의 세력보다 더 위협적인 존재로 나타난다. 복음에 대적하는 영적으로 가장 치명적인 공격은 교회 밖에 있는 무신론자나 영지주의자들이 아니라 그리스도인인 체 가장한 자들이다. 더욱이 거짓 가르침이 초대 교회에 본색을 드러낸 수많은 경우에는 놀랄 만큼 다양한 오류들이 포함되어 있었다.

데살로니가에서 일어난 한 사건은 거짓 선생들이 어디까지 갈 수 있는지 보여 주는 좋은 예가 된다. 분명 주님이 자기 백성을 모으시려고 이미 재림해 계시다는 것과 데살로니가 교인들이 뒤에 남겨졌다는 것을 그들이 믿도록 하기 위해 계략을 획책한 자들이 있었다. 그들은 주의 날이 이미 임했다(살후 2:1-2)는 가짜 소식을 사도 바울의 이름으로 보냈다. 그러자 두려움이 교회 전체를 휩쓸었다. 성경에 나오는 '주의 날'은 항상 대격변의 심판의 때를 의미한다. 의심할 여지없이 데살로니가 교인들은 그들이 당하는 현재의 고난이 다가올 보다 더 심각한 것들의 시작이 아닌가 생각하며 불안해 했다. 대환란을 겪도록 남겨질 어떤 이유가 그들에게 있었는가?

분명히 거짓 편지는 '영으로'아마도 거짓 예언을 통하여 그리고 말로바울 자신의 입에서 나온 메시지를 들었다고 주장하는 자들의 거짓 증언에 의해서 확인할 수 있다. 그러나 그것은 모두 데살로니가 교회를 낙담시키고 혼란에 빠뜨릴 목적으로 주어진 교묘한 책략에 불과했다.

디모데후서 2장 17절이 소개한 또 다른 사건에서, 바울은 후메내오Hymenaeus와 빌레도Philetus의 영향력에 대해 다음과 같이 경고했다. "진리에 관하여는 저희가 그릇되었도다 부활이 이미 지나갔다 하므로 어떤 사람들의 믿음을 무너뜨리느니라"(유 18). 바울이 디모데에게 그 같은 유의 이단들을 경계할 것과 그들을 피하라고 촉구했기(유 16) 때문에 그것은 분명히 특별한 경우가 아니었다.

사도 요한은 디오드레베Diotrephes라 하는 교회의 권력에 주린 지도자의 영향력에 대해 조심하라는 비슷한 말을 기록했다. 이 사람은 "으뜸되기를 좋아하는"(요삼 1:9)자요, 분명히 사도 요한을 대적하는 경력의 소유자였다.

이단이나 배교자나 반역자나 거짓 선생들이 교회에 아주 빨리, 그리고 놀라울 만큼 많이 스며들었다는 것이 성경을 통해 분명해졌다. 그리고 유다가 가만히 들어온 거짓 선생들의 영향력에 대해 기록했을 때, 그는 특별한 위기에 직면한 한 교회만을 표적으로 하지 않았다. 모든 세대 모든 참신자들을 향한 메시지였다.

그렇다면 유다는 왜 그토록 긴급한 메시지를 썼던 것일까? 아마도 어떤 특별한 죄가 널리 만연돼 있었던 것 같다. 어떤 한 사람이 아닌 수많은 대중이 위험에 노출돼 있었던 것이다. 더불어 여기저기서 누군가 또 다른 거짓을 가르치고 있었다. 상황이 그렇다 보니 유다의 마음은 급할 수밖에 없었다.

그런데 흥미롭게도 유다는 그들이 일삼은 거짓 가르침의 구체적인 내용이나, 거짓 선생의 이름을 전혀 다루지 않았다. 왜냐하면 그저 신실한 그리스도인들이 왜 진리의 전사들이 되어야 하는지 절대적인 필요성을 강조하는 것이 유다의 주된 관심사였기 때문이다. 그래서 유다는 믿음을 위하여 싸워야 할 원칙과 모든 거짓 선생들의 공통적인 특징을 강조한다. 우리가 놓치지 말아야 할 큰 그림이 바로 이것이다. 유다는 자신이 그리고자 하는 큰 윤곽을 흐리지 않도록 필요 이상의 구체적인 언급을 피한 것이다.

굳이 유다가 심중에 두었을 거짓 선생을 추론해 보자면, 아마도 유대주의자들_{바울이 계속 맞서 싸워왔던 거짓된 바리새파}이나 초기 영지주의자들이었을 것이다. 두 집단의 거짓 선생들이 유다의 묘사와 똑같고, 이들은 신약성경의 여러 부분에서 가장 두드러진 이단의 두 흐름이었다.

유대주의자들

유대주의자들은 초기에 복음에 맹공격을 퍼부은 단체들 가운데 하나다. 그들은 의롭게 되기 위해서는 이방인들이 구약의 어떤 의식_{특히 할례의식}을 준수해야 한다고 주장했다. 갈라디아서에서 이 유대주의 이단들에 대해 다루고 있다. 바울은 유대주의자들과 그들의 거짓된 복음에 대한 대답을 신적인 저주를 요약해서 선포함으로 시작한다. 또 사도행전 15장과 히브리서와 신약 서신들 여기저기에 이 같은 거짓 가르침에 대해 언급한다. 그만큼 유대주의자들의 죄는 널리 퍼져 있었다.

물론, 유대주의자들은 교회 안에 있는 대부분의 사람들에게 진짜 신자로 인정받았다. 바울은 갈라디아서 2장 12절에서 안디옥 교회_{유다의 형제 야고보가 지도자로 있었던}에 이러한 죄를 가져온 자들을 "야고보에게서 온 어떤 이들"이라고 설명한다. 그들은 도움을 바라고 목회하고, 혹은 바울이 목회하고 있던 지역에서 이방 교회들과의 교제의 끈을 연결하도록 야고보가 보낸 자들이지만, 정작 갈라디아 교회에서 그들이

한 일은 복음의 명료성을 훼손하고 이방 신자들을 혼란에 빠트렸다.

유대주의자들의 가르침이 복음을 심각하게 더럽혔으므로, 바울은 교회 내에서 복음이 죄에 빠지지 않도록 즉시 그들의 교리를 반박해야 할 필요가 있었다. 그러나 베드로를 포함한 다른 주요 지도자들은 그 위험성을 빨리 알아차리지 못했다. 그래서 바울은 갈라디아서 2장에서 다른 사도들과 주요 교회 지도자들에게 유대주의자들의 심각성에 대해 호소하고 있다. 바울은 안디옥에서 베드로를 공개적으로 책망한다. 베드로의 행위가 유대주의자들에게 신뢰와 용기를 주는 일이라 생각했기 때문이다.

유대주의자들이 갖고 있는 교리는 얼핏 보기에는 싸울 가치가 없어 보일 정도로 굉장히 교활한 거짓 사상으로부터 생겨난 것이다. 그래샴 메이첸J. Gresham Machen, 20세기 초반에 자유신학에 대항하여 강한 입장을 견지했던 유명한 신학자겸 작가은 순수하게 이성적인 관점에서 볼 때는 바울과 유대주의자들 간의 차이가 '아주 작아' 보일지도 모른다고 생각했다. 그 완전한 차이를 한마디로 요약하거나 단순한 명제로 표현하면 다음과 같다.

[바울과 유대주의자들의] 차이는 단지 논리적인 세 가지 순서와 관계있을 뿐이다. 바울은 누군가가 (1)먼저 그리스도를 믿고, (2)그런 다음 하나님 앞에서 의롭다 함을 받고, (3)다음에 즉시 하나님의 율법을 지킬 준비를 한다고 말한다. 그런가 하면 유대주의자들은 누군가가 (1)그리스도를 믿고, (2)최선을 다해 율법을 지키고, (3)그리고는 의롭다 함을 받는다고 말한다. 그 차이는 사실 아주 미묘해서 이 시대 그리스도인이 실제적인 영역에서 합

의라는 큰 비중으로 볼 때 조금도 고려할 가치가 없어 보인다.¹

메이첸은 현대 사상가들이 바울과 유대주의자들과의 논쟁을 어떤 방법으로 다루길 원하는지 상상해 보았다. 물론, 오늘날과 마찬가지로 메이첸의 시대에도 세속 사회에서 도덕적인 개혁을 추진하기 위해 복음주의자들은 도덕적으로 영적으로 자신과 비슷한 생각을 가진 사람들과 적극적으로 협력해야 한다는 생각이 지배적이었다.

메이첸은 에큐메니칼ecumenical, 세계교회의 연합이 바울의 상황에서 무엇을 의미했는지에 관해서도 생각을 해보았다. 바울이 유대주의자들을 '전우'로 여기고 그들과 갈라디아 지역에서 온 이교주의paganism를 몰아내는 일에 함께 동역했다면 어찌되었을 것인가?

유대주의자들이 이방 도시들에물론 잘못된 의식을 지키는 것까지 포함했더라도 모세 율법의 준수를 전하는 일에 성공했더라면, 그 도시들이 정말 청결하게 변화 되었을까! 그랬다면 바울은 당연히 자신과 거의 동일한 생각을 가진 선생들과 손을 잡았어야 했고, 또 기독교 화합의 대원칙을 그들에게 적용했어야 마땅했을 것이다.²

메이첸 시대에 많은 그리스도인은 근대주의와의 그 같은 싸움을 그만하기를 바랐다. 오늘날 포스트모더니즘과의 화해를 바라는 복음주의자들도 비슷한 압력을 가해 온다.

그러나 메이첸은 이렇게 말했다.

바울은 결코 그런 유의 타협을 한 바 없다. 오늘날 기독교회가 존재하는 이유는 바울과 다른 이들이 그런 유의 행동을 하지 않았기에 가능했다. 바울은 유대주의자들과 바울과 다른 이들 자신과의 차이가 두 가지 완전히 다른 종류의 종교가 가지는 차이만큼이나 크다는 사실을 분명히 알았다. 그것은 공로의 종교와 은혜의 종교 사이의 차이였다. 만일 그리스도가 우리 구원의 한쪽만 담당하고, 나머지는 우리가 채워야 하도록 남겨 두었다면, 우리는 여전히 죄의 무거운 짐 아래 소망 없는 자들이 되었을 것이다.[3]

유대주의자들과 바울의 차이는 행함이냐 은혜냐와 같이 중요한 문제를 포함한 서로 간의 불일치 때문에 빚어진 것이었다. 복음의 완전한 모습은 유대주의자들이 부인했던 바로 그 명제에 달려 있다. 사람들이 그리스도를 위해 행하는 어떤 공로에 의해서가 아니라, 그리스도께서 사람들을 위하여 행하신 것을 기초로 해서만이 죄인들이 의롭다 함을 받을 수 있다는 명제 말이다.

바울은 복음의 필수적인 요소를 더럽히려는 유대주의자들과 절대 타협하지 않았다. 결국 그들의 실체는 드러났고, 그들이 주장하는 교리는 성경의 명확한 선포에 의해 설 자리를 잃었다. 유다도 우리에게 이처럼 믿음을 위해 진지하게 싸우라고 요구한다.

이미 강조했듯이, 유다와 바울과 사도 요한은 복음의 필수 교리가 위기에 놓일 때마다 그리스도인들에게 진리를 위해 싸우라고 명령했다. 우선 보기에 대단하거나 중요치 않아 보인다고 해서 세심하고 간간하고 비판적이어야 하는 평가 기준을 무디게 하지는 않는다. 비록 일시적이긴 하지만, 이들 거짓 선생의 간사함은 베드로조차도 우롱할 수 있었다. 그만큼 매우 "작아 보이는" 것들이 복음 진리의 핵심을 아주 쉽게 훼손시킬 수 있음을 알고, 우리는 더 깊이 경계해야 할 것이다.

유대주의자들은 어느 한 시대에만 존재한 유별난 자들이 아니었다. 복음에 대한 비슷한 위협이 사도 시대 이후 전 세대의 교회 내부에서부터 일어났다. 그러므로 우리를 포함하여 기독 교회사의 전 시대 모든 그리스도인이 늘 깨어 있어야 한다.

영지주의

유대주의자들과의 논쟁이 완전히 가라앉기도 전에 진리 전쟁의 새로운 전선에 또 다른 전투가 일어났다. 원시적인 형태의 영지주의가 교회 안으로 들어온 것이다. 후기 신약 서신들의 대다수는 근본적으로 영지주의 사상에 대해서 논하고 있다. 예를 들면, 요한이 요한일서에서 교리 논쟁을 다루는 것은, 가장 인기 있는 영지주의의 거짓 교리에 대한 훌륭한 답변으로 볼 수가 있다.

영지주의는 하나의 통일된 종파가 아니었다. 영지주의적 사고는 거짓 선생 각자가 기본적으로 독특한 분파를 만들어 낼 수 있는 종교의 가능성을 제시했다. 제도로서의 영지주의를 반박하거나 설명하기가 쉽지 않은 이유가 바로 그것 때문이다. 한 영지주의 단체의 사상들은 때론 다른 영지주의자들의 사상과는 달랐다. 이런 다양한 거짓 교리들과 싸우는 일에는 많은 수고가 필요했다. 그리고 수세기에 걸쳐서 영지주의는 수백 개의 다양한 가짜 기독교를 낳았다.

영지주의의 모든 형태는, 진리란 소수의 고상하고 밝은 마음을 가진 자만이 알고 있는 비밀이라고 주장한다. 그래서 그들을 가리키는 말에 헬라어로 지식을 의미하는 그노시스gnosis를 사용했다. 영지주의자는 사상과 신화와 미신과 이방 신비 종교와 인간 철학으로부터 가져온 모든 사악한 잡동사니를 제공했다. 그러한 신념들이 기독교의 비유적 표현이나 용어와 혼합되었다. 예수님의 가르침이라는 복음 이야기가 영지주의 교리와 맞지 않았을 때, 영지주의는 그들 자신의 허구적 '복음'을 기록했고, 그리스도의 삶과 사역의 보다 계몽된 이야기로 꾸며 댔다.

물론 영지주의 선생들은 제자들에게 비밀의 지식을 약속함으로써 그 대가로 부와 추종자들을 끌어 모았다. 자연적으로 대부분의 영지주의 종파들은 우주의 비밀을 자기네들이 독점한다고 주장했다. 여러 영지주의 단체들은 그 비밀스런 지식이 무엇인지에 관하여 자기네들끼리 반드시 일치하지 않기 때문에 영지주의는 이단 가운데 꽤 경쟁력이 있는 상표였고, 따라서 그 교리를 퍼뜨리는 자들도 경험이 많은 논객들이었다.

영지주의의 모든 주요한 형태는 실제로 핵심에 대해 이교적이었다. 그러나 영지주의자들은 기독교 교리와 상징주의를 자기네의 세속적인 철학과 통합하려는 별난 경향을 가졌기 때문에 많은 그리스도인들을 우롱했다. 또 성경적 용어와 기독교 가르침의 요소들을 차용해서, 모든 용어들을 새롭게 정의했고 모든 가르침을 바꿔 버렸다. 그들은 그리스도인으로 가장했고 그들의 종교를 기독교의 좀더 발전된 변형으로 광고했다.

　영지주의 지도자들은 신용을 얻기 위해 기성교회들과의 연합을 꾀했다. 그들은 과감하게 교회 내부에서부터 추종자들을 늘려 나갔다. 영지주의자들은 친근한 기독교 용어를 사용할 뿐 아니라, 그리스도에 대한 신앙도 고백했다. 그래서 교회 안에는 그들을 형제로 받아들여야 할지 이단으로 거절해야 할지 분명히 깨닫지 못한 사람들이 많았다.

　2세기에는 초기 영지주의와 복음 사이의 갈등이 불거졌다. 교회사에서 가장 두드러진 활약을 펼친 인물들 가운데 변증가들_{참신앙의 수호자}이 있었는데, 이들이 그 시기에 두드러진 활약을 펼친 이유도 다 거기에 있다. 그들은 영지주의의 모든 극단적인 냄새를 풍기는 종파들로부터 참기독교를 구별해야 할 책임을 맡았다. 안디옥의 익나티우스 Ignatius와 이레니우스 Irenaeus와 저스틴 마터 Justin Martyr와 터툴리안 Tertullian은 2세기의 가장 널리 알려진 변증가들이다. 영지주의자들은 주요 교리 가운데 하나인 예수 그리스도의 성육신_{하나님이 인간이 되셨다는 진리}을 항상 공격했다. 그래서 앞서 소개한 세 사람은 그 교리를 변증하는 데 심혈을 기울였다.

　먼저, 두 세기 동안 일어난 대부분의 교리적 논쟁은 직접적으로는 영지주의자들과 기독교 변증가들 사이의 갈등에서 비롯된 것이다. 교회 구성원이라는 구실 아래 교회를 뒤섞어 버리고 진리를 파괴하고자 하는 영지주의자들의 이런 노력은, 로마 제국이 여태껏 자행해 왔던 그 어떤 핍박보다도 교회의 장기적인 건강과 생존에 훨씬 더 큰 위협이 되었다.

유대 전통이라는 미명 아래 복음을 묻어 버림으로써 유대주의자들의 교리가 복음을 흐린 것처럼, 영지주의는 이방 이데올로기로 진리를 덮어씌움으로써 기독교 진리의 모든 특징들을 변경시켰다. 유대주의자들처럼 영지주의자들은 이신칭의를 부정했고, 따라서 복음의 초점을 옮겨 버렸다. 그들이 대신 선포한 메시지는 '심판으로부터 죄인들을 구원하기 위해 그리스도가 무엇을 하셨는가'에 관한 진리가 아니라, '깨달음enlightenment을 얻기 위해 우리에게 필요한 것은 무엇인가' 영지주의자들은 구원을 이런 식으로 대체했다였다. 이처럼 영지주의가 기독교 진리의 기초를 공격했기 때문에, 이러한 모든 다양한 죄들에 관해 반드시 변증하고 강력히 대적해야만 할 필요성이 있었던 것이다. 그런데 이러한 작업은 결코 쉬운 것이 아니었다.

영지주의자들의 속셈

먼저 영지주의자들이 성육신 교리를 어떻게 깨뜨리려 획책했는가를 한 가지 실례를 들어 살펴보겠다. 영지주의자들의 거짓 선생인 세린투스는 예수님이라는 인간의 몸이 '그리스도'라는 신적인 영의 존재를 입은 것이라고 가르쳤다. 그러므로 그는 예수님의 신성이 실제적인 것이 아니라 환상에 불과하다고 주장했다.

이러한 경향을 지닌 영지주의에 따르면, 예수님의 신성은 예수님의 몸을 소유하고 있는 신적인 영에 속한 속성일뿐 예수님의 몸과는 상관없는 것이었다. 그렇기 때문에 그 신성은 예수님의 본성이 아니라는 주장이었다. 달리 말하면, 아마도 예수님과 '그리스도'는 단지 같은 몸을 공유했을 뿐 실제로는 구별된 두 존재였다는 말이다. 그 교리는 교회 안의 많은 사람들을 혼란에 빠뜨렸다. 그래서 사도 요한은 서신을 통해 그것을 철저하게 반박했다. "거짓말하는 자가 누구뇨 예수께서 그리스도이심을 부인하는 자가 아니뇨"(요일 2:22).

또 다른 유력한 영지주의 분파 가현설Docetism으로 알고 있는는 그분의 육신으로 그분의 십자가 수난과 부활까지 포함해 예수님의 인간 본성의 모든 현현顯見이 단지 환상에 불과했다고 가르쳤다. 가현설자들에 의하면, 물질 자체가 악하기 때문에 하나님이 정말로 참인간의 육신의 모양을 입고 이 땅에 오시는 것은 불가능했다는 것이다. 사도 요한은 그러한 오류에 대해서 다음과 같이 대답했다. "하나님의 영은 이것으로 알지니 곧 예수 그리스도께서 육체로 오신 것을 시인하는 영마다 하나님께 속한 것이요 예수를 시인하지 아니하는 영마다 하나님께 속한 것이 아니니 이것이 곧 적그리스도의 영이니라 오리라 한 말을 너희가 들었거니와 이제 벌써 세상에 있느니라"(요일 4:2-3).

영지주의는 요한이 요한이서 1장 10-11절에서 염두에 두었던 바와 정확히 일치한다. 요한은 기독교 교리의 핵심 진리를 부인하는 가짜 기독교Pseudo-Christian 선생들에게 어떻게 대응해야 하는지 명확한 가르침을 준다. "누구든지 이 교훈을 가지지 않고 너희에게 나아가거든 그를 집에 들이지도 말고 인사도 말라 그에게 인사하는 자는 그 악한 일에 참예하는 자임이니라."

요한은 그 원칙들을 자신의 실제 가르침과 삶에 적용시켰다. 이레니우스 요한이 죽고 난 바로 직후에 태어나서 요한의 가르침을 받았던 자들과 개인적인 교분도

가졌던는 요한이 한때 세린투스라는 이단이 목욕탕에 있음을 알고서는 에베소에 있는 대중 목욕탕에 들어가기를 거절한 적이 있었다고 기록했다. 그토록 요한은 진리를 사랑했고, 영지주의 사상을 전하는 자들과의 어떤 유의 교제도 거절할 정도로 거짓을 싫어했다.

끊임없이 새로운 죄들을 변화 변형시켜 대량 생산해 낸 특성으로 볼 때, 영지주의 사상은 수세기에 걸쳐 성경적 기독교를 공격하는 집요한 세균과도 같다. 영지주의를 결코 완전히 그리고 철저하게 근절시키지는 못한 게 사실이다. 영지주의적 거짓 사상에 대한 고대 표현들 가운데 현 세대에서 강력하게 되살아나는 것들이 몇 있다.

최근 도마 복음서와 유다 복음서와 같이 초기의 유사 기독교 문서에 관한 얘기들로 화제가 된 사실을 알고 있을 것이다. 심지어 2006년 내셔널 지오그래픽National Geographic은 성경학자들이 지금까지 몰랐던 기념비적인 새로운 발견인 것처럼 유다 복음서를 텔레비전 특별 예고편으로 방영한 바 있다. 실제로 도마의 '복음서'와 유다 복음서는 모두가 문서화된 영지주의의 작품들이다. 그들은 반박 가능한 거짓 주장들과 가공의 신화로 가득 찬 역사의 가면을 쓰고 있는 완전한 허구이다. 그리스도인은 물론 세상 학자들 모두가 비록 이 작품들이 초기 영지주의 가르침의 진짜 유물인 것은 사실이지만, 그들이 주장한 바를 결코 받아들일 수 없다는 데 뜻을 같이 하고 있다. 사실상 모든 다른 영지주의 작품들과 같이, 도마 복음서와 유다 복음서는 영지주의의 거짓말로 가득 찬 무명의 저자가 남긴 사기작이다.

더욱이 이 복음서에는 새롭거나 혹은 오랫동안 잊혀진 어떤 진리가 담겨 있지 않다. 학자들은 이들 작품들과 그와 유사한 다른 작품들의 존재를 이미 많이 보아 왔다. 예를 들어, 2세기 말경 이레니우스가 최초로 유다 복음서에 대해 언급했다. 그는 이 복음서가 가인과 에서와 소돔 사람 고라와, 다른 모든 성경의 악한 자들을 영웅으로 각색한 영지주의의 사악한 종파와 관련이 있다고 밝혔다.[4] 이들은 유다를 영웅으로 그리기 위해 유다 복음서를 취향에 맞게 개조했다. 그 작품은 성경 곳곳에서 진리를 빌려서 예수님의 생애와 사역에 관한 성경적 설명을 쉽게 날조해 버린다. 따라서 철저한 거짓으로 진리를 망치는 결과를 초래할 것이 불을 보듯 훤하다. 영지주의자들이 항상 가장 즐겨 사용해온 사탄적인 진리 뒤틀기의 방식이 바로 그것이다.

한편 최근 베스트셀러와 영화로 인기를 끌었던 「다빈치 코드」The Da Vinci Code는 어떤 창의력이 풍성한 영지주의 방식의 역사 수정주의 historical revisionist, 역사를 취향에 맞게 수정하는 자를 가리킴.―역주와 함께 뒤섞인, 다시 돌아온 소수의 영지주의 신화를 기초로 하고 있다. 저자 댄 브라운 Dan Brown은 이 책을 허구로 썼으면서도 역사적 사실에 기초한 것처럼 주장했다. '사실들'을 포함했다는 전제는 그 책을 읽는 독자들에게 다빈치의 모든 음모가 전혀 허구가 아니라, 마침내 드러날 어떤 깊고 오랫동안 감추어 온 비밀스런 지식이라는 착각을 주기에 충분했다. 성경적 기독교에 관한 그런 유의 공격은 영지주의의 전형적인 모습이다.

현 세대를 위한 경고

유다 시대에 일어나던 일들이 오늘날에도 여전히 일어나고 있다.

진리 전쟁에서 적들의 전략은 조금도 변한 바가 없다. 그러므로 과거 유다가 수신자에게 적용했던 그의 권고들은 오늘날 우리에게도 아주 유용하다.

거짓 선생들은 유사 기독교 사상quasi-Christian ideas으로 여전히 교회를 공격한다. 또 참신앙의 기초를 훼손하면서 점점 더 교회 안에서의 입지를 넓혀 가고 있다. 계속해서 그리스도인들로부터 인정과 아량을 바라는 것이다. 심지어 그들은 똑같은 거짓말을 거듭해서 되풀이한다. 그러므로 우리는 하나님 말씀의 분명한 진리로 그들의 가르침을 대적하고 반박해야 한다. 사도 바울은 비슷하긴 하지만, 더욱 강한 어조로 말한 바 있다. "[저희의] 입을 막을 것이라"(딛 1:11).

이미 강조한 바 있듯이, 바울이나 다른 어느 신약 저자들도 진리 전쟁에서 폭력이나 신체적 강압이나 세상의 무기를 활용하라고 하지는 않았다. 오히려 그 같은 것들을 사용하는 것을 비판한다(마 26:52; 고후 1:3-4). 디도서 1장 11절에도 같은 원칙이 담겨 있다. 바울은 어떤 식으로든 이단들의 입을 신체적 강압으로 막을 것을 시사하지는 않고 있다. 바울은 디도가 "복종치 아니하고 헛된 말을 하며 속이는 자"(딛 1:10)들의 입을 어떻게 막을 수 있는지 아주 분명히 말한다. 디도는 진리를 분명하게 선포함으로써 그들의 거짓말에 철저하게 대적하라고 했다. 그에 대해 다음과 같이 부정적인 면이 있었다. "네가 저희를 엄히 꾸짖으라 이는 저희로 하여금 믿음을 온전케 하고"(딛 1:13). 게다가 다음의 긍정적인 의무도 있다. "오직 너는 바른 교훈에 합한 것을 말하여"(딛 2:1).

바울은 어떤 종류의 야만적인 폭력 사용도 지지하지 않았다. 그런데도 거짓 선생들의 입을 막는 것에 대한 바울 자신의 주장에 권위적인 분위기와 그에 대한 어떤 고정된 확실성이 있어서, 포스트모던주의자들에게 약간의 차이를 드러낸다. 이것은 우리 시대에 잘 맞는 메시지가 아니다.

다시 말하면, 성경은 항상 세상 문화와는 반대였다. 우리는 성경이 이 시대의 정신을 반박하고 수정하게 해야 한다. 그러나 불행히도, 오늘날 교회는 성경적 분별력과 교리적 한계와 계시된 진리의 권위를 지나간 과거의 낡은 잔재로 치부하는 자들로 가득 차 있다. 그들은 진리와의 전쟁에 지쳐 있고, 이미 일방적으로 저항을 멈추어 왔다. 우리가 처음부터 살펴봤듯이, 오늘의 기독교는 거짓 교리의 위험보다는 진리 전쟁이 여전히 가치 있는 싸움이라고 믿는 신자들을 더 괴로워한다. 그들의 불평은 다음과 같이 너무도 친숙한 유행가 가사처럼 되었다. "좀 긍정적으로 생각할 순 없어? 일치하지 않는 교리 반박운동을 좀 완화해보는 게 어때? 결국 우리는 모두 같은 예수를 믿고 있는 거라고."

그러나 성경은 분명히 거듭해서 경고한다. 예수를 믿는다고 주장하는 자들이 실제로 모두 믿는 것은 아니라고 말이다. 예수님은 실제로는 믿지 않으면서도 자신에 대해서 안다고 주장할 자가 많을 것을 말씀하셨다(마 7:22-23). 사탄과 그의 일꾼들은 항상 의의 일꾼들로 가장해 왔다(고후 11:15). 우리는 그의 계략에 대해 잘 알고 있다(고후 2:11). 결국 처음부터 그의 전략이 그것이었던 셈이다.

그래서 현 세대 그리스도인이 복음에서 벗어난 모든 생각들을

'사랑'이라는 이름으로 뿌리쳐야 한다. 그리고 그리스도인이라고 주장하는 모든 이들을 무조건적으로 포용해야 한다고 갑작스레 결정하는 것은 바로 어리석음과 불순종의 극치이다. 그렇게 하는 것은 진리의 싸움에서 적들에게 진리의 패배를 인정하는 것과 마찬가지다.

우리는 반드시 싸움을 계속해야 한다.

이단 : 어째서 우리는 언제나 경계해야 하는가?

가만히 들어온 사람 몇이 있음이라(유 4).

현대 교회는 "믿음을 위해 힘써 싸우라"는 유다의 명령을 소홀히 할 뿐 아니라 흔히 공공연하게 경멸하고 있다. 요즘 시대에 성경적 분별함을 요구하거나 건전한 교리에 대한 통속적인 왜곡을 드러내놓고 반대하는 사람은 – 거짓 선생들처럼 – 그리스도인의 비난을 받을 것이다. 아니 실제로는 그것 이상으로 비난을 받을 수도 있다. 이로 인해 방해꾼들과 진리의 파괴자들은 성경적인 분별력을 실행하려고 애쓰는 신실한 신자들보다 일이 더 수월하게 풀릴 때가 자주 있을 것이다.

실질적으로, 요즘 사람들은 누구나 정말 기이한 생각이나 개혁안들을 지지하면서도 복음주의의 대화에 참여할 수 있다. 하지만 누군가가 '복음주의 주류에서 유행하는 개념이 성경적으로 건전한가?' 라고 진지하게 묻는다면, 아마 그 사람을 '이단 사냥꾼'이라고 비난하거나, 귀찮은 사람 정도로 치부해 버릴 것이다. 이러한 반발은 무척이나 쉽게 예상할 수 있을 만큼 우리 주변에서 흔히 일어나는 현상으로, 진정한 성경적 분별력을 가진 사람의 목소리를 듣기가 무척 어려워졌다.

현대 복음주의자들은 바울의 가르침을 세심하고 꼼꼼하게 확인했던 베뢰아 사람들의 고상한 관례를 버렸다. 그들은 "간절한 마음으로 말씀을 받고 이것이 그러한가 하여 날마다 성경을 상고하던"(행 17:11) 사람들이었다.

하지만 우리 세대에는 그리스도인들에게 어떤 것을 가장 최신의 것이고 대중적인 상품이라고 적극적으로 알리면 알릴수록, 대부분의 복음주의자들이 그것을 비판적으로 검토하는 일에 점점 더 무뎌지는 것을 볼 수 있다. 이런 문화에서 누가 정통성의 문지기라며 항상 놀림 받고 싶겠는가? 그만큼 믿음을 지키는 사람들이 드물어졌다.

통치권 자인 왕이 앵글리칸 교회의 유명무실한 수장인 영국에서, 왕관에 붙는 중요한 보조 직함 가운데 하나는 '신앙의 수호자'이다 공통적으로 축약하면 fidei defensor(신앙의 수호자란 뜻을 가진 라틴어로 영국 왕의 칭호 가운데 하나.― 역주)의 의미를 가진 FD로, 모든 영국 주화에 있다. 솔직히 말하자면, 거의 모든 영국의 제왕들에게 그러한 직함은 어울리지 않는 것이었고, 또 그 본분을 다한 사람도 없었다. 형식에 불과한 그 직함은 헨리 8세 때로 거슬러 올라간다. 그런데 헨리 8세의 생활양식은 악명이 높을 정도로 죄가 많고, 여러 후처들을 비열하게 다룬 것으로 유명하다. 그런 사람을 위한 직함이란 게 우스울 정도다.[1]

한편 찰스 황태자는 이슬람과 힌두교, 혹은 마술 숭배보다 기독교를 더 높이지 않게 하기 위해 왕의 직함을 수정하고 싶다고 선언한 바 있다. "나는 개인적으로 그것을 신앙"The Faith, 유일한 신앙인 기독교의 신앙을 말함.–역주이 아니라 여러 신앙Faith, 기독교 외의 다른 신앙도 포함될 수 있음을 뜻함.–역주의 수호자라고 하고 싶다.²

완벽한 포스트모던의 화려한 웅변술로, 황태자는 자신을 "우리 모두가 가지고 있지만 인간이기 때문에 많은 다양한 방식으로 표현할 수 있는 신의 방식인 현존하는 신"의 수호자로 생각한다고 말했다.

찰스 황태자의 왕으로의 직함에 대한 불편함은 복음주의 운동에서 일어난 것과 명백하게 비교된다. 많은 복음주의자들은 수년간 신앙의 수호를 무시하다 어느 시점부터 그 의무를 거부했다. 그리고 진리를 지키는 전쟁이라는 모든 개념을 불편해했다. 사실상 그들은 대화가 도덕적으로 말다툼보다 좋고, 토론이 본질적으로 논쟁보다 더 덕을 세우는 것이고, 교제가 항상 싸움보다 낫다는 포스트모던의 격언을 받아들였다.

하지만 거듭 살펴본 것과 같이 성경은 명백히 이와는 달리 말하고 있다. 만일 우리가 신실하기를 원한다면 진리를 수호하는 전사들이 되어야 한다. 사도들과 그들의 직계 후계자들이 신앙을 위해 진지하게 싸우지 않았다고 한다면, 유대주의자들과 영지주의자들의 죄가 교회를 압도했을 것이다. 1세기의 사도들과 2세기의 변증가들의 행동은 가히 영웅적이라 할 수 있다. 생명을 담보로 해야 하는 싸움에서 그들의 용감함과 많은 교리를 구체화한 그들의 수고는, 왜 진리 전쟁이 심각할 수밖에 없는지 잘 드러내 준다. 마찬가지로 우리 역시 이 세대에 진리를 위한 대가를 기꺼이 지불하려고 해야만 할 것이다. 그들 가운데 있는 거짓 사상과 싸운 초대 교회를 통해 우리는 왜 경계 태세를 갖추어야만 하고, 잘못된 안전 감각으로 무뎌지지 않아야 하는지를 배워야 할 것이다. 교회가 진리 전쟁의 중요한 싸움에서 이길 때마다 또 다른 곳이 공격을 받은 일은 계속 일어나게 마련이다. 그 양상은 교회 역사에서 거듭 발견할 수 있다. 진리 전쟁에서 휴전이란 없다. 적은 가차없다.

유대주의자들과 영지주의자들 외에 진리를 대적하는 긴 전쟁에서 교회로의 마지막 중요한 침입에 적이 사용하던 또 다른 수단이 있었다. 영지주의가 지지자들을 얻거나 잃고 있던 초기 시대 동안에도 다른 심각한 죄들이 교회 내부에서 싹트고 있었다. 그 새로운 죄들 가운데 다수는 그리스도의 성육신에 대한 다양한 영지주의 이단의 속편과 모조품이었다. 영지주의 가르침이 많은 혼란과 오해를 야기했기 때문에, 예수 그리스도의 인성과 더불어 그분의 신성을 어떻게 이해해야 하는지에 관한 질문은 교리 논쟁을 위한 도화선이 되었다. 3세기 말 그리스도의 신성과 삼위일체 하나님의 본질에 대해 교회 내에서 몇 가지 심각한 불일치가 일어났다. 이들은 사도적 그리스도인과 영지주의자들 사이의 논쟁과 같은 낡은 논쟁이 아니었다. 전적으로 새로운 이단의 씨앗들이 여전히 사도들의 가르침에 충실한 교회 안에서 자라났다.

진리는 시간이 가도 변하지 않지만, 이단은 항상 변한다. 이단의 교묘함은 늘 움직이는 변화의 풍조 속에서 가장 분명히 드러난다. 어떤 심각한 오류가 교회를 위협하면 우리는 방어를 준비하고 위협을 격퇴한다. 그러나 그 순간 그 거짓사상의 또 다른 극단적 모습이 완전히 다르지만 똑같이 심각한 위협으로 어딘가에서 새롭게 나타난다. 그런데 그 추세는 원래의 거짓 사상의 변형으로 되돌아간다. 그래서 이것이 교회의 역사에 두루두루 나타나는 것이다. 똑같은 이전의 거짓 사상들이 새로운 옷을 입고 나타나기 때문에 마음 놓고 거짓 사상이 소멸됐다거나 사라졌다고 생각할 수 없다.

사벨리우스주의

예수 그리스도의 인성에 대한 논쟁에서 시작된 가장 골치 아픈 거짓 교리 가운데 하나는 당시 교회 안의 선생들 가운데 한 사람이었던 사벨리우스Sabellius에 의해 로마에서 시작되었다. 3세기 중엽, 사벨리우스주의는 시작부터 지중해 지역 전반에 걸쳐 교회에 아주 신속히 퍼졌다.

사벨리우스는 삼위일체 사이의 어떤 의미 있는 차이를 부인하는 범위에서 하나님의 단일성을 강조했다. 사벨리우스는 성부와 성자 혹은 성령의 필수적 신성에 대해 질문하지 않았다. 하지만 신명기 6장 4절 같은 구절은 지목했다 이스라엘아 들으라 우리 하나님 여호와는 오직 하나인 여호와시니. 그리고 하나님의 단일성으로 볼 때 세 개의 구별된 인격은 불가능하다고 주장했다. 대신 세 가지 명칭 모두가 하나님 자신을 다른 시기에 다른 인물을 표시하는 한 분 하나님의 신적인 인격체에 속한다고 주장했다.

사벨리우스는 삼위가 세 가지 다른 양태로 나타나지만, 서로 다른 개체가 아닌 동일한 한 인격이라는 생각을 원래부터 갖고 있었다. 그래서 그의 교리 체계를 양태론modalism이라 부른다. 사벨리우스는 하나님이 옷을 갈아입듯이 자신을 하나의 모습에서 다른 모습으로 연속해서 변형시킨다고 믿었다. 그래서 사벨리우스의 체계로 볼 때, 성부와 성자혹은 성자와 성령는 실제로 구별되긴 하지만, 영원히 다른 개체로 동시에 공존할 수는 없었던 것이다.

물론 그러한 생각은 신약성경이 계시한 하나님의 참본성과는 맞지 않다. "태초에 말씀이 계시니라 이 말씀이 하나님과 함께 계셨으니 이 말씀은 곧 하나님이시니라"(요 1:1)는 요한복음의 첫 구절을 부정하는 것이다. 또한 그리스도의 인격과 사역을 성부와 성령의 그것과 뒤섞어 버리는 발상이다. 물론 우리가 익히 잘 아는 복음의 요약인 요한복음 3장 16절 하나님이 세상을 이처럼 사랑하사 독생자를 주셨으니 같은 간단한 주장도 어떠한 사벨리우스적인 개요와는 의미가 통하지 않는다. 그러므로 사벨리우스주의는 예수님의 구속사의 교리를 심각하게 흐려 놓았음은 물론, 실제로 기독교 신앙의 모든 다른 교리들까지도 훼손시켰다. 사벨리우스주의가 고안한 것은 다름 아니라, 다른 그리스도와 기본적으로 다른 기독교의 변형일 뿐이다.

물론, 논리적 일관성을 지닌 사벨리우스주의는 단번에 성도들에게 전해 준 믿음의 본질적 성격을 변하게 함으로써 사도적 교리의 완벽한 정밀검사를 요구했을 것이다. 그러한 사실에 자극을 받은 다수의 교회 지도자들이 사벨리우스를 반대하여 일어서게 되었다. 특히 사벨리우스주의에 가장 효과적으로 대적한 인물은 터툴리안Tertullian이었다. 터툴리안은 신약성경을 통해 사벨리우스주의가 하나님이 계시하신 것과는 매우 차이가 있음을 입증했다. 그의 작품 대다수가 르네상스 시대에 재발견되었는데, 그 작품들은 초대 교회 교부들의 뛰어난 성경적 학문성을 보여 주는 좋은 예가 된다.

터툴리안은 하나님의 삼위적 본성이 사도적 기독교의 중심 교리 가운데 하나라는 사실과, 그것을 거부하는 자들은 성도에게 단번에 주신 믿음을 거절한 것이라는 사실을 보여 주기 위해 조직적이면서도 성경적으로 글을 썼다. 터툴리안과 다른 이들이 행한 일이 너무도 결정적이어서, 3세기 말 이후 기독교 전체의 중요한 모든 분파들은 일반적으로 사벨리우스주의를 심각한 이단으로 거절했다.[3]

아리우스주의

사벨리우스주의의 뒤를 이어 복음 진리의 본질에 보다 심각한 위협이 나타났다. 4세기 초에 나타난 아리우스주의Arianism이다. 아리우스주의는 그리스도의 신성에 대한 정면 공격이었다. 이 치명적인 거짓 교리는 여태껏 있었던 이단 중에서 가장 뻔뻔스럽고 가장 빠르게 기독교 신앙을 위협했다.

아리우스주의자들은 예수가 성육신한 영원한 하나님이라는 사실을 단호하게 부인했다. 그들은 또한 스스로 진짜 그리스도인이라고 주장하며 끈질기게 싸웠다. 그래서 아리우스주의와의 갈등은 참교회라는 정체성을 위한 치열한 전투가 되었으며, 궁극적으로 기독교 자체의 생존을 위한 전쟁이 되었다.

이런 거짓 신앙체계를 꾸민 아리우스Arius는 영리한 젊은 장로이

자 알렉산드리아북아프리카 연안의 도시 주교의 보좌역으로 자신의 경력을 시작했다. 아리우스는 안디옥에서 신학을 공부했고 AD 311년에 안수를 받았다. 그는 즉시 예리한 마음과 멋있는 외모를 지닌 진지하고 논리 정연한 사람이라는 평판을 얻었다. 그는 광명의 천사로 가장해 무대에 서게 되었고 곧 충실한 추종자들을 얻었다.

아리우스는 사벨리우스주의의 영향력을 경계했으나, 지혜롭고 신중하게 구별하는 성숙함이 모자랐다. 아리우스는 성부와 성자가 완전히 다른 인격체를 가진 별개의 존재로 보았다. 그래서 성부 하나님과 성자 하나님이 같은 신적인 본질과 실체예를 들어, 그들의 신성과 영원성에 있어서 동일하심를 공유한다는 주교의 가르침을 듣고, 아리우스는 사벨리우스주의의 교활한 형태를 답습해서 가르친다고 주교를 비난했다. 하지만 아리우스는 주교가 아무리 주의 깊게 자기 입장을 설명했다 하더라도 그에 대한 비난을 철회하지 않았을 것이다.

아리우스의 반응은 사벨리우스주의로부터의 반대 극단을 향해 달리는 것이었다. 아리우스는 단순히 그리스도의 신성을 일괄적으로 부인했고, 그리스도가 피조물이라고 선언했다. 아리우스는 자신의 견해를 "성자는 태어나시기 전에는 존재하지 않았다"고 표현했다. 아리우스가 자기 입장을 철회하거나 재고려하지 않을 것이라는 사실이 분명해지자 주교는 그를 파문시켰다.

그러나 아리우스에게는 이미 제국 곳곳의 교회에서 영향력 있는 지도자로 추앙받는 친구들이 있었다. 심지어 알렉산드리아에서조차 아리우스를 계속 지지하는 많은 추종자들이 있었다. 파문과 함께 아리우스의 운동이 끝나기는커녕 도리어 그것에 기름을 붓는 꼴이 되고 말았다.

아리우스는 대중화할 목적으로 교묘한 방식을 고안했고, 자기 가르침을 퍼뜨렸다. 예를 들어, 그는 자기 사상을 짧은 행의 단순한 시로 줄였다. 아리우스는 「달리아」Thalia : 헬라어 용어로 희극과 목회 시의 시적 영감을 뜻함로 알려진 책으로 많은 시stanza, 보통 4행 이상의 각운이 있는 시구.-역주들을 출판했다. 아리우스는 각 절들을 같은 주제로 표현만 약간씩 달리해 다음과 같이 만들었다. '성자는 영원하지 않다. 그분은 성부를 온전히 파악할 수 없고, 하나님이 창조하실 때까지는 존재하지 않았다. 성부가 홀로 계셨을 때가 있었다.' 모든 절마다 예수님의 신성이나 영원성을 부정했다. 그런데 아리우스는 이 가사들을 외우기 쉬운 음률을 사용해 그 시대에 많은 인기를 얻었다. 특별히 항해사들과 여행객들이 아리우스의 사상을 제국 도처에 유포했다. 순식간에 아리우스의 신성모독적인 이 싯구들이 교회의 찬송가까지 바꾸기 시작했다.

아리우스는 예수님이 단순한 사람 이상이란 걸 인식했지만 그분이 완전한 하나님보다는 저등한 천사장archangel이라고 주장했다. 이런 이유로 그는 그리스도가 '신성' 함이 있다고 얘기했고, 그리스도를 '주님' 으로 고백했으며 경배의 대상으로 가치가 있는 분임을 인정했다. 아리우스의 체계에서는 예수께서 거의 하나님이긴 하지만 아주 똑같은 정도는 아니었다. 아리우스의 교리 체계가 가지고 있는 의미상의 아주 교활한 차이 때문에 많은 사람들이 그 심각한 죄의 가면을 보지 못한 채 그의 사상을 정통교리처럼 착각했던 것이다. 예를 들어, 아리우스는 자신이 사도신경의 모든 단어를 무조건적으로 솔직하게 받아들일 수 있다는 사실을 강조함으로써, 자신의 이단 시비를 그치려 했다. 비록 사도신경이 구세주를 "예수 그리스도, [하나님의] 독생자, 우리 주"로 표현함으로써 그리스도의 신성을 은연중에 암시하긴 하지만 아리우스에게 예수님의 주님 되심은 크게 문제가 되지 않았다. 아리우스는 '주님 되심'을 신성으로 이해하지 않았기 때문이다. 그는 예수님을 하나님의 '독생하신 아들'이라 보면서 신성과 영원성을 벗은 그리스도라는 식으로 재정의했다.

그런 식으로 사도신경의 언어를 날조해 버린 아리우스는 '아들의 신분'이라는 개념이 그리스도가 자기 존재를 아버지로부터 시작했다는 것을 입증하는 것이라고 주장했다. 즉 예수는 영원하면서 동시에 '아들'이 될 수는 없다는 말이다. 더욱이 '독생하신 아들'이라는 표현은 그리스도가 시간적으로 어디선가 시작한 지점이 있었음을 입증하는 것이라고 덧붙였다.

아리우스는 이런 식으로 사도신경의 말들을 긍정했다. 원래 그것이 의도하는 바와는 전혀 다른 방향으로 말이다. 그 시대에 기독교 신앙의 기본적 표현을 지지는 했으나 해석은 달리 한 사람들에 대해서 어떻게 해야 하는지에 관해서 분명치 않았던 그리스도인이 많았는데, 아리우스의 주장은 이들을 완전히 좌절시켰다. 진리 전쟁은 정확히 이 같은 유의 교활한 차이에 의해서 자주 좌우되어 왔다.

아리우스주의가 쉽게 뿌리를 내릴 수 있었던 까닭은?

태평스럽고 편안한 분위기 때문이었다. 그래서 그 세대의 많은 그리스도인들이 교리에 관하여 별 조심성 없이 받아들였다.

뒤늦게야 기독교로 개종한 콘스탄틴Constantine 대제는 형식적으로는 기독교에 대한 어떤 형태의 박해도 법으로 금지한다는 밀란 칙령the Edict of Milan, 313을 공포했다. 콘스탄틴은 또한 그의 마지막 남은 군사적인 적을 정복함으로써 오랜 전쟁을 끝냈다. 이제 제국에는 평온하고 관용적인 마음이 넘쳐났다. 일반적으로, 제국의 평화와 통일이 하나님의 은혜의 증거들이며, 직접적으로는 제국의 황제가 기독교로 개종한 것이 그러한 축복을 유발시킨 것으로 보고 있다. 처음으로, 교회에 대해 좋게 생각하는 분위기가 세속적인 로마 사회에 번져 나갔고 전례 없는 수의 회심자들이 교회로 몰려들기 시작했다. 오랜 세월 전투에 시달려 온 하나님의 백성이 마침내 평화를 만끽하게 되었다. 이러한 때에 교회 내에서 또다시 교리와 관련한 싸움을 부추기고픈 사람이 어디 있었겠는가?

그러므로 사람들이 대량으로 교회에 몰려오던 4세기 대부분에 걸쳐 아리우스주의에 대해서 어떻게 처신해야 하는지 어느 누구도 확실히 알려 주지 않았다. 그런 과정에서 아리우스의 교리를 끝까지 반대한 무리들은 점차 교회 내에서 독특한 소수가 되기 시작했다. 미온적인 그리스도인들이 아리우스주의를 대놓고 대적하는 소수를 향해 사납고 비판적이며 악의적으로 불화를 일으키는 자들이라는 비난을 퍼부어 댔다. 예수가 참으로 완전한 하나님인지, 아니면 거의 하나님에 근접한 분인지에 대한 것이 뭐 그리 큰 대수냐는 식으로 모든 갈등들을 무마해 버렸다.

그 기간 동안에 일어났던 주요 사건들의 시간의 여정만 살펴보더라도, 니케아 종교회의가 아리우스의 사상에 결정적으로 불리한 판결을 내린 때인 325년, 아리우스 논쟁이 이것을 끝으로 단번에once and for all 확실히 해결되었다는 것을 가정할 수 있으리라. 그 유명한 공의회는 황제가 직접 집행했다. 로마 전역에서 300명의 주교들이 황제가 자신을 위해 콘스탄티노플에 짓고 있는 수도에서 멀지 않은 니케아Nicea에 모였다. 그들의 일정들은 논의하고 결정해야 할 중요 사항들의 짧은 목록이었지만, 목록 대부분은 아리우스의 가르침에 대한 갈등이 주를 이루었다.

그 공의회는 아리우스주의에 심각한 일격을 가했다. 그들은 역사상 어떤 교회 공의회보다도 가장 중요하고 광범위한 결정 가운데 하나를 판결했다. 바로 아리우스주의의 사상에 대해서 공식적으로 파문을 내리고 그리스도의 신성을 분명히 확정한 사안이었다. 이후 아리우스주의에 대한 거절은, 15세기 이후 기독교의 모든 주류의 공통적인 일치로 되풀이되어 나타났다.

그러나 아리우스에 대한 니케아 종교회의의 결정은 교회에서 아리우스에 대한 오랜 갈등의 시작이기도 했다. 니케아 종교회의가 아리우스에게 불리한 판결을 내린 후, 그는 낙심했으나 단념하지 않고 어떤 식으로든 자신의 신앙을 가르치는 데 주력했다. 아리우스에게는 제국 주요 도시의 주교이면서 도덕적 지원과 경제적 후원을 줄 힘 있는 친구들이 꽤 많았다. 비록 그의 파문과 그를 반대하는 니케아의 결과는 매우 심각한 상황이었고 교회 선생으로서의 그의 공적 신분마저

박탈당할 수 있다는 의미였지만 패배자의 신분으로 쫓겨났다는 이유로, 아리우스는 그를 추종하던 이들로부터 지명도와 동정과 영향력을 얻었다. 논쟁의 정치적 입장이 아리우스 편이었기 때문이다.

첫 번째 장소에서 공의회를 소집한 황제의 주요 목적은 그저 교회 안에 있는 논쟁을 해결하자는 것뿐이었다. 콘스탄틴 대제가 그 문제에 관한 강한 개인적 확신을 가지고 그 회의를 소집하지 않은 것이 문제였던 것 같다. 콘스탄틴은 논의에서 이 편이든 저 편이든 어느 편이 이기는 데는 크게 관심이 없었다. 단지 갈등이 끝나기만을 바랐다. 콘스탄틴 자신은 아직 세례도 받지 않은 풋내기 신자였다. 그는 모든 논의를 아무짝에도 쓸모없이 신학적으로만 따지기 좋아하는 사람들의 문제로만 여겼던 것 같다. 콘스탄틴은 갈등에 지쳐 있었는데, 연합을 호소하는 감격스런 연설로 공의회를 열었다. 콘스탄틴은 교회에서의 불일치가 어떤 전쟁보다도 고통스럽고 두렵다고 말했다. 또 로마 제국이 마침내 평화를 누리게 되었는데, 유독 교회는 내부 전쟁 중이라며 실망을 표했다. 그러면서 대표단들에게 갈등의 원인을 없애라고 촉구했다.

유명한 역사가 유세비우스Eusebius가 공의회에 참석해 모든 절차에 관한 내용을 기록해 두었다. 유세비우스의 설명서는 현재 우리가 가진 가장 완전한 증거기록이다. 역사가라는 직업으로 볼 때 그는 논쟁에서 다소 중립적인 입장을 취했을 것이다. 그리고 유세비우스는 공의회가 열리는 동안, 아리우스와 그 대적자들 간의 타협을 이끌어 내기 위한 막후 노력을 실질적으로 주도했다.

유세비우스의 기록에 따르면, 알렉산드리아 주교의 비서로 일하던 아타나시우스 Athanasius라는 젊은 집사도 그 자리에 있었다. 이 주교는 아리우스가 사벨리우스주의자로 자신을 비난하며 주장을 굽히지 않자, 그를 파문시켰던 바로 그 장본인이다. 수년 후 알렉산드리아 주교가 죽었을 때 아타나시우스는 그의 후임자가 되었다. 그 후 아타나시우스는 아리우스의 가장 강력한 적이 되었으며, 아리우스 이단이 원래 표적으로 삼아 맹공을 가했던 그리스도의 신성 수호에 당시 어떤 사람보다도 더 열심을 기울였던 인물이다. 그러나 니케아 공의회 동안 그는 제한된 영향력을 가진 애송이에 불과했다. 당시 아타나시우스는 침묵을 지키는 관찰자로 머물러 있었다.

결국 니케아에서 일어난 두 당파 간의 갈등은 단 하나의 작은 글자에 의해 운명이 결정되었다. 정통교리 주교는 그리스도와 성부는 '호모우시온' homoousion – 헬라어로 동일 본질 – 이라는 주장을 제의한 반면, 아리우스파는 타협안을 제시했다. 그리스도와 성부를 '호모이우시온' homoiousion – 헬라어로 유사 본질 – 으로 본다는 주장이었다. 두 단어의 차이는 아주 작아 보인다. 단어 중간에 있는 '이오타' 헬라어 철자 i 를 말함 하나가 있고 없고의 차이이다. 하지만 그리스도의 신성의 전 교리는 그 작은 한 글자 하나의 결정에 따라 좌우 되었다.

토의 도중 누군가가 아리우스의 설교와 서신에서 따온 발췌문을 읽었다. 그리스도의 신성에 대한 아리우스의 실제적 부정은, 전에 회의에서 발표했던 아리우스주의의 표현들만큼 조심스럽고 부드럽지 않았다. 마침내 주교들이 아리우스가 실제 가르치는 내용의 진면목을 제대로 알았을 때, 공의회는 그 유명한 니케아 신조를 압도적으로 확정짓게 된다.

우리는 가시적이고 비가시적인 만물을 만드신 전능하신 아버지 하나님과, 아버지의 독생자이며, 아버지의 본질이며, 신의 신, 빛의 빛, 다름 아닌 신의 신, 만들어지지 않고 나신, 아버지와 동일 본질이신 한 분 주 예수 그리스도를 믿는다. 그분들에 의해 만물과 천지에 있는 모든 것들이 지으신 바 되었다. 우리 인간과 우리의 구원을 위해 [하늘로부터] 내려오셔서 인간의 몸을 입으시고 인간이 되신 분. 그분은 십자가 고난을 당하시고 삼일 만에 부활하사 하늘로 오르셨다. 그리고 산 자와 죽은 자를 심판하러 다시 오실 것이다. 또 우리는 성령을 믿는다.

아리우스가 사용하던 바로 그 표현들 가운데 얼마를 표적으로 하여 다음의 파문을 신조에 포함시켰다.

그러나 "예수는 존재하지 않을 때가 있었다"와 "그분은 만들어지기 전에는 존재하지 않았다"와 "그는 무에서 창조되었다" 혹은 "그는 또 다른 본질이다" 혹은 '실체' 혹은 "하나님의 아들은 창조되었다" 혹은 '가변성이 있는' 이라고 주장하는 자들, 거룩한 공회와 사도 교회는 이들에게 유죄 판결을 내리노라.[4]

아리우스주의가 다시 일어나다

공의회가 아리우스에 대한 그 같은 강한 결정을 통과시켰다는 사실은 주목할 만한 일이었다. 한편, 니케아에 있는 몇몇 주교들은 여전히 아리우스의 사상에 동조를 하고 있었다. 유세비우스가 사주한 많은 다른 주교들이 양측을 화해시키고 아리우스의 가르치는 지위를 복원시킬 타협안 조종을 위해 힘을 다했다. 애초에 아무런 교의적인 목적이 없었던 콘스탄틴은 자신이 가진 걱정들이 거의 완전히 실용적인 데 머물러 있었다는 사실을 차후의 행동들을 통해 보여 주었다.

그런데도 아리우스의 대적자들은 이 문제가 얼마나 중대한지 분명히 이해했고, 그들은 단호했다. 아리우스가 출판한 작품들로부터 골라 온 아리우스 자신만의 말을 하게 하고, 그의 견해에 반하는 가장 강력한 증거를 제공하는 것이 그들에게는 현명한 일이었다. 비록 갑작스럽고 시기상조이긴 했지만, 공의회의 결정은 그리스도의 참교회를 보존하기 위한 하나님의 섭리가 발동한 옳은 결정이었다. 성경의 분명한 가르침과 신자들의 모든 후세대가 실제적으로 합의한 주장이 그 사실을 입증해 준다.

아리우스는 교활한 거짓 선생이었다. 아리우스가 가진 사상에 대한 공의회의 정죄가 그의 마음을 바꿔 놓지는 못했지만, 자신의 노력을 배가하는 데 자극을 준 것만큼은 분명하다. 아리우스는 여러 영향력 있는 교회 지도자들의 막후 지원 아래, 교회에서 자신의 직무 복위를 위해 꾸준히 노력했다. 더욱이 그는 공의회의 거슬리는 통치 때문에 자신의 전략을 중요한 방식으로 바꾸었다. 자기 사상을 실제로 바꾸지 않고 아리우스는 가능한 한 정통교리처럼 보이도록 자신이 쓰는 용어를 열심히 재정의했던 것이다. 아리우스는 자신이 오해했고 잘못 설명했노라 시인했다. 또한 모든 주요한 신조들과 사도적 교리의 공식을 지지한다고 고백했다. 가끔은 자신이 니케아 공의회의 입장과 크게 다르지 않다고까지 말하기도 했다. 그러면서 둘 사이의 실제적인 차이는 아주 경미한 것이라고 주장했다.

물론 아리우스 이단이 정통교리와 별 차이 없는 단체라는 주장은 새빨간 거짓말이다. 예수님을 하나님으로서의 그리스도로 보는 견해와, 피조물에 불과한 가짜 그리스도로 보는 견해의 차이는 신학의 모든 측면에서 볼 때 엄청나게 크다. 그래도 아리우스는 계속해서 자신의 사상을 변호하고 자신의 파문을 항의하고 논쟁의 불길을 증폭시켜 나갔다. 그런 과정 속에서 아리우스는 자신의 대적자들을 무자비한 방해꾼들로 몰아붙이면서 많은 동조를 얻어냈다. 그래서 아리우스는 마침내 논쟁의 정치적 입장을 자기 편으로 돌리는 데 성공했다.

또 한 가지는, 황제 자신이 그 어떤 논쟁보다 더 지쳐 버려 후에 자신의 권력을 이용해 아리우스의 비판자들에게 아리우스 이단과 타협하고 그들을 복위시키는 방법을 모색하라고 설득하기에 이른다. 니케아 종교회의가 있고 2년 안에, 콘스탄틴은 공의회가 취한 강경노선의 입장이 문제 해결의 진정한 해답이 아니었다는 이유를 들어 그것이 실수였다고 분명히 못 박은 것이다. 콘스탄틴은 아리우스 지도자들의 사면을 선언했고, 그것을 집행하기 위해 신실한 주교들에게 정치적인 권력을 행사했다. 아타나시우스가 아리우스와의 타협을 거절하자 콘스탄틴은 한때 그를 망명 보내기도 했다. 그러면서 점차 콘스탄틴은 아리우스의 반대파에 악감정을 품게 되었다. 드디어 황제가 세례를 받았을 때 그 예식을 집례한 자가 아리우스파의 주교였을 정도였다.

"그러면 나도 전 세계를 대적하노라"

아리우스의 공세가 힘을 얻어 가자 그의 가르침에 대한 작은 반대들도 점차 잠잠해졌다. 니케아 종교회의 후 10년 이내에 대중의 여론은 굳이 아리우스의 교리는 아니라 하더라도, 최소한 그를 위하여 동조하는 식으로 방향이 바뀌었다. 뿐만 아니라 시간이 지나면서 아리우스를 교회에 다시 불러들여야 한다는 여론이 압도적인 인기를 얻었다. 이와는 반대로 아리우스의 대적자들에 대한 대중의 여론은 극도로 악화되었다.

아리우스가 갑자기 죽은 뒤에도 그의 교리에 대한 대중의 인기는 그 후 수십 년 동안 누룩처럼 퍼져 나갔다. 한때 전 교회가 아리우스파가 된 것처럼 보일 때도 있었다. 사실 4세기의 많은 교회들은 어떤 식으로든 아리우스주의의 희생물이 되고 말았다. 심지어 로마의 주교가 아리우스 신조에 서명을 한 경우도 있었다. 그런데도 이단을 공식적으로 지지한 바가 없는 자들도 이단을 지지한 사람들과 제휴하기를 원했다. 아리우스주의가 최절정의 인기를 구가할 때 살았고 목회했던 제롬Jerome은, "온 세상이 아리우스파를 찾은 것에 대해 놀라워" 깨어나면서 불평하는 소리를 냈다고 나중에 자세히 밝혔다.5

교회에서 아리우스주의를 가장 크게 반대하는 목소리를 계속해서 높인 사람은 아타나시우스였다. 이 사람은 강력한 정치적 교회적 압력에 대항해 타협으로 논쟁을 해결하기를 거절했다. 아타나시우스는 아리우스의 복위를 끝까지 거부하면서 그리스도의 신성에 대한 저술과 설교를 계속해 나갔다.

전 세계가 그의 굽히지 않는 비타협적 입장을 대적하고 있다고 누군가가 그에게 말했을 때, 아타나시우스는 "그러면 나도 전 세계를 대적하노라"는 아주 유명한 말을 남겼다. 아타나시우스는 성경을 조목조목 예로 들면서 아리우스 이단을 끈질기고 철저하게 반박했다. 아타나시우스는 개인적으로 어떤 대가를 치르든지 간에 확고부동했다. 그는 아리우스파에 강하게 동조하는 황제들이 황위를 계승함에 따라 평생 다섯 번이나 망명 생활을 했다. 비록 자신의 노고의 결과를 보지 못하고 죽긴 했지만, 오늘날 그는 교회가 배출한 가장 용감한 진리의 전사 가운데 한 사람으로 사람들의 기억 속에 자리 잡고 있다.

아리우스주의도 마침내 사라지다

아리우스가 죽었음에도 아리우스파는 위기에 처하지 않았다. 하지만 그것이 종말의 시작을 알리는 서곡이었음은 분명하다. 성경적으로 꼼꼼하게 따지는 데는 아리우스주의도 더 이상 어쩔 도리가 없었다. 결국 아리우스 개인의 카리스마와 단어의 의미를 흐리게 하는 능력, 그리고 죄의 심각성을 분명히 드러나지 않게 하는 영리한 기술이 없는 상황에서 아리우스주의의 실상이 하나 둘 드러나기 시작했다. 이 이단의 영향력은 곧 시들해졌고, 마침내 기독교의 주류에서 거의 사라졌다. 아타나시우스와 소수의 다른 지도자들의 끈질김과 성경적인 헌신이 마침내 빛을 본 셈이다.

아타나시우스가 동료 주교에게 보낸 편지를 통해 아리우스가 336년 콘스탄티노플에서 어떻게 종말을 맞았는지 알 수 있다. 아리우스는 공식적으로 교회에 복위시켜 달라며 콘스탄틴 대제에게 직접 탄원했다. 결국 콘스탄틴은 그 이단과 사적으로 만났고, 그 자리에서 아리우스 자신의 신앙이 정통교리였다는 그의 맹세도 들었다. 그러자 황제는 아리우스에게 좀 애매한 복을 빌어 주었다. "귀하의 신앙이 정통교리라면 귀하는 잘 맹세했다. 그러나 귀하의 신앙이 불경스런 것임에도 그렇게 맹세했다면 하늘의 하나님이 귀하를 판단하시기를."[6]

콘스탄틴의 권위가 국가적인 것이고 교회적인 것은 아니라 해도, 기독교 통치자 아래에서의 교회와 정부 사이의 관계는 콘스탄틴 시대 이전에 교회가 다루었던 문제와는 사안이 다를 수밖에 없었다. 황제가 교회 문제에 어떤 권위를 가질 수 있는지 없는지는 대다수의 교회가 아직은 적절하게 생각해본 바가 없는 사항이었다. 황제의 정치적 영향력 때문에 대부분의 주교들은 정책의 문제만큼은 자신들이 원하는 바를 자율적으로 양보했다. 대부분의 주교들은 아리우스에 대한 황제의 축복의 말을 이단을 복위시키라는 명령으로 생각했다.

아리우스 역시 그것을 그런 의미로 받아들였다. 황제와의 면담을 마친 아리우스는 그 길로 교회로 직행하여 성찬에 참여하려 했고, 콘스탄티노플의 경건한 주교들은 그의 참여를 거절했다. 그러자 교회에서 어느 정도 입지를 갖고 있는 아리우스의 몇몇 친구들이 즉시 주교에게 강한 항의성 편지를 써 보냈다. 그들에 관한 한 황제의 선언은 주교들이 반드시 이행해야 하는 공식적이고 법적인 재가였다. 아리우스의 친구들은 바로 다음날 그들 중 큰 단체가 성찬을 함께 받도록 아리우스와 교회에 동행하려 했음을 알렸다.

아타나시우스는 콘스탄티노플의 주교가 행한 기도를 다음과 같이 기록하고 있다. "아리우스가 내일 교회에 합류해야 한다면 저를 떠나게 하소서. 경건한 자를 경건치 않은 자와 함께 망하게 하지 마소서. 교회를 불쌍히 여기시고 아끼신다면 …… 이단이 그와 함께 들어오지 못하게 하소서. 불경건이 경건으로 인정되지 못하게 아리우스를 제거하소서!"

아타나시우스에 의하면, 황제와 함께한 자신의 지지자들과 친구들의 연이은 지원으로 인해 용기를 얻은 아리우스는, "자연의 부름이 강요할" 때까지 오후를 연설과 그의 임박한 승리에 대해 자랑하는 일로 소일했고, 재빨리 자신을 면죄했다. 그러나 갑작스럽고 강력한 콜레라의 공격을 이겨 내지 못한 아리우스는 뜻하지 않게 바로 그날 죽고 말았다.

아리우스주의가 오늘날 여호와 증인, 몰몬교, 그리고 다른 소수의 종파와 같은 유사 기독교 단체를 통해 명맥을 이어 오긴 하지만,[7] 아리우스주의의 사멸은 진리 전쟁에서 한 사람의 신실한 열심의 능력이 가져다 준 위대한 결과였다.[8] 하나님은 진리를 위한 신실한 전사들을 사용하셔서 다음 세대를 위해 복음을 보존하기 위한 도구로 삼으신다. 오직 신실하지 않은 사람들만이 주님을 위해 유익하게 사용되는 일에 관심을 갖지 않을 뿐이다.

우리가 구원 받기 위해서는 그리스도가 누구신지 진실로 이해해야 한다(요일 4:15, 5:1, 5, 10-12, 20; 요이 7-11). 기독론은 단순히 학문적이고 부차적인 진리가 아니다. 이 일련의 사건들은 진리 전쟁에서 얼마나 많은 것이 걸려 있느냐에 대한 중요한 교훈을 준다. 또한 거짓 선생들이 자신들의 주장을 관철시키기 위해 어떻게 교활함을 이용하는가를 보여 주는 고전적 실례다.

왜 우리는 계속 경계 태세를 취해야 하는가?

아리우스파의 갈등은, 교회가 갈등에 지치고 잠시 동안 싸움을 그치려 할 때 거짓 선생들이 어떤 종류의 영적인 혼란을 일으키는지 보여 주는 좋은 예가 된다.

유다서가 주는 가장 중요한 교훈 한 가지는 그리스도인은 결코 싸움을 멈춰서는 안 된다는 사실이다. 더 이상 거짓 사상에 반대하여 싸우지 않아도 된다고 생각해서는 안 된다. 적이 드디어 퇴각하고 있다고 상상해서도 안 된다. 그들은 진리를 무너뜨리기 위한 전쟁을 계속할 것이다.

유다서는 주제가 아주 광범위하다. 이러한 사실은 이 책이 너무도 짧다는 이유 때문에 더욱 두드러지고 있다. 유다는 인류의 기원으로부터 시작해서 모든 역사를 간결하게 압축하고, 넓은 시야를 한눈에 내다볼 수 있는 관점을 취한다. 유다는 죄가 세상에 들어온 이래 진리 전쟁이 영구한 실체가 되었음을 보여 준다. 진리와 거짓 사이의 기나긴 전쟁은 모든 역사의 중심 주제 가운데 하나이다. 그것은 오래 지속되어 왔으며, 끊임없는 계엄 상태가 되어 왔다. 그리고 우리는 가장 치열하게 싸우는 때에 살고 있다.

예를 들어, 유다는 사탄과 그를 추종했던 천사들의 타락을 언급한다(유 6). 아담의 이름을 언급하고(유 14), 가인의 죄에 대해서 말한다(유 11). 에녹의 설교와 그 세대의 배교를 내비치기도 한다(유 14-15). 소돔과 고모라의 부도덕성(유 7)과 발람의 거짓 가르침(유 11), 그리고 고라의 반역(유 11) 등을 차례로 나열하고 있다. 유다가 그렇게 묘사하듯이, 영적 전쟁은 인간 역사의 전 과정을 총망라한다.

유다가 이런 식으로 큰 틀의 묘사 방식을 쓴 것은 하나님이 행하시는 일의 광범위한 무용담을 이해하는 데 도움을 주기 위해서다. 한편, 짧은 말로 지면을 적게 할애한 것은 긴 전쟁에 대하여 간단하게 이해할 수 있도록 관점을 정리했기 때문이다. 우리가 여전히 오늘날의 그 갈등 속으로 휘말려 들어가게 되고, 자신의 무기를 버릴 수 없는 이유가 바로 이 때문이다.

지상의 교회는 '전투하는 교회'다. 우리 세대는 진리 전쟁을 결코 피할 수 없다. 우리 시대의 기독교는 영적으로 가면을 쓴 자들에게 괴롭힘을 당하고 있다. 또한 그들의 거짓은 항상 그래 왔던 것처럼 교활하고 위험하다. 심지어 어떤 것들은 단순히 새로운 세대를 위해 재활용된 예전의 거짓과 아주 똑같다.

예를 들어, 사벨리우스주의가 강력히 복귀했다. '단일성 오순절 성령운동'Oneness Pentecostalism : 성령의 특별한 체험을 강조하는 점에서는 오순절 성령운동과 같으나, 하나님의 단일성을 믿는다는 점에서 차이가 있다. - 역주으로, 그들은 삼위일체를 부정한다. 즉 고대 사벨리우스주의와 분간할 수 없을 정도로 닮아 있다. 또한 오늘날 복음주의 운동 대부분이 성경과 역사의 교훈을 완전히 묵살하고, 전적으로 일치하지 않는 것을 대수롭지 않은 것으로 무시하는 경향을 보인다. 뿐만 아니라 현대판 사벨리우스주의를 참기독교 신앙으로 용납하려 든다.

더도 말고 십 년 동안 복음주의 계통의 베스트셀러 목록을 살펴보면, 삼위일체 교리를 부정하는 저자들과 음악가들의 작품이 주류를 이루고 있다. 그들은 양태론의 독특한 변형을 고수한다. 그리고 그것은 '단일성 오순절 성령운동' 과 연합 국제 오순절 은사교회the United Pentecostal Church International의 공식 직명이다. 이러한 단체들과 그들의 유명한 대변인들이 점차 복음주의 주류 속에서 높이 인정받으면서 사람들은 양태론을 정당한 복음주의 선택인 양 받아들이고 있다.

그런 점에서 우리 시대는 아타나시우스 때와 아주 비슷하다. 마치 교회가 진리에 대한 모든 심각한 위협들을 이미 정복하고, 가만히 들어온 경건치 못한 거짓 선생들의 위협을 무시할 수 있었던 것으로 생각하면서, 교회에서의 교리에 대한 모든 갈등과 다툼들을 과거에 불과한 것으로 경솔하게 선언한 자들이 많다.

실제는 아주 다르다. 거짓 교회가 늘어나고 있다. 주님의 재림이 가까우면 가까울수록 배교의 물결이 더 높이 파도친다. 데살로니가후서 2장 3절에서 바울이 최후의 심판주의 날 이전에 "타락하는 일"이 먼저 있을 것이라고 암시한 것을 눈여겨보라.

진리에 대한 해묵은 전쟁이 마지막 필사적인 비상을 준비하고 있다. 모든 역사는 그 목표를 향해 오래 이어진 꾸준한 행진이었다. 이제 그것이 그 어느 때보다 훨씬 더 가까워졌다.

거짓 : 거짓 사상은 은혜를 방종으로 만든다

이는 가만히 들어온 사람 몇이 있음이라 저희는 옛적부터 이 판결을 받기로 미리 기록된 자니 경건치 아니하여 우리 하나님의 은혜를 도리어 색욕거리로 바꾸고(유 4).

진리를 위해 싸우는 것이 왜 그렇게 중요한가? 진리는 사람을 죄의 속박에서 해방시키고 영원한 생명을 줄 수 있는 유일한 것이기 때문이다(요 8:32, 14:6). "복음은 구원을 주시는 하나님의 능력"이라는 바울의 말에도 그 의미가 그대로 담겨 있다(롬 1:16; 고전 1:18).

진리구체적으로 복음는 구원의 필수 조건이다. "'누구든지 주의 이름을 부르는 자는 구원을 얻으리라' 그런즉 저희가 믿지 아니하는 이를 [어찌] 부르리요 듣지도 못한 이를 어찌 믿으리요 전파하는 자가 없이 어찌 들으리요"(롬 10:13-14). 성경은 그리스도에 관한 진리를 듣고서도 믿지 않으면 구원받을 수 없다고 분명히 말씀한다(고전 1:21 참조).

거짓 종교가 무엇보다 파괴적인 이유가 바로 그것이다. 단지 모른다는 것만으로 충분히 패망할 수 있다. "내 백성이 지식이 없으므로 망하는도다"(호 4:6). 그러나 복음을 해치는 배교보다 더 사악한 죄는 없다. 배교는 그것을 간절히 원하는 사람에게서 모든 진리의 핵심을 숨길 뿐 아니라 더 많은 죄를 짓게 한다.

사실, 복음 진리가 그러하듯이 배교 종교도 활발하게 역동한다. 하지만 그것이 낳는 결과는 정반대이다. 배교 종교는 죄의 속박을 강화하고 죄의 오염을 증가시키고, 죄의 결과를 크게 한다. 상상할 수 있는 모든 방법으로 거짓 종교는 죄의 재난을 최대한 악화시킨다.

복음을 해치는 거짓 사상을 마치 진리인 것처럼 가르치는 것은 아주 심각한 죄이다. 배교는 성경에서 항상 치명적으로 위험한 것이라고 말한다. 교회 안에서 참신앙을 훼손하는 배교자인 거짓 선생들은 흔히 아주 교활하게 움직여 사람들의 판단을 흐려 놓는다.

더욱이 거짓 교리가 낳는 악은 우발적이거나 우연한 부작용이 아니다. 모든 거짓 교리의 실제적 목표와 필연적인 결과는 "하나님의 은혜를 도리어 색욕거리로 바꾸는 것"(유 4)이다. 그것은 또한 모든 배교자들의 진정한 목적과 야망이다. 유다서에 따르면, 모든 이단의 배후에 숨겨진 악한 동기들이 혼란스럽게 뒤섞여 있는데, 그 속에서 우리는 항상 악한 일을 행하고자 하는 욕망을 찾아볼 수 있다. 모든 거짓 선생들의 맹렬한 열정은 그들의 정욕에서 생겨나는 것이다(유 18-19). 그것은 육체적 쾌락(유 7)과 돈과 재물에 대한 탐욕(유 11), 혹은 권력 뒤에 있는 억제할 수 없는 동경(유 11)을 위한 갈망이 될 것이다. 그들 가운데 전부인 경우도 많다.

자기의 정욕을 좇아 행하지 말라

베드로의 말에 따르면 기롱하는 자들은 "자기의 정욕"(벧후 3:3)을 좇아 행하는 자라고 했다. 베드로는 모든 배교하는 선생들의 목적 가운데 하나가 복음의 자유케 하는 진리를 접한 사람들을 다시 부도덕의 속박 속으로 유인해 내는 것이라고 밝힌다. "저희가 허탄한 자랑의 말을 토하여 미혹한데 행하는 사람들에게서 겨우 피한 자들을 음란으로써 육체의 정욕 중에서 유혹하여 저희에게 자유를 준다 하여도 자기는 멸망의 종들이니 누구든지 진 자는 이긴 자의 종이 됨이니라"(벧후 2:18-19).

베드로후서와 유다서의 공통점은, 똑같이 배교의 문제를 다루기 위해 기록했다는 것이다. 두 서신을 언제 기록했는지는 명확히 알 수 없지만 3장이 지적하듯이, 베드로가 거짓 선생들이 나타날 것을 예언한 반면 유다는 이미 그들이 거기 존재한다고 경고한다. 그러므로 유다서보다 베드로후서가 먼저 기록되었을 가능성이 높다. "그러나 민간에 또한 거짓 선지자들이 일어났었나니 이와 같이 너희 중에도 거짓 선생들이 있으리라 저희는 멸망케 할 이단을 가만히 끌어들여 자기들을 사신 주를 부인하고 임박한 멸망을 스스로 취하는 자들이라 혹 상전 여럿이 저희 호색하는 것을 좇으리니 이로 인하여 진리의 도가 훼방을 받을 것이요"(벧후 2:1-2).

그리고 사도 바울과 요한이 교회 내에 곧 다가올 배도의 위험성에 대해 비슷한 경고를 자주 했다는 사실을 잊지 말라(행 20:28-31; 딤후 3:1-9; 요일 2:18-19). 아울러 예수님도 경고하셨다(마 7:15, 24:23-25). 또한 성령께서도 끝까지 경계하라고 여러 차례 주의를 주셨다. 그들은 시대와 장소를 가리지 않고 방심하는 그리스도인들을 대상으로, 심각하고 영구적인 속임수의 촌극을 계속 즐기고 있다.

그러나 행여라도 하나님이 우롱당하셨다거나, 거짓 선생들의 교활함이 그분의 계획을 좌절시켰다고 생각지는 말라. 거짓 선생들이 교회 안에서 나타날 것이라고 말하는 여러 모든 성경의 경고와 예언의 의미를 잘 생각해 보라. 예수께서 이렇게 말씀하셨다. "너희는 삼가라 내가 모든 일을 너희에게 미리 말하였노라"(막 13:23). 단지 두려워하라고만 우리에게 주신 경고가 아니다. 이는 하나님이 자신이 행하시는 일을 알고 계신다는 사실을 보여 주는 예언들이다.

하나님은 거짓 선생들에 대한 계획 역시 갖고 계신다. 거짓 선생들이 아무리 애쓴다 할지라도 하나님은 당신의 기쁘신 뜻대로 모든 것을 성취하시는 분이시다. 그리고 그리스도 그분이 자신의 교회를 짓고 계시기 때문에, 지옥의 문은 그것을 제압하지 못할 것이다. 어두움의 주관자들은 진리 전쟁에서 결코 승리할 수 없다.

유다가 4절에서 "몇이 있음이라 이들은 옛적부터 이 판결을 받기로 미리 기록된 자니"라고 말했을 때 이런 점을 암시한 것이다. 이 구절은 거짓 선생들의 노력에 대한 하나님의 주권을 은연중에 확인시키는 것이다. 그들이 아무리 애쓸지라도 하나님의 영원한 목적을 뒤엎거나 조금이라도 뒤틀어 버리지 못한다.

그분의 영원한 계획 속에는 거짓 선생들의 궁극적 심판까지 들어 있다. 유다가 이 진리를 더 자세한 설명이나 논증 없이 전하지만, 특히 많은 사람들이 악과 관련된 하나님의 주권이란 주제를 어려운 것으로 알고 있기 때문에, 가끔 모두가 어렵다고 생각하는 난제들에 관한 성경적인 시각을 좀더 깊이 이해하려고 한다는 것은 가치 있는 일이다. 하나님은 정말 악에 대해서도 주권을 행사하시는가? 그렇다면 왜 하나님은 여태껏 악을 멈추지 않고 계시는가?

이와 같은 문제는 모든 신학에서 매우 어려운 질문들 가운데 하나이다. 그렇다면 가능한 한 쉽게 그 문제들을 정리해 보자.

거짓 선생들은 하나님의 주권을 방해할 수 없다 : 하나님은 거짓 선생들에게도 주권을 행사하신다. 유다 또한 거짓 선생들의 저주를 하나님이 미리 계획하시고 준비하셨다고 기록하면서 그 점을 강조한다. 유다가 사용한 헬라어는 프로그라포prographo로, '미리 기록하다'라는 뜻이 있다. 하나님의 영원한 판결문이 그들의 저주를 미리 계획하고 기록했다.

먼저 유다는 거짓 선생들에 대한 하나님의 궁극적 심판을 피할 수 없다고 말한다. 거짓 선생들의 배교는 구속의 소망에서 벗어난 자들로 그들을 특징 지운다(빌 3:18-19; 히 6:4-6, 10:26-27; 벧후 2:20; 마 12:31-32; 요일 5:16 참조). 그래서 유다는 거짓 선생들에 대해서는 아주 강경한 자세를 취한다. 그들을 설득하거나 그들에게 호소하지 않는다. 그들을 이단성으로부터 구출하려고 시도하지도 않는다. 물론 비슷한 운명의 희생자들을 구출하려고는 해야 하겠지만(유 22-23), 거짓 선생들 스스로는 이미 진리를 맛보고 거절한 자들이다. 그러므로 그들은 멸망의 자식들이요 심판하기로 작정한 진노의 아들들이다.

하나님은 자신의 원 계획의 일부로서 그들의 파멸을 명하셨다. 그들의 종말을 오래전에 "예정하셨다. 아주 오래전에"라는 말은 헬라어 표현의 참의미를 제대로 잘 드러내 준다. 그것은 하나님이 히스기야에게 말씀하시던 열왕기하 19장 25절의 언어와 아주 비슷하다. "네가 듣지 못하였느냐 이 일은 내가 **태초부터** 행하였고 **상고부터** 정한 바라 이제 내가 이루어 너로 견고한 성들을 멸하여 돌무더기가 되게 함이니라." 하나님은 배교자들에 대한 평결을 최근이 아닌 이미 오래전에 내리고 계셨던 것이다. 시간이 시작하기 이전인 영원한 과거에 정하신 것으로, 지금까지 계속해서 완전하고 무오한 신적 주권으로 효력을 발생하고 있는 것이다.

이것은 하나님의 절대주권에 대한 주장이다. 하나님은 자신의 영원한 계획의 아주 작고 세밀한 부분까지도 절대적으로 완벽하게 이루신다. 그분의 거대한 계획 안에는 거짓 선생들과 그들의 필연적인 멸망이 항상 포함되어 있다. 그래서 그들의 악행은 하나님의 계획에 있는 어떤 요소도 중단시킬 수 없고, 그분이 갖고 계시는 선한 의도의 어느 한 부분도 뒤틀리게 할 수 없다. 반대로 이미 오래전에 하나님 자신의 완전한 지혜와 영원한 목적 안에서 배교자 자신들은 원래 계획의 완전한 일부에 해당되며, 심지어 그들의 마지막 판결까지 하나님의 영원한 법령이 확정해 놓았다.

거짓 선생들의 마지막은 멸망뿐이다 : 유다는 베드로가 베드로전서 2장에서 말한 바와 똑같은 것을 선포한다. 이들은 하나님이 판결을 내리셨고, 따라서 심판으로 "정하신"(벧전 2:8) 자들이다. "저희 심판은 옛적부터 지체하지 아니하며 저희 멸망은 자지 아니하느니라"(벧후 2:3). 다른 말로 하면, 이들 거짓 선생들에 대한 저주는 계획대로 성취되어 오고 있다. 그들의 궁극적 멸망은 하나님의 불변의 계획 속에서 시작부터 정해 놓은 확실한 것이다.

이것의 의미를 오해하지 말라. 성경은 하나님의 주권에 관해 한계를 정해 놓지 않는다. 하나님은 거짓 선생들과 그들이 행하는 모든 일에 대해서도 주권적인 통제권을 행사하신다. 그분은 그들의 배교의 한계를 정하시고 그들이 갖고 있는 영향력의 경계를 제한하신다. 욥을 유혹할 때의 사탄처럼, 그들은 하나님의 주권이 허락하시는 것 이상을 행할 수가 없다.

그러나 그렇다고 하나님이 어떤 악의 대리인이나 직접적인 원인자가 되신다는 말은 아니다. 하나님이 참신자들을 그리스도의 형상에 맞게 살도록 주권적으로 이끄시는 것과 같은 방식으로, 불신자들이 악하게 살도록 적극적으로 역사하시는 것으로 상상해서는 안 된다. "사람이 시험을 받을 때에 내가 하나님께 시험을 받는다 하지 말지니 하나님은 악에게 시험을 받지도 아니하시고 친히 아무도 시험하지 아니하시느니라 오직 각 사람이 시험을 받는 것은 자기 욕심에 끌려 미혹됨이니"(약 1:13-14).

어떤 식으로든 배교자들의 마음을 더럽히는 악에 대해서 하나님은 책임이 없으시다. 하나님이 거짓 선생들의 저주를 미리 명하셨다는 사실을 근거로, 자신에게는 죄가 없노라며 책임을 회피할 수는 없다. 그들은 진리를 듣고도 거절했고, 그것이야말로 그들이 전적으로 책임져야 할 죄에 해당하기 때문이다.

하나님은 그 누구에게도 죄를 강요하거나 유혹하지 않으신다. 때문에 죄를 지은 죄인들이 심판 날에 자기네가 하나님의 주권의 '희생자'라거나, 그들의 죄에 대해 하나님이 어떤 식으로든 비난받아야 한다고 탄원할 수 없다. 하나님은 그 누구에게도 죄를 짓도록 하지 않으신다.

다만 하나님은 그들의 운명을 결정하고 그들의 저주를 재촉하는 방식으로 재판의 목적을 위하여 죄인들의 마음과 의지에 그분의 주권을 행사하신다. 예를 들어, 사도 요한은 이사야 29장 10절을 인용하면서 다음과 같이 기록했다. "저희 눈을 멀게 하시고 저희 마음을 완고하게 하셨으니 이는 저희로 하여금 눈으로 보고 마음으로 깨닫고 돌이켜 내게 고침을 받지 못하게 하려 함이니라 하였음이더라"(요 12:40).

하나님이 누구에게 악을 행하도록 강요한다고 생각해서는 안 된다. 성경이 말씀하는 다음 세 가지 주된 방식을 기억하라. 하나님은 자신의 주권적인 영향력을 죄인의 의지에 가할 것이다. 하나님은 완고한 마음들을 단단한 돌로 바꾸신다. 하나님은 때로 악한 자들의 마음을 강퍅케 하신다(롬 9:18). 서로 맞지 않는 악한 동기를 순수한 마음 안에 주권적으로 심는 것이 아니라, 해가 찰흙을 굳게 하는 식으로 이 같은 방식을 행하신다. 로마서 9장과 바로의 마음의 강퍅함에 대한 고전적 설교에서, 조나단 에드워즈Jonathan Edwards는 이렇게 말했다.

여기서 하나님이 자손들의 마음을 강퍅케 했다고 하는 것은 어떤 적극적인 능력으로 하나님이 누구의 마음을 강퍅케 하신 것으로 이해하면 안될 것이다. 하나님이 마음을 강퍅케 하기 위해 어떤 힘을 발휘하시긴 하지만, 하나님 안에는 그 어떤 적극적인 행위도 없다. 이러한 생각은 하나님을 죄의 창조자로 만드는 일일 것이다.
하나님은 두 가지 방식으로 인간의 마음을 강퍅케 하신다. 먼저, 우리의 마음이 계속 강퍅해지는 것을 막아주는 성령의 강력한 영향력을 억제하심으로 그렇게 하신다. 이것이 없으면 우리의 마음은 더 강하게 강퍅해질 것이다. 하나님이 우리의 마음의 강퍅함 그대로 내버려 두시기 때문에, 이러한 의미에서 하나님이 사람을 강퍅케 하신다고 말하는 것이다. 또 하나의 방법은 인간 타락의 남용을 통해 자신의 섭리 안에 있는 어떤 것들을 강퍅의 경우가 되도록 하시는 방법이다.[1]

하나님은 거짓 선생의 배교에 인을 치고, 그래서 신적인 명령을 이루시기 위해 악한 의도를 거짓 선생의 마음에 주입시킬 필요가 없으시다. 하나님은 단순히 자신의 진리의 빛과, 자신의 성령의 영향력과, 자신의 은혜의 자비심을 그들에게서 물리치실 뿐이다. 악한 자들의 악한 동기만으로도 그들 스스로를 파멸시키기에 충분하다. 하나님은 불신자들의 비전을 좌절시키신다. 가끔 또 하나님은 진리를 싫어하는 자들로부터 진리를 물리치거나 흐릿하게 하신다. 그들을 "눈멀게" 하시는 것이다(요 9:39; 살후 2:11-12).

물론 밝은 빛도 완전한 어두움처럼 깨닫지 못함을 의미할 수가 있다. "빛이 어두움에 비취되 어두움이 깨닫지 못하더라"(요 1:5). 하나님이 빛보다 어두움을 더 사랑하는 자를 눈멀게 하실 때(요 3:19), 하나님이 어두움의 영역에서 운행하고 계시다거나 그분에게 어두움이 있다고 오해해서는 안 된다(딤전 6:16).

하나님은 그 기쁘신 뜻대로 악의 대리자를 이용하신다. 때로 그분은 사탄이나 다른 '제2의 원인자'를 움직여 죄인의 마음속에 있는 악한 동기에서 생겨나는 행동을 자극하기도 하신다(삼하 24:1절과 대상 21:1절을 비교해 보라. 또 겔 14:7-9절을 참조하라). 그러나 모든 죄악된 행동 뒤에 숨어 있는 모든 악한 동기는 하나님으로부터가 아니라 타락한 피조물로부터 나온다는 사실을 기억해야 한다.

하나님 자신의 동기와 목적, 행동은 언제나 순수하고 거룩하시다(창 50:20). 그분은 모든 만물을 통해서 선한 일만 이루신다(롬 8:28). 그래서 하나님이 행악자들의 행위를 "미리 정하시고, 예정하시고", 혹은 "판결하신다"라고 적당히 얘기할 수는 있겠지만(삼하 12:11, 16:10; 행 2:23, 4:27-28), 그분이 행위 속에 있는 악까지 승인하는 것은 아님을 기억해야 한다. "하나님은 빛이시라 그에게는 어두움이 조금도 없으시니라"(요일 1:5).

죄를 지으려는 마음은 하나님에게서가 아니라 항상 죄인 자신의 마음에서 생겨난다. 하나님은 결코 악을 일으키고, 죄를 만드는 일이 없으시다.

하나님의 주권을 이해하고 악의 실체를 파악하라

하나님의 주권과 악의 실체를 생각할 때마다 교리적, 철학적으로 어려움에 빠진다. 어쩌면 꽤 오랫동안 그 같은 질문들에 대해 토론하다가 곁길로 빠질 수도 있다. 하지만 그에 관한 크고 종합적인 이해를 얻기 위해 대수롭지 않은 작은 일들까지 속속들이 파고 들어갈 필요는 없다. 유다는 하나님이 거짓 선생들을 저주하도록 계획하셨다고 말할 때, 그 주된 개념을 할 수 있는 대로 가장 과감하게 튀어 보이게 했다. 쉽게 말하면, 여기서 성경은 우리를 위한 종합적인 계획을 나타낸다. 하나님은 궁극적으로 모든 악한 자들의 행위와 모든 행악자들의 악의에 찬 의도를 전부 멸하실 것이다. 한편, 하나님은 궁극적 선을 위해서 타락한 피조물들이 행한 모든 악한 행위를 자유롭게 이용하신다. 단, 그분은 어떤 경우에도 선을 이루시기 위해 악을 행하시지는 않으신다.

이 주제를 마무리하기 전에, 그것이 악과 관련될 때 하나님의 주권에 관한 우리의 사고 속에서 지워야 할 두 가지 공통적인 죄가 있음을 강조하고 싶다. 물론, 하나는 하나님이 행악자들이 악하게 되는 직접적인 원인자가 되신다는 생각어떤 극단적 칼빈주의자들이 주장한이다. 이미 살펴보았듯이, 이런 생각은 하나님은 죄의 원천이나 직접적인 동인이 될 수 없다는 성경의 분명한 주장에 맞지 않다. "주는 죄악을 기뻐하는 신이 아니시니 악이 주와 함께 유하지 못하며"(시 5:4).

하지만 그와는 완전히 다른 거짓 사상이 사람들의 생각에 존재한다. 즉, 악한 자들이 어떤 식으로든 죄를 지을 것이라는 사실을 하나님이 알고 계시기에 어쩔 수 없이 그들의 죄를 용납하시는 거라는 생각

말이다. 따라서 악과 악한 자들에 대한 하나님의 지배가 그러한 그분의 수동적이고 예지적인 지식에 제한을 받는다는 생각들을 한다. 하지만 그건 대단히 잘못된 생각이다.

오히려 신적인 주권에 대해 성경이 묘사하는 바는 무엇이 일어나든지 간에 하나님이 적극적으로 정하신다는 것이다. 그렇다. 하나님은 항상 목적을 갖고 행하신다. 악한 자들이라 할지라도 부지중에 그분의 명령을 행하고, 그래서 마침내 그분의 주권적 목적을 성취할 수밖에 없음을 알라. 하나님의 말씀을 들어 보라.

> 나는 하나님이라 나 외에 다른 이가 없느니라
> 나는 하나님이라 나 같은 이가 없느니라
> 내가 종말을 처음부터 고하며
> 아직 이루지 아니한 일을 옛적부터 보이고
> 이르기를 나의 모략이 설 것이니
> 내가 나의 모든 기뻐하는 것을 이루리라 하였노라
> 내가 동방에서 독수리를 부르며
> 먼 나라에서 나의 모략을 이룰 사람을 부를 것이라
> 내가 말하였은즉
> 정녕 이룰 것이요
> 경영하였은즉
> 정녕 행하리라 (사 46:9-11).

바울의 말을 빌자면, 하나님은 "역사하시는 자의 뜻을 따라 모든 것들을 행하신다"(엡 1:11).

물론 참 어려운 주제라는 걸 안다. 하지만 그만큼 중요한 것이기도 하다. 그리고 여기에서 우리가 기억해야 할 주된 사상은 의외로 꽤 단순하다. 하나님은 일어나는 모든 것 안에서, 그리고 모든 것을 통하여 역사하신다는 게 하나님의 주권에 대한 성경적 묘사다. 하나님은 악을 회피하지도 않으시고, 악이 있음에도 불구하고 선을 이루시려는 자신의 계획을 바꾸지도 않으신다. 대신 악한 자의 행위를 이용해 그분의 선과 완벽한 목적을 성취하신다. 하나님은 악 자체를 궁극적으로 없애실 것이다. 한편, 그 어느 것도 하나님의 계획을 방해하지 못한다. 가장 흉악한 죄인의 가장 잔혹한 행위까지도 하나님의 신적인 목적을 가로막지 못한다. 하나님은 죄인들을 당신의 뜻을 이루는 도구로 삼으실 뿐이다.

그것이 바로 성경이 십자가에서 생겨났다고 하는 일이다. 십자가 사건은 악의 연합 세력들이 수행해 온 가장 흉악한 잔혹 행위였다. 그러나 그것은 동시에, 주권자이신 하나님의 손으로 죄인들을 대표해서 성취하신 지고의 선이었다는 사실을 놓치지 말라(행 2:23-24, 4:27-28).

배교자의 거짓에 강하게 맞서 싸우라

하나님이 주권적이고 항상 죄인들의 악한 의도를 뒤집는 분이시라면, 배교나 거짓 가르침의 위협 또한 별 것 아니지 않느냐고 생각하는 사람이 있으리라. 현재 일어나는 모든 것이 하나님의 영원한 계획과 명령에 완전히 일치한다면, 하나님은 거짓 선생들에게 노하실 수 없었으리라. 물론 성경은 이와는 달리 말씀한다. 죄에 대한 하나님의 분노는 실재하는 것이고 두려운 것이다.

> 하나님은 의로우신 재판장이심이여
> 매일 분노하시는 하나님이시로다
> 사람이 회개치 아니하면
> 저가 그 칼을 갈으심이여
> 그 활을 이미 당기어 예비하셨도다(시 7:11-12).

> 누가 능히 그 분노하신 앞에 서며
> 누가 능히 그 진노를 감당하랴
> 그 진노를 불처럼 쏟으시니
> 그를 인하여 바위들이 깨어지는도다(나 1:6).

거짓 선지자와 이단들을 향하신 하나님의 진노는 특별히 맹렬하다. 구약 예언서에서 나오는 공통된 주제가 바로 배교자들의 저주였다. 예를 들어 예레미야 5장 13-14절은 주님으로부터 이 메시지를 인용하고 있다.

> 선지자들은 바람이라
> 말씀이 그들의 속에 있지 아니한즉

그같이 그들이 당하리라 하느니라.

그러므로 만군의 주 하나님이 이와 같이 말씀하시기를,

그들이 이 말을 하였은즉
볼지어다 내가 네 입에 있는 나의 말로 불이 되게 하고
이 백성으로 나무가 되게 하리니
그 불이 그들을 사르리라.

하나님의 심판이 거짓 선지자들은 물론, 하나님의 말씀으로부터 벗어나서 거짓 선지자들의 거짓말을 따르는 사람들을 모두 멸망시킨다는 사실에 주목하라.

호세아 9장 7-9절은 거짓 선지자들에 대한 다음과 같은 저주를 퍼붓고 있다.

형벌의 날이 이르렀고
보응의 날이 임한 것을
이스라엘이 알지라
선지자가 어리석었고
신에 감동하는 자가 미쳤나니
이는 네 죄악이 많고 네 원한이 큼이니라

> 에브라임은 내 하나님의 파숫꾼이어늘
>
> 선지자는 그 모든 행위에 새 잡는 자의 그물 같고
>
> 또 그 하나님의 전에서 원한을 품었도다
>
> 저희는 기브아의 시대와 같이
>
> 심히 패괴한지라
>
> 여호와께서 그 악을 기억하시고
>
> 그 죄를 벌하시리라.

유다가 기록했듯이 다양한 구약의 예언들은 배교자들의 운명이 확실하고 틀림없다는 서로 비슷한 저주와 선언들로 가득 차 있다. 왜 하필이면 하나님으로부터 벗어난 사람들의 운명에 대해 모든 경고와 선언들이 계속 되는 것일까? 그들의 판단이 정말로 확실한 것이었더라도, 하나님이 벌써 눈을 감아 주셨더라도, 그들을 구원할 수 있는 은혜가 더 이상 없었다 하더라도, 배교자들은 자신들의 거짓 사상에서 돌이키지 않았을 것이다.

이 경고들이 주로 진리의 영향 아래 여전히 머물러 있는 자들에 대한 메시지였음을 필자는 확신한다. 무엇보다 그것은 형세를 관망하고 있을 것으로 보이는 자들에게는 단념시키는 일이다. 절대 배교를 우습게 보아서는 안 된다. 성령이 은혜롭게 우리의 눈을 열어 주신 후에 진리를 계획적으로 포기한다고 하면, 다시는 기회가 없다한편, 그것이 특별히 히 6:4-6, 10:26-29, 그리고 12:15-17절에서와 같이 어려운 경고의 구절들의 전체 메시지임을 나는 믿는다. "소금이 만일 그 맛을 잃으면 무엇으로 짜게 하리요 후에는 아무 쓸데없어 다만 밖에 버리워 사람에게 밟힐 뿐이니라"(마 5:13).

그러나 많은 경고의 구절을 통해 신실한 자들에게 진리 전쟁이 심각하다는 옐로카드를 준다. 하나님이 별로 중요하지 않은 문제에 불일치하는 자들이 아닌, 복음을 훼손하고 그리스도를 부인하는 자들에 대해 다루고 계심을 기억하라. 이들은 한때 성도들에게 전해 준 신앙을 버린 이단들이며, 이제 그들은 교회 안에 있는 다른 신자들까지 그 거짓 사상을 따르도록 유혹한다. 그러므로 그 같은 거짓 선생들을 그리스도인이라 부르면서, 그들이 교회 안에서 악한 교리들을 퍼뜨리도록 방관해서는 안 된다. 주저하지 말고 그들의 거짓말에 반박하고 나서라. 그들은 고의적으로 진리를 거절했고, 또한 그들을 향한 저주는 이미 정해졌으므로 그들을 따돌리는 일을 망설일 필요는 전혀 없다.

진리를 완전히 배교한 자들의 거짓을 공격하는 것이 하나님의 일을 행하는 것임을 알라. 사정을 봐줄 필요가 없다. 조심스럽게 거짓 교리를 다루는 것은 결코 좋은 전술이 아니다. 진리를 애매하고 쉽게 설명하거나 어려운 부분들을 억제하는 것은 아무런 의미가 없다. 유다가 한 것처럼 분명한 신호를 울려라. 오직 진리만이 속임 당하는 자들을 구원할 수 있다. 말씀을 더 명확하게 선포하면 할수록, 그것을 거짓 사상에 더 뚜렷하게 대적하게 만들어 마침내 더 나은 결과를 가져올 수 있다.

유다는 힘차게 일어나 전투에 참여하라고 신자들을 소집한다. 그는 위협을 아주 가깝고 강력하게 느꼈다. 저주받을 이들을 향한 유다의 말은 단순히 승리감에 도취한 유치한 선포가 아니었다. 신앙을 위하여 힘써 싸우라는 유다의 추상 같은 선포는 무기력 상태에서 우리를 벌떡 일으켜 세운다. 유다는 배교자들이 얼마나 위험한가를 제대로 알고 있었기에 고상한 대화 따위는 제쳐둘 수밖에 없었다.

외모가 아닌 공의의 판단으로 판단하라

유다는 배교자들과 복음을 훼손하는 자들에 대해 기록하고 있다. 유다는 비본질적이거나 어려운 교리들에 대하여 어떤 사람의 사고 안에 있는 모든 사소한 결점이 하늘의 강력한 공격 수단을 가져오는 경우라고 말하지는 않는다. 유다는 교회 안에서 불화가 일어날 때마다 모두 투쟁하라고 권고하지 않는다.

때로는 그리스도 안에서 가까운 친구들과 형제들이 날카롭게 부딪치는 경우도 있다. 그로 인해 화해가 불가능하다면, 평화롭게 모임을 떠나는 것이 싸움보다 낫다(행 15:37-41). 구약 현자가 우리에게 깨우치듯이, "찢을 때가 있고 꿰맬 때가 있으며 잠잠할 때가 있고 말할 때가 있으며 사랑할 때가 있고 미워할 때가 있으며 전쟁할 때가 있고 평화할 때가 있느니라"(전 3:7-8).

이 점에 대해서는 2장과 3장 끝에서 이미 다룬 바가 있다. 그러나 그 경고는 여기서 다시 강조해서 주장할 가치가 있다. 참형제들 사이에서 혹시 있을 수 있는 정당한 불일치를 가지고 죽음에 이르는 전투로 확대해서는 안 된다(시 133:1; 요 13:35; 고전 1:10; 엡 4:3-6).

유다가 전투에로 소집함은 "성도에게 단번에 주신 믿음"에 대한 심각한 위협이 있을 때, 즉 복음의 기초를 훼손하는 거짓 가르침과 같은 종류에 적용시키는 것이다. 유다가 심중에 품고 있는 거짓 사상은 어려운 본문에 관한 다소간의 오해로부터 유래하는 것이 아니다. 유다는 궁극적으로 "홀로 하나이신 주재 곧 우리 주 예수 그리스도를"(유 4)부인함, 즉 계획적인 불신앙에 뿌리 박힌 이단에 관하여 말하고 있다. 유다는 복음의 필수 교리를 더럽히는 거짓 사상을 염두에 두고 있다. 저주받을 거짓 사상에 대해 말하고 있다. 그 같은 이단 사상을 퍼뜨리는 자가 저주로 예정되어 있음을 말할 때 그 사실을 강조한다.

그 같은 거짓 사상은 매우 교활해 정체를 파악하기가 힘들다. 그같이 교활한 거짓 사상을 간파하고 그 위험성을 옳게 평가하기 위하여 필요한 구별책을 개발하기 위해서는 하나님의 말씀을 옳게 분별할(딤후 2:15) 줄 알아야 한다. 그 기술은 신실한 부지런함을 통해 차차 완벽해져야 할 것이다.

더욱이 처음부터 강조했듯이, 배교자들은 대개 자신들의 불신앙을 감춘다. 누군가가 자신을 그리스도 안에서의 형제라 고백하고, 하찮고 완벽하게 친절한 교리적 구별을 한다고 우긴다고 해서 꼭 그렇지만은 않다. 사실, 그것이 바로 유다가 묘사하는 것이다. 가만히 눈치 채지 못하게 머물러 있으려고 하는 거짓 선생들 말이다. 이들은 그리스도께 충성하는 체 가장하지만, 그들의 교리는 그 고백을 부정한다. 과거 어떤 자들의 믿음에 대한 가짜 고백을 파악하고 그의 거짓 사상의 진정한 위험성을 평가하기란 아주 어렵다. 바로 이런 이유 때문에 심판은 결코 가벼워질 수가 없다. "외모로 판단하지 말고 공의의 판단으로 판단하라 하시니라"(요 7:24).

옳게 판단하라는 명령이다. 분별이 힘들다고 해서 모든 판단을 피할 수는 없다. 고의적으로 잘 속아 넘어가는 것은 하나님의 말씀에 대한 불순종이다. "영을 다 믿지 말고 오직 영들이 하나님께 속하였나 시험하라 많은 거짓 선지자가 세상에 나왔음이니라"(요일 4:1).

그리고 지나친 열심 또한 주의 깊게 감시해야 할 위험이다. 물론 현재 싸움거리를 찾아 부지런히 움직이는 비평꾼들이 있다. 그들은 논쟁을 위한 논쟁에서 세속적인 기쁨을 얻으며, 아주 사납고 성급한 판단을 내리곤 한다. 항상 싸움을 찾아다니고, 논쟁에서 쾌락을 느낀다. 또 너무 가혹하거나 섣부른 판단을 하면서, 비난을 일 삼아 한다.

비판적이고 남의 흠 캐기를 좋아하는 견해들을 가장 '분별력이 있는' 것들로 가정하는 오류에 빠지지 말라. 엄한 판단을 하면서, 신중함이나 자제력 없이 '분별'의 대가라고 주장하는 사람을 조심하라. 진정한 분별력은 자신의 비판적인 기질을 키우는 것이 아니라, 자신의 가슴과 마음을 성경의 지혜에 적용함으로써 주어진다.

성경은 싸움하기를 좋아하는 자들은 영적 지도자로서 적합하지 않다고 말씀한다(딤전 3:3). 바울이 교회 지도자들의 자격을 계획했을 때, 그는 이에 관하여 힘주어 강조했다. "마땅히 주의 종은 다투지 아니하고 모든 사람을 대하여 온유하며 가르치기를 잘하며 참으며 거역하는 자를 온유함으로 징계할지니 혹 하나님이 저희에게 회개함을 주사 진리를 알게 하실까 하며"(딤후 2:24-25). 이 시대에 참으로 필요한 정신이다. 믿음을 위해 힘써 싸우라는 것은 말다툼하는 자가 되라는 애기가 아니다. 가능한 한 분명히 그것을 인식하고 잊지 말자.

오늘날 교회가 직면한 가장 큰 위험은 진리에 대한 무감각과 거짓 가르침에 대한 무관심이다. 솔직히 말해서, 우리는 요즘 진리를 지키는 일에 아주 부실하다. 성경이 제시하는 길을 진리로 보지 않으려는 경향이 있다. 그것이 왜 복음주의자들이 대체로 거짓 선생들을 드러내고 반박할 의무를 진지하게 취하지 않는가의 이유가 된다고 본다. 모든 교리적 일탈행위는 궁극적으로 중요한 것이 아니라고 가장하는 것이 보다 쉽고 더 '멋있다'고 생각하는 자들이 많다. 그러한 생각은 거짓된 평안과 안전이라는 위험한 분별력을 그리스도인들에게 주었다.

배교자를 어떻게 알아볼 수 있는가?

유다는 자기 시대의 교회가 비슷한 상태의 치명적인 무감각에 빠졌고, 거짓 선생들이 그 사실 때문에 전성기를 누렸다고 말하는 듯하다. 아마도 유다의 경고가 강렬한 이유도 바로 그 때문일 것이다.

그들은 여러 면으로 경건치 못했다. 경건치 않음이란, 유다서의 주요한 단어들 가운데 하나이다. 15절에서만 유다는 그 단어를 네 번이나 사용한다. "이는 뭇사람을 심판하사 모든 경건치 않은 자의 경건치 않게 행한 모든 경건치 않은 일과 또 경건치 않은 죄인의 주께 거스려 한 모든 강퍅한 말을 인하여 저희를 정죄하려 하심이라 하였느니라."

4절에서는 그 단어를 배교자들에 대한 일반적인 묘사로 사용한다. 그들은 경건치 않은 자들이며, 하나님이 없는 자들이다. 또 그들의 사고와 애정과 교리 속에는 하나님이 없다. 그들은 하나님께 속하고 하나님을 생각하고 하나님을 위해 말한다고 주장했다. 하지만 그것이 그들이 말한 모든 거짓말 중에서 가장 두드러진 거짓말이다. 그들은 실제로 참하나님을 향한 그들의 마음에 어떤 진정한 사랑이나 순종도 없는 경건치 않은 자들이다.

거짓 선생들은 경건치 못하다 : 유다는 거짓 선생들의 경건치 않음이 현저했던 세 가지 주요한 방식을 지적한다. 첫째, 유다는 거짓 선생들을 "경건치 않은 자들"(유 4)이라고 솔직하게 말한다. 거짓 선생들은 고결하지 못했고, 원칙도 없었다. 참경건의 어떤 열매도 맺지 못한 자들이었다. 실제로 하나님을 존경하지 않았으며, 그분을 진정으로 사랑하지도 않았다. 거룩의 어떤 열매도 없는 자들이었다. 그리스도에 대한 그들의 가짜 신앙고백은 차치하고라도, 하나님에 대한 중요한 연결점이 전혀 없다. 그들의 인격에서 그리스도를 닮은 모습을 전혀 찾아볼 수 없었다.

거짓 선생들은 타락의 노예들이다 : 둘째로 그들의 행위를 보자. 이들은 "우리 하나님의 은혜를 도리어 색욕거리로 바꾼······ 경건치 아니한 자들"(유 4)이다. 이것은 그들이 주제넘게 하나님의 친절을 부도덕한 행위를 위한 자격증으로 간주했음을 의미한다. 그들은 '은혜'에 대해 많이 얘기했고 '자유'를 약속했다. 하지만 그들 자신은 타락한 노예들이었다(벧후 2:19). 그리스도 안에서의 자유에 관한 그들의 강조가 실제로는 하나님의 은혜에 대한 빗대어 말하는 비난이었다. 그들에게 '은혜'는 탐욕을 가장하기 위한 가짜 정당화와 같았다.

유다서 18절은 거짓 선생들의 인격에 대한 묘사로서 경건치 않은 이라는 주요 단어를 다시 사용하면서 같은 비난을 반영시키고 있다. 그들은 "경건치 않은 정욕대로 행했다."

이들은 교회 안에 있는 자들임에도 경건의 모습을 조금도 찾아볼 수 없다. 그들은 실제로 그들이 자신들의 억제할 수 없는 정욕과 악한 욕망으로 극에 달한 반면, 그리스도 안에 있는 은혜와 자유에 대하여 멋있게 들리는 말들로 사람들을 가르치고 영향을 끼치고 있었다. 그런데도 교회 안에는 그들을 지지하고 나선 사람들이 있었다.

그같이 악한 배교자들이 오늘날 우리 교회 안에도 여전히 존재함으로 우리는 순진해서는 안 된다. 그들의 경건치 않음은 항상 즉각적으로 나타나지는 않는다. 어떤 이는 종교적인 포장으로 그것을 숨기려 하고, 친절을 가장해 그것으로부터 관심을 돌리게 한다. 혹은 어떤 다른 피상적인 경건의 종류로 그것을 가리려고 한다. 배교자들은 영적인 허울을 유지하기 위해 열심히 애를 쓰지만, 그들의 진정한 인격은 경건치 않은 것이고, 궁극적으로는 그것의 필연적인 열매를 막을 수 없다. "육체의 일은 현저하니 곧 음행과 더러운 것과 호색과 우상숭배와 술수와 원수를 맺는 것과 분쟁과 시기와 분냄과 당 짓는 것과 분리함과 이단과 투기와 술 취함과 방탕함과 또 그와 같은 것들이라 전에 너희에게 경계한 것 같이 경계하노니 이런 일을 하는 자들은 하나님의 나라를 유업으로 받지 못할 것이요"(갈 5:19-21).

때로 배교의 조직이 지닌 경건치 않음을 그대로 드러내 세상의 비방을 사기도 한다. 예를 들어, 어린이에 대한 이상 성욕을 가진 성직자

단은 배교로 가득 찬 제도라는 아주 확실한 증거를 갖고 있다. 이들은 교회의 성직자 계급제도가 획책해 온 주의 깊게 조직적으로 위장된 자들이다. 그 어떤 선한 양의 가면을 뒤집어썼다 할지라도 그 속에 들어 있는 악은 숨길 수 없다.

경건을 가장한 배교자들 : 그러나 배교와 경건치 않음의 열매가 항상 그렇게 분명히 드러나는 것은 아니다. 배교자들은 어떤 유일한 교파나 신학적 제도에만 독특하게 나타나지 않는다. 그들은 종파나 주류에서 이탈한 교파에 제한을 받지 않는다. 반대로 배교자들은 흔히 복음주의 주류의 중심부 내부에 일부러 스스로를 숨긴다. 어떤 이는 복음주의 신학교들이나 성경 대학들 내에서 가르치고, 또 어떤 이는 교회 목사로 사역하기도 한다. 배교자들은 그리스도인이라는 주제로 만든 방송프로그램 진행표를 만든다. 그들은 복음주의 계통의 서점에서 판매하는 책들을 저술하기도 한다.

그들의 경건치 않은 특성이 어떤 식으로 드러날까? 세속적인 생활방식과 불건전하고 유해한 편견으로, 주의 깊고 정교하게 만든 공적인 개념을 반박하는 사적인 행동으로, 육감적인 대화와 육적인 행동으로, 하나님을 기쁘시게 하는 것에는 관심이 없이 사람의 칭찬만 바라고 종교 행위를 하는 위선자의 모습으로(마 6:1-8) 드러난다.

경건치 않은 현상이 복음주의 계통에서 만연한다는 증거는 대형 교회를 들여다보면 분명하게 알 수 있다. 이들은 참예배와 성경공부를 대체한 여흥과 오락거리를 제공하면서 경건치 않음의 편애에 고의적으로 부응한다. 그리스도에 대한 신앙을 고백하지만 경건치 않은 삶을 사는 자들을 '육적 그리스도인'이라 부르며, 이들에게 신학적 정당성을 부여하기 위해 그리스도의 주 되심을 복음 선포에서 일부러 제거해 버리기도 한다.

또한 복음주의자들은 헌신에 소극적인데, 이는 성경의 도덕적인 기준을 청산하려는 움직이라고 볼 수 있다. 새롭게 생겨나는 운동이 힘을 얻어 감에 따라, 복음주의자들은 낙태와 동성연애와 같은 도덕적인 사악함에 대한 서구문화와의 대결을 철회해야 한다는 내부 목소리가 점점 더 높아지고 있다.

최근 이머징 처치Emerging Church 운동의 지도급 인사들이 저술한 유명한 책들이 앞다투어 출간되었다. 이머징 방식의 전형적인 특징 가운데 하나는 '저속함'이다. 그 운동에 속한 대부분의 저자들은 속된 언어와 성적인 풍자, 그리고 포스트모던 문화의 교양도 갖추지 못하는 질낮은 인용문들을 무분별하게 많이 사용한다. 이들은 또한 세속 문화의 경건치 않은 모습까지도 자주 인정한다.

이머징 처치 운동과 포스트모던 기독교에 관한 소논문을 쓰는 한 세속 작가는 그 운동의 성격을 다음과 같이 요약했다. "포스트모던 사역을 쉽게 받아들이게 하려면, 예를 들어, 마릴린 맨슨Marilyn Manson의 '이스트 파크' East Park나 과격한 가사의 랩 음악gangsta rap 같은 젊은이의 문화를 전통적 근본주의자들처럼 악마화하지 않는 것이지요. 포스트모던 청중들은 외부 세계를 거절하는 일에 호응을 보이지 않거든요."[2]

많은 교회들이 일부러 "그 순간, 세상이 사랑하는 모든 것"을 포함한 "그 문화"에 통째로 빠져들었다. 그래서 우리는 이제 모든 유행하는 패션 아이콘, 모든 사소한 문화 요소, 그리고 포스트모던적이고 세속적인 마음을 사로잡을 수 있는 모든 트렌드를 일일이 설교에 참조하는 최신 유행의 교회들을 흔히 볼 수가 있다.

세속적인 설교자들은 자신들의 육적인 전문 지식들을 전시하기 위해 무엇이든 하는 것 같다. '문화와의 연결' 이라는 미명하에, 그들은 음악 텔레비전_{MTV, Music Television의 줄임말로, 24시간 인기 가수 그룹의 비디오를 방영하는 미국의 사설 방송, 역주}에 나오는 모든 최신 프로그램을 본다고 자랑한다. 텔레비전 연속극의 모든 일화를 기억하고, 헤아릴 수 없이 많은 과격한 가사의 랩 음악과 록 음악의 가사를 암송한다. 혹은 절대로 알 수 없을 준성인급 영화까지 보았다. 세속적인 설교자들은 모든 유행에 대해 온갖 정보를 다 아는 듯하다. 그들은 또한 공손한 사회에서는 부적절한 것으로 생각되고, 하물며 강단에서는 더더욱 피해야 할 언어를 분별없이 사용한다. 세상의 방식과 언어를 모두 선택한 것이다. 그들은 세상과 어울리기 원하며, 거기서 아주 편한 듯이 보인다.

세상 유행을 좇지 말라

성경은 그와 같은 정신 상태에 대해 아주 분명히 말씀하신다(약 4:4). 세상의 유행 가운데 많은 것들이 치명적이다. 우리 사회가 로마서 1장에 묘사된 죽음의 악순환 속으로 더 깊이 들어갈수록, 더욱더 치명적이다. 그것은 마치 방사능 독성과도 같아서, 자기도 모르는 사이 깊이 빠져들어 영혼을 파괴시키는 오염으로부터 도망칠 수 없게 된다. 그리고 세속 사회의 죄받을 유행에 편승하게 된 자들에게 저주가 있다. 로마서 1장 마지막 절은 "저희가 이 같은 일을 행하는 자는 사형에 해당한다고 하나님의 정하심을 알고도 자기들만 행할 뿐 아니라 또한 그 일을 행하는 자를 옳다 하는 자들"에게 분명히 저주가 있다고 경고하고 있다.

이런 유의 경건치 않음의 증거를 방해하는 것은 현대 교회의 잔상을 넘어서서, 보다 더 유행이 되는 것이다. 사실은 그것보다 더욱 심하다. 혼외정사의 도덕성 연구를 위임받은 한 앵글리칸 위원회는 그 교회가 새로 결혼한 성인들 사이의 동거에 대한 반대를 중지하고, 그 관례를 "독신 상태에서 결혼한 상태로의 새로운 방향"으로 간주해야 한다고 주장했다.[3]

배교자들은 재미있는 궁지에 몰린다. 그들은 자주 명예에서 꽤 벗어나 있고, 품위가 떨어지고 불명예에 무관심해서 자신들의 죄, 특히 자기네 내부 전체를 누가 보든 간에 상관하지 않는다. 그들은 명예의 상징같이 오만하게 그것을 걸고 다닌다. 유다의 말에 의하면, 그들은 "자기의 수치의 거품을 뿜는 바다의 거친 물결"(유 13)같이 되었다.

반면 그들은 자신들이 속이려 하는 자들로부터 경건치 않음을 감추려는 무언가를 해야 한다. 그들의 말이 공적인 입장에서 더욱 조심스레 감시될 수 있고, 그리고 그들은 자주 하나의 다른 개인적인 공적인 인격을 유지하고 있다. 텔레비전 전도자들의 매우 많은 추문들에서 배운 것처럼, 세련된 대중 매체의 인물들은 이러한 위선에 아주 능숙한 편이다.

그들이 경건치 않음을 가리기 위한 또 하나의 흔한 접근이 있다. 유다가 4절에서 암시했는데, 그들은 은혜의 관념을 죄 짓기 위한 면허증으로 변경시키는 메시지를 전한다. 그래서 자신들의 경건치 않음에 영적인 변명을 붙이려 든다. 이러한 행위는 모든 경건치 않은 배교자의 세 번째 주요한 특징과 비슷하다.

배교자들은 "홀로 하나이신 주재 곧 우리 주 예수 그리스도를 부인한다." 유다에 따르면 물론 이것을 대담하고 솔직하게 내세우지는 않았을 것이다. 그랬으면 교회에서 '조용히' 지낼 수 없었을 테니 말이다. 그런데 불행하게도 오늘날 어떤 교파에는 사실상 그리스도를 부인하면서 여전히 주교로 남아 있는 사람도 있다.

유다 시대에 거짓 선생들은 아마도 이런 식으로든 저런 식으로든 그들의 배교에 관하여 약간 더 교활했다. 그들은 그리스도의 주권적 주권 아래 순종하며 살려 하지 않았다. 하나님의 교회에 대한 그분의 주 되심을 거절한 것이다.

모든 배교자들은 그리스도의 주 되심을 반박했다. 비록 입술로는 고백할지언정 삶으로는 부정했다. 배교자들은 예수를 "주여, 주여!"라고 부르면서도 주께서 하신 말씀대로 행하지는 않았다(눅 6:46). 바울은 디도에게 이렇게 말했다. "저희가 하나님을 시인하나 행위로는 부인하니 가증한 자요 복종치 아니하는 자요 모든 선한 일을 버리는 자니라"(딛 1:16).

거짓 선생들의 배교는 결국 그들의 모든 교리를 더럽힌다. 거짓 선생들은 그리스도의 가르침을 뒤틀고 왜곡하고 자신들의 입맛에 맞게 바꿔 버린다. 그들은 복음을 자기네 취향에 맞게 적응시킨다. 그들은 어디에서든 자리를 확고히 잡고 나면, 자신들만의 공간을 지배하고 싶어 한다.

인격적으로도 배교자인 거짓 선생들은 겸손하지 않고, 깨어지지도 않았다. 유순하지도 온순하지도 않았다. 뻔뻔스럽고, 그들 자신의 종교적 왕국의 자부심을 가진 주권자이다. 그리고 자신들의 유익을 위해 그리스도의 이름을 사용하기를 좋아하는 반면, 기록된 말씀이든 살아 계신 말씀이든, 정말로 진리를 알고 순종하고 사랑하지는 않는다.

하나님만이 참된 주권자이시다. 거짓 선생들의 노력은 그분의 영적인 목적을 조금도 위협할 수 없다. 그분의 진리는 결국 승리하실 것이다. 그리고 거짓 선생들과 그들을 따르는 모든 자들의 비극적 결과는 틀림없고 확실한 심판뿐이다. 유다가 말하듯이, 거짓 선생들은 이미 그 종말을 위한 운명을 타고났다.

공격 : 그리스도의 주 되심을 어떻게 부정하는가?

이는 가만히 들어온 사람 몇이 있음이라 저희는 … 홀로 하나이신 주재 곧 우리 주 예수 그리스도를 부인하는 자니라(유 4).

신앙을 위한 싸움은 결코 쉽지 않다. 그러나 계속 살펴보고 있듯이, 포스트모던의 변화는 그 도전을 어느 때보다 더 힘들게 만들었다.

복음주의 운동에서 현재 팽배해 있는 분위기는 이 전쟁에 아무런 도움이 되지 않는다. 현대 복음주의는 기독교 역사상 가장 현대식의 최신 유행을 따르는 데 열중하고 있다. 여러 세대를 거듭해서 오랫동안 확정된 교리들이 복음주의권이 확정한 것이라는 이유만으로도 자주 자동적으로 의심 받고 있다. 모든 것에 일단 의문을 제기해 보는 것이 또한 이 시대의 유행이기 때문이다. 그리고 솔직히 대부분의 복음주의자들은 처음부터 자신들의 영적인 전통에 대해 별 관심이 없었다. 그들은 성경을 정확하게 이해하거나 거짓된 사상들의 침입으로부터 중요한 교리를 지키기 위해 애를 쓰지 않는다. 그저 항상 새롭고 신선한 것만 원할 뿐이다. 무엇보다 세상과 보조를 같이 하는 일에 필사적이다.

그러므로 진리에 대한 분별성이나 충성과 같은 중요한 성경의 가치는 일부러 제쳐 둔 채, 관대함과 다양성과 같은 포스트모던적 미덕들을 전심으로 신봉한 소위 '계몽되었다'고 하는 복음주의자들이 많다.

세상 방송에서 마이크를 손에 쥐었을 때 진리를 명확하고 분명하게 만들 절호의 기회를 가지는 유명한 복음주의 지도자들이 많다. 하지만 그들이 얼마나 많은 경우 그 좋은 기회를 헛되이 낭비하고 있는지 아는가? 그리스도가 정말로 천국에 들어가는 유일한 길이냐에 대한 질문을 즉석에서 받았을 때 그들은 흔히 답변을 회피하거나 잘못된 대답을 준다. 분명히 정치적인 공정성을 유지한다는 명목으로 그어떤 믿음의 조항을 교묘히 넘어가는 복음주의자들이 몇 있다. 벌써 많은 복음주의자들은 자신들도 모르게 포스트모던 가치들의 완전한 치장을 흡수한 듯하다.

그러한 태도는 복음주의적 학문 세계의 고급 계층에서 특별히 지배적이며, 그것은 거기서부터 아래로 스며든다. 오랫동안 고수해온 성경적이고 복음적인 확신들은 쉽게 무시하는 반면, 유행을 따르는 학자들이 최신의 새로운 전망을 재빨리 찬성하고 싶어 안달이 나있다. 교리에 대한 새로운 관념들은 그 어떤 힘으로 거절당할 수가 없어야 한다. 그러한 행위는 심각한 무뚝뚝함으로 생각한다. 거의 모든 신학 잡지에 나오는 논평을 읽어보라. 그러면 이러한 사실을 알게 될 것이다. 복음주의 세계를 휘몰아치고 있는 최신의 견해에 관해 논평하는 자는 중요한 시간과 정력의 양을 그것의 장점들을 지적하고 긍정적인 내용들에 대해서 말하는 데 시간을 활용하기로 했다. 아마도 무분별한 긍정을 내리는 일에 관해서라면, 현대의 복음주의자들보다 더 관대하고 무모한 자들은 없으리라.

믿음을 위해 힘써 싸우라는 성경적 명령에 더 이상 어긋나는 일을 상상하기란 어렵다. 복음주의자들은 우리의 운동이 어떻게 현재 상황까지 도달했고, 또 어디로 향하는지 엄숙히 생각해야 할 것이다.

복음주의는 어쩌다 그렇게 엉망으로 변해 버렸는가?

과거 20년, 혹은 더 이상의 세월 동안 이상한 사상이나 철학 그리고 프로그램들이 복음주의 운동에 맹렬한 포격을 가해 왔다. 기독 교회사에서 그토록 많은 개혁이 이토록 무비판적으로 이루어졌던 적은 없다.

사려 깊은 성경적 대답을 하기란 항상 어렵고 힘들다. 그저 복음주의 유행들을 분류해서 보는 것과 어느 새로운 유행들이 교회의 안전과 평화에 진정한 위협이 되는지 파악하는 것 또한 매우 힘든 일이다. 하지만 그것에 수반하는 거짓 사상들의 거대한 잡동사니들에 효과적으로 답변하는 것은 더욱더 힘들고 어려운 일이다. 새로운 거짓 사상이 어찌나 빨리 불어나는지 미처 응답하기도 전에 속속 생겨난다.

오늘날 진리의 싸움에서 효과적인 전사가 되기 위해서는 구시대의 그리스도를 닮은 미덕들이 절실하다. 그 미덕들이란 성경적 분별력과 지혜와 용기와 결단력과 인내와 성경을 다루는 기술, 강한 확신, 모호함 없이 솔직하게 말하는 능력과 갈등 속으로 들어가는 의지 등이다.

그 같은 것들은 현대 복음주의 운동이 개발한 특성들이 아니다. 실은 그 정확한 반대가 사실이다. 그들이 행하는 것들을 하기 위해서 현대 복음주의를 유발하는 가치와 동기들을 고려하라. 오늘날 더 큰 복음주의 운동은 여론과 품질 동일시와 시장 조사와 상업적 기획과 혁신 전략과 수적 성장에 사로잡혀 있다. 복음주의자들은 또한 일반 대중 앞에서 자신의 이미지 그리고 학계와 정계에서의 영향력, 방송에 나오는 자신의 모습과 같은 천박하고 자기중심적인 문제들에만 신경을 쓰고 있다. 그들은 자신들의 품위를 유지하는 일을 진리를 지키는 것보다 우선시했다.

홍보로 움직이는 교회 : 언제부터인가 복음주의자들은 예수님의 지상 명령이 마케팅 임무라는 거짓을 받아들였다. 따라서 오늘날 교회 성장을 위한 주요한 전략가들은 모두 여론 조사원과 홍보 매니저들이다. 릭 워렌Rick Warren은 다음과 같이 말했다. "만일 당신이 자신의 교회를 불신자들에게 광고하기를 원한다면, 그들이 하는 것같이 생각하고 말하기를 배워야 한다."[1]

끝없이 많은 자신만의 스타일을 가진 교회 성장 전문가들은 몇 십년 동안 같은 기도를 반복해 왔다. 그리고 수많은 그리스도인과 교회 지도자들도 이제는 그 관념을 비판 없이 받아들인다. 세상을 위한 그들의 메시지와 그 메시지를 전달하는 수단은 소비자 관련 전문가들이 세속적인 마음을 끌어당기기 위해 신중히 손질해온 것이다.

많은 교회 지도자들이 복음을 보는 방식을 급진적으로 변화시켰다. 그들은 복음을 그리스도의 대사로 부름받은 그리스도인들이 그 어떠한 변경도 없이 선포해야 하는 하나님의 메시지로 보기보다는, 시장에서 팔아야 할 상품처럼 취급한다. 하나님의 말씀을 복음의 힘과 진리로 분명하게 선포하기보다는, 메시지를 좀더 교활하게 만들고 세상에 좀더 잘 보이게 하기 위해 사력을 다해 포장하려고 애쓴다.

실용주의에 밀려나는 진리 : 오늘날 많은 목회자들이 골몰하고 있는 것은 "무엇이 진리냐?"가 아니라 "무엇이 효과가 있는 것이냐?"이다. 최근 복음주의자들은 신학보다는 방법론에 더 관심이 많다. 진리가 실용주의적 관심에 밀려나는 것이다. 한 사람이 자신의 청중의 "참 필요"를 만족시키기 위해 자신의 메시지를 맞추고자 애를 쓸 때, 믿음을 위해 힘써 싸우는 것은 불가능하다.

수없는 세월 동안, 복음주의 지도자들이 교회 안으로 들어오는 거의 모든 세속적이고 천박하고 경솔한 사상을 조직적으로 포용하고 육성했던 이유가 바로 그 때문이다. 천박성에 대한 병리학적인 애착이 실제적으로 운동의 특징이 되었다. 복음주의자들은 통속 문화에 사로잡혀 있고, 그것에 열광적으로 열중한다. 현대 교회 지도자들은 최신 유행을 따르느라 너무 바쁜 나머지 중요한 성경적인 문제에는 진지한 생각을 덜하게 된 것이다. 전형적인 복음주의 교회에서는, 주일 예배조차도 세상의 사소한 일들을 추구하는 데 보내다 보니 교회는 매체로 움직이는 세상에 더 관심이 많고, 결국 쓸데없이 세상보다 더 크고 번지르르한 안경을 쓰려 하고 있다.

유행에 뒤처지면 안돼 : 현대 복음주의자들은 "모든 교훈의 풍조에 밀린 어린아이"(엡 4:14)와 아주 흡사하게 되어 버렸다. 그들은 최신의 인기 있는 추세를 따르며, 유행하는 베스트셀러는 무엇이든 산다. 영적으로 들리는 말을 하는 어떤 인사를 보기 위해 줄을 서고, 그들이 손에 넣을 수 있는 어떤 '영적인' 주제나 종교적인 형상을 담은 할리우드 영화를 간절히 기다린다. 그리고 마치 복음주의자들의 관심을 끌 모든 문화적 기호가 심오하고 진지한 영적인 의미를 가지고 있는 것처럼, 이들 유행들과 패션에 관해 끝없이 토의한다. 게다가 복음주의적 교인들은 자기네 교회가 복음주의 공동체 속에서 현재 유행하는 어떤 것들 가운데 하나라도 주도적으로 이끌고 가기를 바란다. 한동안, 유행 타기를 좋아하는 어떤 교회는 야베스의 기도법을 배우는 강의들을 후원해야 했다. 하지만 「목적이 이끄는 삶」Purpose-Driven Life이 인기를 누렸을 때 야베스를 추구하던 교회들은 불행해졌다. 그때쯤이면, 복음주의 운동에서의 자신들의 입장과 신뢰를 유지하길 원한 교회들은 '목적이 이끄는 40일' Forty Days of Purpose보다 더 잘 나갔어야 했다. 그리고 만일 자신의 교회가 '40일들'에 대한 공동 학습을 운영하거나 「다 빈치 코드」가 할리우드 영화로 나오기 전에 그것에 대해 연속적으로 설교할 준비가 되어 있지 않았으면, 그 교회는 진짜 중요한 것들과는 거리가 멀다고 여겨졌을 것이다.

만일 당신이 이들 추세 가운데 어느 것이라도 놓쳤다면 이제는 너무 늦었다. 최신 흐름을 그만 놓친 것이다. 만일 당신의 교회가 이머징 처치 형태의 예배나 촛불이나 성찬식이나 기타 등등을 실습해 보지 않았다면, 당신은 분명히 아주 최신식 교회에 속한 사람은 아니다.

물론, 그 같은 모든 경향들이 모두 나쁘다는 말은 아니다. 예를 들어, 「다 빈치 코드」The Da Vinci Code에 대해 어떻게 대응해야 하는지 회중에게 가르치는 것은 좋은 일이다. 하지만 현대 복음주의자들은 거의 지각없는 군중의 정신 상태를 가지고 모든 유행들을 기대하고 따를 준비가 되어 있다. 그들은 가끔 분별없는 열망으로 한 유행에서 또 다른 유행으로, 영적으로 치명적인 것들로 이동하는 듯하다. 사실 최신 유행이 위험한 것이냐 아니냐의 질문은 대부분의 복음주의 계통에서는 더 이상 환영받는 질문이 아니다. 그 순간 인기 있는 것들이 무엇이든지 복음주의의 의제에 영향을 제일 많이 주기 때문이다.

바울은 에베소서 4장 14절에서 이미 이러한 정신 상태를 경고했다. 그 정신은 복음주의 그리스도인을 술책과 속임과 건전하지 않은 교훈에 노출시키고 말았다. 또한 참성경적 분별력을 잃어버리게도 만들었다. 슬픈 사실은, 건전한 교리가 하찮게 되어 버린 것과 같이 복음주의 운동의 큰 흐름이 타협을 했다는 것이다.

교리와 세상을 관련 지으려는 무모한 노력 : 당신은 복음주의 주류의 심장부라면 당연히 성경적 교리에 헌신하고 적어도 믿음을 지키는 일에 가장 큰 관심을 기울일거라고 기대할지도 모른다. 그러나 당신은 "현대적인 관련"을 맺기 위해 시대의 조류에 발맞추려는 움직임이 주류가 된 것을 발견할 것이다.

건전한 교리라고? 보통 교인들에게는 너무 이해하기 어려운 것이야. 성경 해석이라고? 그건 비그리스도인을 소외시키는 미친 짓이라고. 죄와 구속에 대한 분명한 설교라고? 마음 상한 자들의 자존심을 뒤엎지 않도록 조심해야지. 지상 명령이라고? 우리의 가장 효과적인 전략이 교회의 예배를 거대한 수퍼볼 파티로 만들어 온 게 사실이긴 해. 진지한 제자훈련? 맞아. 요즘 꽤 인기가 많은 드라마를 소재로 한 그룹 스터디가 있지. 그걸 통해 돈 좀 벌어 볼까? 하나님을 높고 높으신 분으로 경배하는 예배하라고? 정신 차려! 눈높이에 맞추어 사람들에게 접근해야 한단 말야.'

여러 분명한 성경적 가르침이 그처럼 유치하게 되지 말라고 경고해 왔건만(엡 4:1절에 덧붙여, 고전 14:20과 딤후 4:3-4; 히 5:12-14절을 참조하라), 복음주의자들과 그 지도자들은 최근 수십 년 동안 그 같은 어리석은 과정을 끈질기게 추구해 왔다.

문제의 핵심이 무엇인가? 많은 복음주의 운동이 누가 교회의 주인이신지 잊어버렸다는 것이다. 복음주의자들은 그들의 진정한 지배자를 포기하거나 노골적으로 거부했으며, 주님이 누려야 할 합법적인 자리를 복음주의의 여론 조사원과 교회 성장의 권위자들에게 내주었다.

주님의 다스리심에서 멀어지다

"[그들은] 홀로 하나이신 주재 곧 우리 주 예수 그리스도를 부인하는 자니라"(유 4).

유다는 당시 수많은 교리적 결함 가운데 이것을 가장 강조했다. 거짓 선생들이 갖고 있는 배교를 위한 근본적이고 진정한 동기는 무엇보다 먼저 그리스도의 권위에 대해서 그들이 절대적으로 거절하는 것이었다. 거짓 선생들은 반항적인 마음으로 스스로를 위한 권위를 원했다. 그래서 그리스도의 주 되심에 반박하며 그분을 진정한 주인으로 인정하지 않았다.

유다는 그네들이 반박한 이유를 부도덕성과 탐욕, 그리고 정욕이라고 밝히고 있다. 이러한 죄들은 사실상 모든 거짓 선생들의 특징들이다. 거짓 선생들은 "우리 하나님의 은혜를 도리어 색욕거리로 바꾸고(유 4), 간음을 행하며(유 7), 육체를 더럽히며(유 8), 삯을 위하여 발람의 어그러진 길로 몰려 간 자들"(유 11)이었다. 한편, 이것은 거짓 교훈의 근본적인 원인은 무지나 오해가 아니라 음란과 죄받을 정욕이라는 사실을 명심하게 해 준다. 자기네의 악한 욕망과 완고함을 만족시키고자 하는 사람은 그리스도의 권위를 거절할 수밖에 없다.

그러나 자기네의 악한 동기를 가리기 위해, 대부분의 거짓 선생들은 종교성을 가장하며 그리스도의 주 되심에 대한 자기네의 반역을 은밀하게 감추어 둔다. 오늘 대부분의 거짓 선생들도 그런 식으로 움직인다. 말로는 그리스도를 사랑한다고 하지만 그분에 대한 진정한 사랑이 없다. "주여, 주여"라고 그분을 부르지만, 그분이 명령하시는 일을 행하지는 않는다(눅 6:46). 스스로를 가짜 영성과 경건 그리고 정중함의 모습으로 가장한다. 그러나 배교자들을 자세히 보라. 그러면 신적인 권위를 멸시하는 자들임을 알 수 있을 것이다.

최근 복음주의도 마찬가지이다. 그들은 배교에 대해 조롱하면서도 정작 주님을 그분의 정당한 위치에서 내쫓으려 한다. 그리스도의 주 되심을 부인하는 것이다.

구도자 민감형(Seeker-sensitive) 교회

교회들이 주일학교 예배를 '구도자들'의 취향에 맞추어 준비했다면, 성도를 만드는 일에는 관심 없고, 불신자들을 즐겁게 하는 데만 노력을 기울이는 꼴이 된다. 드라마와 음악과 코미디, 심지어 보드빌vaudeville, 노래와 춤을 섞은 쇼 – 역주이 예배 순서에서 설교를 대체하는 것은, 그리스도의 교회에 대한 지도자로서의 지위를 빼앗는 꼴이 된다. 그것의 정당한 위치로부터 그분의 말씀을 제거하고, 그것으로 자기 백성의 삶에서 그분의 통치를 억누름으로써 말이다. 그렇게 비그리스도인 구도자들에게 교회의 주권을 넘겨주는 꼴이 되는 것이다.

더군다나 설교자가 설교를 청중의 취향에 맞추려고 성경적 진리를 억누르거나 부드럽게 완화한다면, 그 설교자는 그리스도의 진정한 메시지를 막는 것이요, 그것으로 그리스도가 교회의 주님이라는 정당한 권위를 침해한 셈이 된다.

주님의 주 되심을 반대하는 신학 : 앞 장에서 그리스도의 주 되심에 대한 모든 참고 구절들을 복음 메시지에서 생략해야 한다고 논쟁하던 신학 체계를 비평한 적이 있다.[2] 이 시각에 따르면, 그리스도의 주 되심에 순종하는 것은 선택의 자유가 있는 것이고, 사람이 오랫동안 그리스도인인 다음에만 적절한 선택적인 문제인 것이다. 따라서 주님으로서의 그분의 권위에 대한 어떤 참고 구절들을 조심스럽게 빼

버리는 한편, 이 신학은 예수님을 구세주로 믿기 위한 초대로만 복음을 한정해버린다. 이 메시지로부터 사라진 것은 제자도를 향하신 그리스도의 부르심과, 자기를 부인하고 십자가를 지라는 것에 대한 그분의 힘든 모든 요구들과(마 16:24; 막 10:21 외), 주님을 따르는 대가를 계산하라는 권고들이다. 주님의 주 되심 없는 '복음'은 지나치게 소심해서 죄인들을 회개로 부를 수 없다.

주님의 주 되심 없는 교리는 20세기 중반에 인기를 얻었고, 수십 년 동안 미국 복음주의의 신학의 지배적인 체제로 명맥을 이어 왔다. 주님의 주 되심 없는 메시지는 교회를 영적인 열매가 결핍되고 구원하는 믿음의 다른 중요한 증거가 없는 사람들로 가득 채웠다. 그럼에도 그들이 참그리스도인이라고 확신하면서 말이다.

사실 주님의 주 되심 없는 교리에 따르면, 한때 그리스도에 대한 신앙을 고백하기만 했다면 완전히 타락한 삶을 사는 사람이라 할지라도 참 그리스도인으로 인정해야 한다. 소위 말하는 '육적인 그리스도인들'은 정상적으로, 얼마나 오랫동안 터무니없이 그리스도의 권위에 대적했느냐에 관계없이 그들의 구원은 안전하다는 강한 확신을 가진다. 물론 그것은 교회 징벌의 의미 있는 실행을 완전히 제거하는 것이다. 그것은 또한 교회에 대한 그리스도의 정당한 권위의 자리로부터 그리스도를 효과적으로 내쫓는 것이다. 그리스도의 교회에 대한 그분의 정당한 주 되심을 공격하기 위해 그보다 더 직접적이고 의도적인 방법을 생각하기란 어렵다.

정치적인 정당함을 위한 순응 : 기독교를 정치적으로 좀더 정당하게 보이게 할 마음으로 성경적 진리를 굽히려 하는 복음주의자들은, 그리스도를 교회의 진정한 머리로 인정하지 않는 자들이다. 예를 들어, 성경은 여자가 남자를 가르치거나 교회에서 남자에 대해 권위를 가지는 것을 분명히 금한다(딤전 2:12). 그 성경 원칙을 무시하기를 바라거나, 그 구절을 교묘히 변명하여 발뺌하려는 복음주의자들이 많다. 심지어 여성 혐오적인 사도 바울의 영감 받지 않은 개인적인 생각으로 보는 이도 있다.

그 결과 한때 보수적이었던 여러 복음주의 교회들이 여성들을 장로로 안수하여 남성들로 꽉 들어찬 성인반을 가르치게 하고, 심지어 목사 안수를 주어 목회 활동까지 하게 한다.

그 같은 여권주의는 영지주의에 뿌리를 두고 있다. 기독교가 너무 남자들만이 지배해서 유행에 맞지 않는다며 남녀평등을 부르짖는 세속 여권주의자들의 비판에 대응하기 위하여 제안된 그 의견은, 기독교의 주류에서는 현 세대까지도 일반적으로 계속 거절해 왔다. 그러나 이제 그들을 신속하게 받아들였다는 것은 교회에서 얼마나 많은 사람들이 성경을 세상의 제안에 맞추기 위해 모든 희생의 대가를 치를 수 있었는가 하는 것을 잘 말해 준다.

이와 같은 정신이 바로 포스트모던의 기준을 만족시키기 위해 성경의 언어 자체를 남녀 성별 중에서 가능한 한 한쪽으로 치우치지 않게 개조하도록 성경 번역자들을 몰아붙인 정신이다.

불확실함과 의심에 사로잡힌 포스트모던 옹호자들

이머징 운동 관련자들은 성경이 진리에 대해 명료함과 확신을 가지고 설교하도록 충분한 정보를 주지 못한다고 주장한다. 대부분의 사람들은 성경이 하나님의 말씀이 아니라고 소리 높여 말하지는 않는다. 하지만 이머징 운동 관련자들은 성경을 확실하게 말할 수 있는 사람은 아무도 없다고 우기면서 똑같은 짓을 저지른다.

브라이언 맥라렌Brian McLaren은 이러한 정신 상태를 자신의 책「새로운 유형의 그리스도인」A New Kind of Christian의 서론에서 다음과 같이 요약하고 있다.

> 운전하면서 기독교 라디오 방송을 듣다 보면 불쑥불쑥 화가 난다. 라디오 방송에 나오는 설교자들은 자신의 변함없는 대답들과 절대 안전한 성경 해석에 대해서 무척 자신한다. …… 그런데 설교자가 더 확신을 가지면 가질수록 나 자신은 점점 더 그리스도인이 되기 싫어진다. 왜냐하면 방송이 아닌 실제 인생은 그처럼 단순하지 않고, 대답들도 분명하지 않고, 확실한 게 아무것도 없기 때문이다.[3]

그래서 '복음주의적' 포스트모더니즘은 성경의 실제적인 모든 가르침에 관한 의심과 불확실성, 그리고 불안들을 고상한 미덕으로 바꾸었다. 포스트모던의 대화를 좋아하는 자들은, 분명히 정해 놓은 강한 확신에다 항상 오만함을 덧붙였다.

분명히, 우리가 모든 주변적인 믿음이나 개인의 취향 문제까지 공정하게 교리적이 될 수 없다. 사실 누구나 다 믿는 보편적인 견해라면 싸울 가치가 없다. 성경은 광범위한 명료성과는 한계를 짓는다. 우리는 단번에 성도들에게 전해진 믿음을 지키기로 명령을 받았다. 그러나 부차적인 문제로 서로 싸우는 일은 금지되어 있다(롬 14:1).

그러나 이제 어떤 진리를 명백한 것으로 생각하는 것을 삼가는 것이 겸손이라고 주장하는 이들이 있다. 그 대신 우리는 모든 걸 솔직하게 털어놓고 "우리의 과거와 현재 공식화들을 제한하거나 왜곡한 것"을 인정해야 한다.[4]

어떤 사람들은 마치 어느 설교자가 하나님의 말씀을 잘 알고 있으면 본질적으로 너무 교만하다고 본다. 그래서 어떤 사람은 이러한 접근을 '겸손의 해석학'a hermeneutic of humility으로 생각해 왔다. 물론, 그 같은 모든 확실성을 부인하는 것은 진정한 겸손과는 아무런 관계가 없다. 확실성의 거절은 실제적으로 불신앙의 한 오만한 형태인데, 이는 피조물에 대한 하나님의 자기 계시를 통해 하나님이 자신을 충분히 드러내셨다는 사실을 건방지게 거절함으로써 생겨난 것이다. 이 확실성의 거절은 실제로 오만의 한 신성모독적인 형태이며, 그것은 어떤 이가 하나님의 말씀을 어떻게 다루는지 결정할 때, 그리스도의 권위에 대한 사악한 반대의 또 다른 표현이 된다.

귀 있는 자는 들을지어다 : 그리스도는 성경에서 말씀하셨고, 성경이 말씀하는 모든 것을 해체하는 것이 아니라 오히려 그 말씀을 이해하고 해석하고 순종하고 가르칠 책임이 있다고 주장하신다. 그리스도는 성경을 왜곡하고 불순종하고, 자기네 전통으로 성경을 제쳐두고, 일반적으로 성경의 분명한 의미를 무시하는 바리새인들을 거듭 비난하셨다. 그리스도는 단 한 번도 구약에서 명료하지 않은 것을 짚어 내며 바리새인의 위선과 거짓 종교를 용서하지 않으셨다.

예수님은 바리새인들에게 책임을 물으셨을 뿐 아니라, 성경을 알고 이해할 사명이 있는 일반 사람들에게까지도 그 책임을 물으셨다. "너희가 읽지 못하였느냐?"라는 말은 반드시 알거나 이해해야만 했을 때(마 12:3, 5, 19:4, 22:31; 막 12:26) 그렇게 하지 못한 자들을 꾸짖고 있다. 예수님은 구약의 메시아적 약속에 대한 제자들의 무지에, 엠마오 도상으로 가던 그들에게 "마음에 더디 믿는 미련한 자들이여"라고 말씀하셨다(눅 24:25). 성경의 부분에 관한 어떤 명료성 부족이 아니라 제자들의 더디 믿는 믿음에 문제가 있었던 것이다.

바울 서신은 오늘날도 많은 학자들 사이에서 논란이 많다. 하지만 사도 바울이 기록한 모든 서신은 학자들이나 지성인이 아닌 보통 사람들을 위한 것이다. 교회의 수신자들은 주로 구약성경을 이해하는 데 한계를 느낀 이방인 교회들이었다. 그런데도 바울은 그들이 서신 내용을 이해하기를 바랐고(엡 3:3-5), 자신의 가르침에 주의하라고 주장했다(딤전 3:14-15).

바울과 그리스도는 성경을 옳게 연구하고 해석하는 것이 모든 그리스도인의 의무(딤후 2:15)라고 주장했다. "귀 있는 자들은 들을지어다"(마 11:15, 13:9; 막 4:9).

성경에서 이해하기 가장 어려운 부분 가운데 하나라고 말하는 요한계시록조차도 일반 평신도 독자가 충분히 이해하기에 그리 어렵지 않다. "이 예언의 말씀을 읽는 자와 듣는 자들과 그 가운데 기록한 것을 지키는 자들이 복이 있나니 때가 가까움이라"(계 1:3).

개신교는 항상 성경의 명료성을 확언해 왔다. 하나님이 그분의 말씀 속에서 명료하게 말씀하셨다는 사실을 믿는다는 뜻이다. 물론 성경에 나오는 모든 구절이 동등하게 명확하다는 말은 아니다(벧후 3:16). 그러나 하나님의 말씀은 일반 독자가 그리스도의 구원하시는 지식을 위하여 필요한 모든 것을 알고 이해하기에 충분할 만큼 분명하다. 예수님의 지상 명령은 우리에게 그리스도가 명령하신 다른 '모든 것들'을 가르칠 것을 분명히 요구한다. 또한 성경은 우리가 이 지상 명령에 순종하기에 충분할 정도로 분명하다(마 28:18-20).

포스트모던 주의자들의 온갖 의혹을 불식시켜라 : 2천 년간이나 축적된 기독교의 학문성은 모든 중요한 문제와 기본적으로 일치해 왔다. 성경은 하나님의 영광과 우리의 구원과 믿음, 그리고 영생에 필수적인 모든 영적 진리를 포함한 하나님의 말씀이다. 성경은 모든 인류가 아담 안에서 실패했으며, 우리의 죄는 스스로를 구원할 수 없는 완전한 속박이라는 사실을 말씀한다.

예수님은 죗값을 치르고 믿는 사람들을 죄의 속박으로부터 구속하시기 위해 성육신하신 하나님이시다. 우리가 행하는 어떤 행위의 결과가 아닌, 오직 믿음을 통한 은혜로 말미암아 구원을 받는다. 그리스도는 온 세상을 위해 오신 유일한 구세주이시며, 그분을 믿는 믿음을 떠나서는 어떤 죄인도 구원받을 수 없다. 그렇기 때문에 복음 메시지를 땅끝까지 전해야 한다. 참그리스도인은 이 같은 성경 진리의 모든 중요한 점에 항상 마음을 같이 해 왔다.

모든 것이 영원히 논쟁의 여지가 있고 정말로 확실하거나 고정된 것이 없다는 포스트모던의 개념은 성경의 명료성과 구속사를 통한 하나님의 백성의 일치된 증거를 분명하고도 간단히 부정하는 것이다. 어떤 의미에서 볼 때 성경의 명료성을 현대인들이 부정하는 것은, 성경은 평신도들이 혼자 힘으로 해석하기에는 너무도 분명하지 못하다고 교황의 계급제도가 주장했을 때인 중세적 사고로 후퇴하는 것과 마찬가지다.

그러나 다른 의미로 볼 때, 성경의 명료성을 포스트모던이 부정하는 것은 중세 종교의 미신이라는 어두움보다 더 심각한 일이다. 왜냐하면 포스트모더니즘이 사실상 아무도 성경이 의미하는 것을 신뢰할 수 있을 정도로 이해할 수가 없다고 주장하기 때문이다. 포스트모더니즘은 사실상 모든 것에 대해서 사람들을 영구히 암흑 속으로 가둬버린다.

그것은 또한 교회에 대한 그리스도의 주되심을 부정하는 것이다. 그리스도의 백성들이 그분이 말씀하신 것을 가지고 그분이 의미하신 것을 진정으로 알 수 없었다면 어찌 그분이 자기 교회에 대한 머리 되심headship을 행사하실 수 있단 말인가? 예수님은 요한복음 10장 27-28절에서 말씀하셨다. "내 양은 내 음성을 들으며 나는 저희를 알며 저희는 나를 따르느니라 내가 저희에게 영생을 주노니 영원히 멸망치 아니할 터이요 또 저희를 내 손에서 빼앗을 자가 없느니라." 예수님은 이렇게 하심으로써 자신의 진리가 충분히 분명한 것인지 아닌지에 관한 질문을 명쾌하게 매듭지으셨다.

다른 신학적 유행과 색다른 것 : 교회에 대한 그리스도의 머리 되심에 대한 여러 다른 도전들이 현재 폭넓은 복음주의 운동 속에 침투하고 있다. 어떤 이들은 그들의 그릇된 교훈을 들이대며 그리스도의 주 되심을 비난한다. 예를 들어, 미해결의 유신론Open theism은 하나님도 미래에 대해 정확히 알지는 못하신다고 주장한다. 그것은 신적 통치권의 진리를 축소시키며, 그리스도의 주 되심에 대한 완전한 기초를 훼손시킨다.

그리스도의 통치권과 교회에 대한 영적인 머리 되심을 공식적으로 인정하면서도, 실제로 그분의 통치를 따르는 것을 방해하는 자들이 있다. 어떻게 이러한 일이 이루어지는가의 단 하나의 실례를 보여 주기 위해서, 많은 교회들이 죄와 성화에 관한 성경의 가르침을 대신하는 여러 형태의 인간 심리학과 자력 치료, 그리고 '회복'의 사상을 마련했다. 따라서 교회에 대한 그리스도의 머리 되심은 전문적인 치료사들에게 밀려나 버렸다. 그러나 성화를 위한 그리스도의 계획은 오직 하나님의 말씀을 수단으로 해서 이루어진다(요 15:3, 17:17). 그래서 하나님의 말씀의 역사가 있는 곳이면 어디든 12단계의 프로그램과 기타 대체물로 대치되곤 한다.

게다가 평판 좋은 기업가형 교회 지도력 목회자가 그리스도의 양들을 위한 신실한 목자가 되기보다는 회사의 최고 경영자(CEO)의 역할로 자신의 배역을 정하는은 **교회**

에 대한 그리스도의 머리 되심을 훼손한다. 그 같은 기업들을 교회라 부를 수는 있겠지만, 흔히 그들은 단순히 인간 재능과 육적 에너지의 결과물에 불과하다. 이런 기업들은 영원을 위해서 아무 유익이 없다. 단지 그들을 그리스도의 심판대에서 불태워짐이 정해진, 고린도전서 3장 12절 말씀에 나오는 '나무와 풀과 짚'의 공력에 불과하다. 주님은 참교회를 건축하고 계시고(마 16:18), 홀로 그 교회의 머리가 되신다(엡 5:23). 그분의 법은 기업가형의 지도자들의 유능함이나 근면함을 통해서가 아니라, 바르게 설교하고, 설명하고 적용하고 확정한 그분의 계시의 진리를 통해서만 조정할 수 있다.

슬프게도, 거의 모든 현대 복음주의 운동에서 교회에 대한 그리스도의 머리 되심을 반박한다. 교회를 제대로 이해하는 것은 이러한 인식으로부터 출발한다. 그리스도는 교회의 하나밖에 없는 진실된 머리이시고, 그분의 머리 되심을 해치는 것은 무엇이든 그 속에 배교의 씨앗이 들어 있다. 바꾸어 말하면, 배교의 모든 형태는 "홀로 하나이신 주재 곧 우리 주 예수 그리스도"(유 4)에 대해 부인하는 것이며, 따라서 그것은 교회의 하나밖에 없는 진실된 머리에 대한 반역이다.

머리가 의미하는 바는 무엇인가?

머리 되심의 성경적 개념에는 어떤 의미가 들어 있을까? 머리 되심은 복음주의 여권주의자들 덕에 요즘 아주 논란이 되는 개념이다. 과거 20년 이상이나, 신약성경을 남녀평등주의적 관점으로 이해하려는 자들은 "남편이 아내의 머리됨이 그리스도께서 교회의 머리 됨과 같음이니"라는 에베소서 5장 23절의 분명한 의미를 해결해야 했다. 그래서 그들은 머리 되심의 개념으로부터 지도력과 권위라는 개념을 벗겨 내기 위한 색다른 방법을 시도했다.

결혼 관계에서 머리로서의 남편의 역할이 아내에 대한 어떤 권위를 포함하는 것이라면, 성별에 대한 여권주의자와 남녀평등적인 접근은 성경적으로 불가능하다. 그러므로 오랫동안 복음주의 여권주의자들은 에베소서 5장 23절에 나오는 '머리' 라는 말이 '근원' source이란 의미에 지나지 않는다고 주장해 왔다.[5] 그들은 그것이 아내를 사랑하는 보호자로서의 남편을 의미할 뿐, 아내에 대해 남편의 지도력이라는 책임까지는 없다고 본다. 그들은 남편이나 아내가 상대방에 대해 어떤 권위도 가지지 않는, 절대적으로 동등한 동반자의 입장이라고 주장한다.

그러나 그리스도의 머리 되심이 에베소서 5장에 나오는 남편의 머리 되심과 아주 긴밀한 관계가 있어서, 만일 남편의 역할이 권위를 상실한다면 그리스도의 권위도 똑같이 줄어든다. 고린도전서 11장 3절에서, 바울은 머리 되심의 개념을 삼위일체 안에 있는 성부와 성자 사이의 권위와 복종의 관계에 연결시킨다. "나는 너희가 알기를 원하노니 각 남자의 머리는 그리스도요 여자의 머리는 남자요 그리스도의 머리는 하나님이시라." 그래서 같은 식으로 그리스도는 자신을 아버지의 뜻에 자발적으로 복종시키셨고(요 6:38), 아내들은 남편들에게 복종하고, 교회는 그리스도에게 복종하라고 명령을 한 것이다(엡 5:24).

머리 되심이 지도력이나 권위의 개념을 갖고 있지 않다는 생각은 언어학적으로 전혀 지지를 받지 못하고 있다. 에베소서 5장에서 '머리'로 번역한 헬라어는 케팔레kephale이다. 1985년 웨인 그루뎀Wayne Grudem 박사는 고대 헬라문학에서 그 단어와 용례에 관해 철저히 연구했다. 그루뎀 박사는 기원전 8세기의 호머Homer로부터 시작해서 4세기 교회 교부들에 이르기까지 그 단어의 2,336개의 빈도수를 조사했다. 그루뎀은 그 단어를 사람에게 사용할 때마다 단순히 몸의 일부분인 두개골의 의미가 아니라 항상 권위의 위치에 있는 누군가에 대해서 말한다는 사실을 알아냈다. 현존하는 헬라문학 어디에도 그 단어가 권위의 개념 없이 '근원'을 의미했던 적은 결코 찾아볼 수 없다.[5]

그와 같이 교회의 머리로서의 예수님의 역할은 모든 것에 대한 주님으로서의 그분의 지위와 분리될 수 없다(빌 2:9-11). 바울은 에베소 교인들에게 다음과 같이 말했다. "그 능력이 그리스도 안에서 역사하사 죽은 자들 가운데서 다시 살리시고 하늘에서 자기 오른편에 앉히사 모든 정사와 권세와 능력과 주관하는 자와 이 세상뿐 아니라 오는 세상에 일컫는 모든 이름 위에 뛰어나게 하시고 또 만물을 그 발 아래 복종하게 하시고 그를 만물 위에 교회의 머리로 주셨느니라"(엡 1:20-22).

그래서 그리스도는 "만물 위의 머리"로 교회에 주신 분이시다. 혹은 다른 역본으로 22절은 이렇게 번역한다. "하나님이 만물을 그 발아래 두시고 그를 교회를 위하여 만물 위에 머리로 지명하셨느니라"NIV. 그리스도가 만유의 주라는 것은 교회를 위한 것이다. 그리고 그것은 바로 그 지위에서 그리스도가 교회의 진실되고 주권적인 지도자로 주어진 것을 의미한다. 머리 되심을 권위의 개념을 없애려는 방식으로 해석하는 것은 참의미의 개념을 허사로 만드는 일이다.

누가 그리스도를 머리로 만드셨나?

에베소서 1장은 교회에 대한 그리스도의 머리 되심이 그분의 아버지가 의도하신 영원한 목적의 중심에 있다는 사실을 명백히 한다. 성부 하나님은 모든 창조의 주님으로서 당신의 아들을 높이실 방법으로 구속의 완전한 것을 계획하고 조화롭게 주관하셨다. 우주 안에서 하나님이 행하시는 모든 것은 그리스도를 만물 위의 주로 만드시고 교회를 사랑하는 머리가 되시도록 '주님으로' 그분을 세우신 것을 말한다.

바울이 묘사하듯이, 하나님이 선택하시는 목적과 모든 구원의 행위와 그리스도의 부활과 그분의 육체적 몸이 영화롭게 됨, 그리고 하나님의 오른손에 대한 그분의 최종적인 높이심, 만물이 그분의 발 아래 놓이고, 만물의 주로서의 그분의 능력으로, 그리스도는 교회의 머리이며 교회는 그분의 몸과 신부이다.

바울이 만물 위의 최고와 최상의 주로서의 그리스도의 권위를 강조하는 다양한 방식에 주목하라. 바울은 하나님이 "하늘에서 자기의 오른편에 앉히사 모든 정사와 권세와 능력과 주관하는 자와 이 세상뿐 아니라 오는 세상에 일컫는 모든 이름 위에 뛰어나게 하시고"(엡 1:20-21), 그 권위는 "이 세상뿐 아니라 오는 세상에"(엡 1:21) 적용시킨다. 그 권위는 모든 의미에서 절대적인 주권이다. 만물을 그리스도의 발 아래 두실(엡 1:22) 뿐 아니라, 또한 "만물 안에서 만물을 충만케 하신다"(엡 1:23).

그래서 그리스도의 머리는 성부 하나님 자신에 의해 모든 우주에 있는 완성된 권위가 되도록 정하신 것이다. 이것은 하나님의 독생자를 위한 아버지의 영원한 사랑의 궁극적 표현이다. 하나님은 교회의 머리로 미가엘이나 가브리엘 같은 천사장을 주지 않으셨다. 하나님은 교회의 머리 되심을 조정하기 위해 지상의 제사장직을 만들지 않으셨다. 성부 하나님 자신의 명령에 의해 하나님만이 교회의 머리이시고, 다른 모든 것들은 그분 앞에 무릎을 꿇어야 한다.

골로새서 1장 8절은 교회에 대한 그리스도의 머리 되심에 관한 주로서의 그리스도의 권위에 대한 관계의 모든 질문을 해결한다. 거기서 바울은 말한다. "그는 몸인 교회의 머리라 그가 근본이요 죽은 자들 가운데서 먼저 나신 자니 이는 친히 만물의 으뜸이 되려 하심이요."

첫째 장소는 그리스도에게 속한다. 하나님의 백성이 그를 주로 복종하는 곳인 교회에서보다 그것이 더 진실되고 명백할 곳이 어디 있겠는가? 그리스도는 유일하게 교회의 적당하고 합당하신 머리이시다. 어떤 왕도 교황도, 그리고 어떤 정치가도 그 직위를 방해하거나 차지할 권한이 없다.

그것은 또한 지상 교회의 지도자들이 목자장을 섬겨야 하는 작은 목자들임을 의미한다. 그 누구도 자기 교리를 만들어 내고, 자신이 높임을 받을 안건을 제안하며, 혹은 교회가 이래야만 한다고 자신만의 새로운 사상을 개발할 특권을 갖고 있지 않다. 그리스도만이 교회의 진정한 머리가 되시고, 그분의 권위를 인정하고 무조건적으로 그 권위에 절하는 자만이 그분의 양떼에 대해 작은 목자로서 섬길 진정한 권한을 가진다. 그 밖의 나머지는 사나운 이리들이다.

골로새서 2장 19절에 대한 주석에서, 존 칼빈John Calvin은 이 모든 요지를 다음과 같이 요약했다. "누구든 그리스도께로가 아닌 다른 곳으로 우리를 이끈다면, 비록 다른 점에서 그가 하늘과 땅만큼 크다 하더라도 그는 헛된 바람일 뿐이다. 그러므로 미련 없이 그와 작별하라. 몸의 구성원이 필요한 모든 것을 공급하는 머리가 최고의 권위를 갖고 있다면, 몸의 골격은 늘 바른 상태를 유지할 것이다."[6]

배교자들과 거짓 선생들은 실제로 자신들이 자기네의 주인이라고 생각한다. 그들은 불신자들에게 더 잘 먹혀 들어가도록 복음을 고치거나 누그러뜨린다(고전 1:22-25). 이런 모습을 통해 그들의 잘못된 시각을 알 수 있다. 그들은 하나님보다는 사람들의 승인을 바라면서 그것을 보여 준다(갈 1:10). 그들은 그것이 세상을 좀더 기쁘게 해 주도록 하기 위해 교회를 고쳐 나감으로써 복음을 선포한다(요 15:18-19). 그 같은 모든 경향들은 교회 안에서 성경의 권위를 효과적으로 무효화시키며, 어떤 의미에서 그들은 "홀로 하나이신 주재 곧 우리 주 예수 그리스도를 부인"한다(유 4).

절대 과장이 아니다. 요즘 복음주의자들은 모두 이런 접근 방법을 목회에 이용한다. 그러므로 복음주의 운동이 더 계속되지 않도록 우리는 진리를 위한 전쟁에 발 벗고 나서야 한다. 이 싸움의 출발점은, 교회에서 다시 한 번 그리스도께 합당한 지위를 내어 드리는 것이다.

The Truth War

4부 우리의 전략

배교의 시대에 어떻게 살아남을 것인가?

너희가 본래 범사를 알았으나 내가 너희로 다시 생각나게 하고자 하노라 (유 5).

왜 그토록 많은 복음주의자들이 교회 안에 있는 이 시대의 거짓 선생들을 위협적인 존재로 보지 않는가? 정말 엄청난 수의 사람들이 "부자라 부요하여 부족한 것이 없다"라고 확신하고 있는 것 같다.—"하나네 곤고한 것과 가련한 것과 가난한 것과 눈 먼 것과 벌거벗은 것을 알지 못하도다"(계 3:17)는 아닌가?

실제로 현대 교회는 교회사의 다른 어떤 세대보다 거짓 선생들과 교리적 파괴 활동가들, 그리고 영적인 폭력주의에 더 취약한 실정이다. 교회 안에서 성경에 대한 무지가 종교개혁 이후 다른 어떤 때보다 더 깊이 확대되어 가고 있다. 믿기 어렵다면, 1850년 이전의 탁월한 복음주의 설교자들이 책으로 펴낸 설교와 오늘날의 전형적인 설교를 무작위로 골라서 한 번 비교해 보라. 또 백 년 전 복음주의 출판사들이 출판한 것 가운데 아무거나 골라 오늘날의 기독교 문학 작품과 비교해 보라.

사람을 위해 설교하지 말라

오늘날은 성경을 이해하기 쉽게 간단 명료화시키고, 가능한 한 광범위하고 피상적인 것으로 만들고, 아주 쉽게 하고 가장 낮은 공통분모에 적응시켜 왔다. 그런 다음 주의력이 짧은 사람들의 흥미를 끌 수 있도록 맞추어 왔다. 설교는 항상 간략하고 단순하며, 가능한 한 많은 통속 문화 자료들을 갖다 입히고 일화나 예화로 포장했다. 개인 경험에서 나온 농담이나 재미있는 이야기들을 성경 자체에서 인용한 관주나 비유보다 더 좋아한다. 대표적인 주제 설교는 성경에서 그리스도를 높이는 많은 교훈적인 주제들을 배제한 채, 인간관계나 성공적인 삶이나 자존심이나 방법론 등 인간 중심의 문제를 더 선호한다.

대부분의 현대 설교가들이 행하는 설교는, 사실상 바울이 "하나님의 뜻을 다 전하기"(행 20:27)로 했다고 말했을 때 묘사하던 것과 정반대인 것이다. 바울이 가장 타락한 로마 문화에 있던 비기독교 이방인들 사이에서조차 복음 사역에 대한 자신의 접근을 어떻게 설명했는지 알아보자.

형제들아 내가 너희에게 나아가 하나님의 증거를 전할 때에 말과 지혜의 아름다운 것으로 아니하였나니 내가 너희 중에서 예수 그리스도와 그의 십자가에 못 박히신 것 외에는 아무것도 알지 아니하기로 작정하였음이라 내가 너희 가운데 거할 때에 약하며 두려워하며 심히 떨었노라 내 말과 내 전도함이 지혜의 권하는 말로 하지 아니하고 다만 성령의 나타남과 능력으로 하여 너희 믿음이 사람의 지혜에 있지 아니하고 다만 하나님의 능력에 있게 하려 하였노라(고전 2:1-5).

바울이 자신의 메시지를 누구에게 맞추거나 자신의 전달을 고린도의 철학적 경향이나 사회적 취향에 맞게 변경하기를 일부러 거절했음에 주목하라. 바울은 고린도 서신에서 이렇게 말한다. "유대인들에게는 내가 유대인과 같이 된 것은 …… 율법 없는 자에게는 …… 율법 없는 자와 같이 된 것은 …… 약한 자들에게는 내가 약한 자와 같이 된 것은 약한 자들을 얻고자 함이요 여러 사람에게 내가 여러 모양이 된 것은 아무쪼록 몇몇 사람들을 구원코자 함이니"(고전 9:20-22).

그가 자신을 얼마나 모든 사람(고전 9:19)과 자신이 복음을 전하고자 하는 동료들의 종으로 삼았는지에 대해 잘 보여 준다. 바울은 여러 사람들에게 여러 모양으로 맞춤으로써 자신이 걸림돌이 되는 것을 피했다. 그렇다고 바울은 세상 문화의 취향에 맞추기 위한 방법을 동원하지 않았다.

바울은 특정 세대의 편애에 영합할 생각이 없었으며, 남들의 이목을 끌기 위한 어떤 장치도 사용하지 않았다. 바울은 하나님의 말씀만이 생활과 마음을 새롭게 할 수 있음에 대해서 모든 사람들고린도 개종자들을 포함하여에게 확실히 하기를 원했다.

대조적으로 오늘의 교회 성장 전문가들은 성경의 능력에 자신감이 없다. 이들은 복음을 '상황화하고', 현대풍으로 만들고, 그리고 모든 세대에 맞게 새로이 고쳐야 한다고 확신한다. 그러한 접근 40년의 결과는 총체적으로, 성경을 가르치지 않고, 진리를 지키라는 설교도 하지 않으며, 상황이 얼마나 많이 위태로운가에 대해서도 전혀 알지 못하는 복음주의자들을 양산하고 말았다. 복음주의 운동 자체는 기형 monstrosity이 되어 버렸다. 복음주의의 상당한 크기와 선명도는 그것의 거의 완전한 영적인 실패를 잘못 전하고 있다. 한 가지만큼은 확실하다. 오늘 대부분의 사람들이 '복음주의적'이라는 명칭을 갖다 붙이는 그 성가신 운동은 진리 전쟁에서 나쁜 편에 속한 사람들이 많이 북적대고 있다는 것이다.

우리는 근대주의자들이 기독교의 신앙을 바쁘게 수정해 나가던 백 년 전의 교회가 경험했던 것과 같은 상황 속으로 되돌아가고 있다. 진리를 지키기 위해 강한 목소리를 내고, 강력한 힘을 모으기는 커녕, 복음주의 운동 자체가 싸움터로 변해버렸다.

더군다나 복음주의 운동을 지배하기 시작한 포스트모더니스트들은 1세기 전과 똑같은 전략을 사용하고 있다. 그들은 예전과 별반 다름없는 변형된 교리를 주장한다. 1세기 전 근대주의자들이 주류 교파를 장악했을 때 사용했던 것과 똑같은 주장들 말이다.

꽤 심각하고 교리적인 예를 하나 들자면, 자신들의 메시지들을 포스트모던 감각에 맞춰야 한다고 주장하는 복음주의자들이 최근 대속의 원리를 공격하기 시작했다. 근대주의자들도 항상 대속의 원리를 공격했다. 그러나 성경은 분명하다. 그리스도는 우리를 대신해 큰 형벌을 받으셨고(고후 5:21; 히 9:27-28; 벧전 3:18) 죄인들을 위한 대속물로 십자가의 고난을 당하셨다(사 53:4-10). 그리스도의 죽음은 화목이나 믿는 자들을 대표한 죄에 대한 하나님의 분노의 속죄였다(롬 3:25; 히 2:17; 요일 2:2; 4:10).

그러나 최근 그러한 생각이 하나님을 가혹하고 야만스럽게 만든다고 강하게 비판하는 사람들이 나타났다. 사실상 그들은 십자가에서 수치와 고통을 제거하자는 것이다. 단지 그들의 취향에 너무 잔인하다고 느껴지기 때문이다. 어떤 영향력있는 저자는 대속의 원리를 '왜곡되고', '도덕적으로 용납할 수 없으며', '포괄적인 어린이 학대의 한 형태'라고 주장했다.[1]

역사는 이런 주장을 하는 여러 운동들에 대해서 어떤 교훈을 주는가? 로스엔젤레스 타임즈의 특집란에 그 질문에 대한 명백한 답이 실려 있어 놀란 적이 있다.

미국 가톨릭의 큰 분파뿐 아니라 모든 개신교 주류 종파의 지도부가 포용한 자유주의 기독교는 40년간이나 기독교회의 미래로서 지지자들로부터 환호를 받아 왔다. 대신 이제는 다수의 보수주의자들이 인정하듯이, 교리를 흐릿하게 하고 도덕적인 교훈들을 부드럽게 한 교회 내에 있는 모든 주류 교회들과 운동들이 인구 통계학적으로 하향세를 보이고 있고, 심지어 성공회the Episcopal Church의 경우에는 붕괴 현상까지 나타나고 있다.[2]

기사는 2006년 여름에 있었던 교파 회의에서 세계 앵글리칸 협회가 동성애자인 주교를 세운 결정에 대해 회개를 요청하자 성공회 연합이 거절한 이야기를 자세히 싣고 있다. 그러한 결정에 대한 재고려를 거절한 성공회는 한 발 더 나아가, 동성 연합을 공개적으로 축복하고 가장 급진적인 여권주의 신학적 주제를 수용하고, 그리스도를 '우리의 어머니 예수'로 호칭한 대중기도를 이끌었던 한 여성을 자기네 회장 주교로 선임했다.[3]

사실상 같은 주 미국 장로교USA는 삼위의 위격에 대한 다음의 대안적 명칭을 승인했다. 성부, 성자, 그리고 성령 대신 '어머니, 아이, 그리고 자궁' 혹은 '바위, 구속자, 그리고 친구'로 말이다.[4]

그러나 근대주의와 자유주의 신학을 받아들인 이 교파들은 지금 급격히 쇠퇴의 길을 걷고 있다. 사실 더 빨리 진행되어야 했을 일이다. 그리고 삼위일체의 이름을 새로 바꾸는 투표를 하기 일주일 전, 미국의 장로교USA 총회는 자신들의 고용인들 가운데 75명을 해고하고, 9백만 달러가 넘는 예산감축 계획을 발표했다.[5] 결국, 근대주의자들을 받아들인 모든 교파들은 똑같은 결과를 맞이할 것이다. 근대주의는 분명히 실패했다.

그러나 진리를 대적하는 전쟁은 조금도 줄지 않았다. 현대주의자들의 영향에 대적해 오랫동안 싸워 온 성경 교리와 복음주의 원리의 승리를 축하해야 할 그때에, 복음주의의 큰 분파들이 다른 움직임을 보인 것이다. 바로 대안으로 포스트모더니즘의 예식법을 채택하는 일이 벌어졌고, 그래서 우리 영적 선조들이 근대주의에 대적할 때 맞서 왔던 똑같은 위험한 교리적 타협이 부활하고 만 것이다.

똑같은 잘못을 다시 저지르지 말라

1993년 초기, 근대주의와 '구도자 민감형의' 목회 철학 사이의 밀접한 비교에 관한 글을 쓴 적이 있다.[6] 복음주의 실용주의의 믿을 수 없는 하락세와 19세기 후반 근대주의의 악명 높은 '정통성의 추락'을 비교했다. 교회의 증언과 영향의 희생 아래, 자기 시대의 복음주의들이 주로 찰스 스펄전의 초기 경고를 어떻게 무시했는지도 예를 들어 설명했다.

14년 뒤 그 제목으로 책을 출판했는데, 그전에 썼던 내용의 단어 하나도 바꾸지 않았다. 나의 증조부 시대의 주류 교파 교회들이 선택한 길과 오늘날 복음주의 운동이 재빠르게 내려가는 지름길은 묘하다고 할 정도로 비슷하다. 다른 것이 있다면, 오늘날의 상황이 몇 배로 더 불안하고 심각하다는 것뿐이다. 이것은 교리적 쇠퇴에 대한 무관심이 이제 더욱 만연되어 있고 더 깊이 뿌리 박혀 있기 때문이다.

오늘날 헤아릴 수 없이 많은 거짓 선생들이 이미 복음주의 운동 안에서 교회 안에 기반을 닦아 놓았다. 또한 복음주의자들 스스로 분별력 있게 실천하기를 싫어하거나, 혹은 자기네 운동 내부에서 가르친 어떤 것에 대해 질문하거나 도전하기를 싫어한다. 그리고 많은 지도적 위치에 있는 복음주의자들은 신학의 어떤 교리나 문제도 힘써 싸울 가치가 없다고 결론지었다. 우리가 오늘날 말하는 복음주의 운동은 이미 죽었다. 20세기 초기에 주류 교파들이 보수적인 의견들을 갖고 있는 사람들을 공식적으로 출교시켰던 상황과 건전한 복음주의자들이 그러한 교파들에게서 적극적으로 빠져나오기 시작한 상황이 너무도 비슷하다.

불행히도 복음주의 운동은 무조직인 것이 그 특징이다. 그 결과 복음주의 운동을 그 같은 기형으로 만들고 말았다. '회원 자격'도 없고, 축출을 위한 장치도 없고, 거짓 선생들을 다루는 분명한 과정도 없다. 누구나 자신을 복음주의자로 선언할 수 있고, 선생으로 만들 수 있다. 그리고 이것이 거짓이라고 누가 말하겠는가?

오늘날 교회들은 가끔 교리적으로나 개인적으로 교회 지도자로서의 자격이 없는 사람들을 세우고 있다. 선임들이나 상급자들의 평가도 전혀 받지 않는다. 기업가적인 수완은 뛰어난데 성경 주해 실력이 빈약한 자들이 대형 교회를 만들어 왔다. 이들이 자신들을 모방했으므로, 복음주의 운동은 전적으로 목회할 준비가 되어 있지 않고, 교리적으로 말할 때 분별력이 없는 목회자들로 가득 차 있다. 교세 확장을 성공과 신적 축복의 증거로 보거나, 세심한 교리적 가르침이 실제 교회 성장의 적이라고 확신하는 지도자들이 오늘날 복음주의를 이끌어 가고 있다.

복음주의 운동이 성경적 특수성의 핵심에 헌신적으로 머물러 있을 때는 거짓 선생들이 그러한 영향력을 방해하기가 쉽지 않았다. 그러나 현재 복음주의 운동 내부에 있는 사람들이 한때 복음주의의 위치를 정의했던 그 교리 자체에 도전하고 있다. 복음주의자들 사이에서도 의견이 점점 갈라지고, 모든 경계들은 조직적으로 와해되고 있다.

신실한 자들이여, 진리 전쟁에 나서라!

신실한 남은 자들이 자신의 신앙의 방향을 새로이 설정하고, 신앙을 위해 힘써 싸우면서 진리 전쟁에서 우리의 힘을 더해야 할 때가 되었다. 선한 싸움을 싸우라는 성경의 모든 명령에 비추어 볼 때, 포스트 모던 세대에 그리스도인이 그 의무를 회피하는 것은 철없는 위반에 해당한다.

서구는 개방과 인내와 자유와 허용을 좋아한다. 물론 어떤 면에서는 충분히 이해할 수 있는 일이다. 왜냐하면 모든 문명화된 사회에서 나름대로의 중요한 자리를 잡고 있는 가치들 안에는 진정한 인식이 포함되어 있기 때문이다. 그러나 도덕적 가치를 버리고 무법의 테러리스트들을 혼란과 변화하는 상황 속으로 던져 버리라. 테러리스트들은 어떤 법에도 굴복하지 않는다. 그들은 실제의 자신과는 달리 보이게 하며, 자유 사회와 뒤섞음으로써 자신들을 숨긴다. 또 테러리스트들은 자신들에게 그 같은 자유를 허용하는 사회의 기초를 공격할 수 있는 장소로 접근하기 위해서 사회 개방을 이용하기도 한다.

대체로 서구 사회는 스스로를 방어할 수 있는 경계벽을 세우지 않는다. 미국도 여전히 찾아오는 모든 사람에게 개방적이고, 여러 유럽 사회는 테러리스트들의 위협에 대비한 군사적 대응을 반대한다. 포스트모던의 가치와 정치적 공정성은 미심쩍은 사람들의 대화를 추적하고 감시하는 일과 불법 체류자를 표적으로 삼는 일, 그리고 테러리스트들의 신원 파악에 도움을 줄 다른 수단들을 배제한다. 미디어 분석가들은 폭력주의의 뿌리가 특별한 문화나 종교와 관련 있다고 말하는 것을 피하기 위하여 갖은 수의 지적인 수사를 이용한다. "누가 다른 문화에 대하여 비판할 수 있으며, 누가 그들의 가치관이나 삶의 방식에 변화가 필요하다고 말할 수 있나?"

복음주의 운동도 비슷하게 철없이 흘러간다. 영적 테러리스트들은 교회를 파괴할 음모를 꾸미고 있다. 성경은 분명히 이것에 대해서 우리에게 경고한다. 그러나 최근 수십 년 동안 복음주의자들은 배교자들을 억제하거나 그들을 노출시키는 일을 등한시했다. 거짓 선생들은 그 경계에서 더 이상 멈추지 않았다. 가장 악명 높은 배교자들은 이제 복음주의 운동 내에서 거침없이 자유를 만끽하고 있다. 배교자들은 방해받지 않은 채 복음주의 교회와 교파와 기독교 학교와 신학교에 침투했다. 배교자들은 인터넷 자료를 사용하고, 기독교 라디오 방송에서 대담하고, 복음주의 독자들을 명백히 겨냥한 책들을 저술한다.

성경은 신자들에게 영적인 테러주의의 위협을 가벼이 보아서는 안 된다고 분명히 경고한다. 위험을 보고도 못 본 체해서는 안 된다. 열매 없는 어두움의 일에 참예하지 말고, 도리어 노출시켜야 한다(엡 5:11). 우리가 모든 것을 수용하면 반드시 거짓 선생들이 침투해 파괴해 버린다. 유다는 다음과 같이 우리에게 호소한다.

"사랑하는 자들아 너희는 우리 주 예수 그리스도의 사도들의 미리 한 말을 기억하라 그들이 너희에게 말하기를 마지막 때에 자기의 경건치 않은 정욕대로 행하며 기롱하는 자들이 있으리라 하였나니 이 사람들은 당을 짓는 자며 육에 속한 자며 성령은 없는 자니라

사랑하는 자들아 너희는 너희의 지극히 거룩한 믿음 위에 자기를 건축하며 성령으로 기도하며 하나님의 사랑 안에서 자기를 지키며 영생에 이르도록 우리 주 예수 그리스도의 긍휼을 기다리라 어떤 의심하는 자들을 긍휼히 여

기라 또 어떤 자를 불에서 끌어내어 구원하라 또 어떤 자를 그 육체로 더럽힌 옷이라도 싫어하여 두려움으로 긍휼히 여기라(유 1:17-23).

미리 하신 말씀을 기억하라

유다는 자기 독자들에게 미리 한 말을 기억하라고 촉구한다. 유다는 베드로후서 3장 3절 말씀을 정확히 인용했다. 분명히 그것은 유다가 언급한 예언이다.

여기에 문제의 요지가 있다. 유다는 하나님이 주권자이시고 여전히 통치를 하고 계심을 다시 한 번 강조한다. 유다는, 거짓 선생들이 교회에 들어온 것을 보고 자기 독자들이 하나님의 계획이 실패로 돌아갔다고 생각할까 봐 그것은 옳지 않다고 다시 상기시킨다. 하나님이 말씀으로 미리 알려 주셨듯이 하나님은 이런 일들로 놀라실 분이 아니시다. 어떤 상황에 처하더라도 하나님이 미리 알려 주시지 않은 일은 결코 일어나지 않는다.

우리의 의무는 올바로 대응하는 것이다. 거짓 선생들이 교회에 출현할 때 놀라지 말아야 함은 물론, 앞으로 일어날 일을 예상하고 준비해야 한다. 그것은 긴 전쟁을 알리는 경고장이다. 믿을 만한 소식통이 테러리스트들이 오고 있다고 알려 준다면, 그들이 누구인지 찾아서 해를 끼치기 전에 노출시키는 것이 우리가 해야 할 의무이다.

오늘의 복음주의자들은 자신들이 경계하지 않는 것을 전혀 부끄러워하지 않는다. 하지만 예수께서 적그리스도와 거짓 선지자들을 조심하라고 명하시지 않으셨는가? 사도 시대는 양의 옷을 입은 이리들의 실례로 가득 차 있지 않는가? 교회사에는 이외에도 더 많은 일들이 가득하다. 그런데도 오늘날 교회는 그 같은 경고에 어쩜 이리도 무심할 수 있는지 모르겠다. 악하고 의도적인 불신 외에는 적절한 답이 없을 것이다.

하늘에 있는 것에 마음을 두라!

배교에 대해 우리가 대응해야 할 두 번째 방법은 신실하게 머물러 있는 것이다. 우리는 믿음 안에서 서로 세우고, 영적인 안정을 유지해야 한다. 무엇보다 진리에 헌신적으로 머물러 있어야 한다.

유다는 이 원칙의 네 가지 모습을 포함한다. 첫째로, 그는 우리가 "지극히 거룩한 믿음 위에 자기를 건축함으로써" 신실하게 머물러 있어야 한다고 말한다. 또한 유다는 우리가 하나님의 말씀으로 서로 세워야 한다고 권한다. "지극히 거룩한 믿음"이라는 구절은 건전한 교리 혹은 성경에 계시된 대로의 진리에 대한 올바른 이해를 의미한다. 그 위에 자신을 건축하라고 유다는 말한다. 베드로는 그것을 다음과 같은 식으로 말했다. "그러므로 사랑하는 자들아 너희가 이것을 미리 알았은즉 무법한 자들의 미혹에 이끌려 너희 굳센 데서 떨어질까 삼가라 오직 우리 주 곧 구주 예수 그리스도의 은혜와 저를 아는 지식에서 자라가라 영광이 이제와 영원한 날까지 저에게 있을지어다"(벧후 3:17-18).

강하라. 성숙하라. 이것은 말씀을 연구하는 영적인 훈련으로 부르심이다.

둘째로, "성령 안에서 기도함으로써" 영적으로 안정되고 편안한 마음을 유지하라는 것이다. 하나님의 성령과 항상 교제하고, 성령의 능력과 의지로 하나님 앞에 서서 하나님을 의존하는 자신의 모습을 입증하고, 하나님의 보호와 은혜와 통찰력과 힘을 받을 수 있도록 부르짖으라. 신실한 삶은 연구와 기도의 영적 훈련을 수단으로 해서 꾸준히 지속된다.

셋째로, 유다는 "하나님의 사랑 안에서 자기를 지키라"(유 21)고 말한다. 순종하라는 이야기이다. 예수께서 말씀하셨다. "나의 계명을 가지고 지키는 자라야 나를 사랑하는 자니 나를 사랑하는 자는 내 아버지께 사랑을 받을 것이요 나도 그를 사랑하여 그에게 나를 나타내리라"(요 14:21). 또 제자들에게 이렇게 말씀하셨다. "내가 아버지의 계명을 지켜 그의 사랑 안에 거하는 것같이 너희도 내 계명을 지키면 내 사랑 안에 거하리라"(요 15:9-10).

유다서 21절은 순종을 위한 부르심을 모방한 것이다.

마지막으로, 유다는 계속해서 "영생에 이르도록 우리 주 예수 그리스도의 긍휼을 기다리라"(유 21)고 말한다. 그것은 그리스도의 재림에 대한 간절한 기대를 말한다.

이 네 가지 것들은 이 세상 것에 마음을 두지 말고 오직 하늘에 있는 것들에 마음을 두라고 상기시킨다(골 3:2). 그것은 배교의 시대에 살아남을 수 있는 유일한 비결이다. 영원한 것만이 참으로 중요하며, 또한 그것은 우리의 관심과 정력을 매혹시키는 그 어떤 땅의 것들보다 중요한 진리를 갖고 있다.

긍휼히 여겨 가까이 하라

유다는 배교의 시대에 어떻게 대응해야 하는지 방법을 언급한다. '접촉'이다. 교회 안에는 속이는 자들뿐 아니라, 속임을 당하는 자들도 많다. 이 책 초반에서 다루었듯이, 진리 전쟁에서 우리의 의무는 거짓 선생들을 대적할 뿐 아니라, 그들로 인해 잘못된 길에 빠진 자들을 구원하는 것이다.

유다가 사용하는 언어는 그림같이 아주 생생하다. "어떤 의심하는 자들을 긍휼히 여기라 또 어떤 자를 불에서 끌어내어 구원하라 또 어떤 자를 그 육체로 더럽힌 옷이라도 싫어하여 두려움으로 긍휼히 여기라"(유 22-23). 유다의 말에서 극도의 긴급함과 진지함이 묻어난다. 그만큼 유다는 하나님이 배교에 대해서 어떻게 생각하시는지 생생한 용어를 사용해 정확히 표현한다.

혼란에 빠진 사람들을 구하라

유다는 배교에 영향을 받은 세 종류의 사람을 묘사한다. 첫 번째 그룹은 혼란에 빠진 사람들이다. 그들은 의심이 많고, 거짓 가르침에 취약하다. 거짓된 가르침이 진리에 대한 그들의 확신을 흔든 것이다. 하지만 그들은 아직 거짓 사상에 헌신하지 않고 그저 의심할 뿐이다. 하지만 아직 어리든지 영적으로 약하든지 간에 그들은 참신자일 수 있다. 그러나 어떤 식으로든 거짓 선생들에게 노출되었다는 것은 그들의 믿음이 취약하다는 것을 드러낸 것이다.

유다는 그들을 불쌍히 여기라고 말한다. 약하고 흔들린다는 이유로 그들을 실패한 자로 간주해서는 안 된다. 그들은 분별력이 부족해 모든 선생들에게 무조건 마음을 열었고 혼란에 빠졌다. 그들에게 필요한 것은 진리인데, 진리가 아닌 다른 모든 것들이 먼저 마음을 뚫고 들어온 것이다. 그리고 안타깝게도 그것들에 속고 있다.

오늘날 교회들은 이런 자들로 꽉 차 있다. 그들은 이 교회에서 저 교회로 떠돌아다닌다. 진리를 듣고 있는지에 관한 물음보다 어떤 음악을 좋아하느냐에 더 관심이 많다. 대개 이기적인 이유로 종교에 몰두한다. 좀더 나은 삶을 바라고, 교제를 찾아 "회복을 원하는" 죄인들이다. 따라서 그들은 자기네 감정적 '필요'를 채워 주려는 누구에게나 다 취약하다. 그렇다 보니 거짓 종교의 가장 손쉬운 희생자들이 되고 만다.

그럼에도 그들을 실패한 자로 간주하거나 거절하지 말라. 그들을 불쌍히 여기라. 그들에게 필요한 것은 복음의 자비이다. 일단 그들이 그 진리를 붙잡기만 하면, 진리를 분별할 수 있는 기반이 마련될 것이고, 마침내 혼란의 끝없는 순환은 멈출 것이다.

거짓 교리를 확신하는 사람들을 구하라

두 번째 그룹은 확신한 사람들이다. 이들은 좀더 어려운 문제로 시달린다. 유다는 이런 자들을 불 속에서 끄집어내야 한다고 말한다. 유다는 배교를 뜨겁고 파괴적이고 죽음을 가져올 가능성이 있는 화재로 설명한다. 그러므로 그들은 이미 불 속에 들어가 있는 것이다. 그만큼 우리는 그들을 구원하는 일에 더 긴급하고 강력하게 나서야 한다.

이 사람들이 불 속에 있다는 사실은 그들이 거짓을 손에 넣었음을 암시한다. 그들은 어디까지는 거짓된 교리를 소유하고 있다. 벌써 어느 부분은 꽤 많이 그을렸다. 단순한 자비 이상의 무언가가 이들에게 필요하다. 유다는 우리에게 그들을 불에서 끄집어내기 위해 모든 적절한 수단을 동원하라고 권고한다. 전쟁도 불사하라는 말이다.

단 지켜야 할 원칙이 있다. 거짓 교훈을 확신하는 추종자들을 만나면, 그 사람에게서 등을 돌릴 것이 아니라, 그들을 즉각 밀어서 피하게 하라. 적개심으로 대하지 말라. 그들은 속이는 자가 아닌 속임을 당한 자들이다.

하지만 복음 진리의 주요 요소를 거부하는 사람을 진정한 친교의 일부로 인정할 수는 없다. 동시에 심각한 거짓을 확신하는 사람을 무조건 신자로 받아들일 수도 없다. 그러나 유다는 그 같은 사람들에게 어떻게 반응해야 하는지 구체적으로 일러 준다. 그들을 뒤쫓아 가, 불 속에서 재빨리 구출하라는 것이다.

불 속에서 사람을 재빨리 구출한다는 것은 그에게 진리를 준다는 의미이다. 그러기 위해서는 다소 강압적인 방법을 써야 한다. 왜냐하면 그러한 잘못들을 갖고 장난치거나 그 같은 거짓 사상을 퍼뜨리는 사람을 침착한 대화에 초대하지는 않는다. 배교의 사악함에 상응하는 긴급성과 진지함으로 상황에 대처하라.

예수께서도 바리새인들에게 이와 같이 하셨다. 예수님은 바리새인들을 향해 아주 과감하게 경고하셨다. 그분은 그들에게 심판과 파멸과 지옥에 대해 말씀하셨다.

고린도후서 10장 4-5절에서 바울은 영적 전쟁을 이론적인 요새들을 뒤집어엎는 것으로 묘사한다. "우리의 싸우는 병기는 육체에 속한 것이 아니요 오직 하나님 앞에서 견고한 진을 파하는 강력이라 모든 이론을 파하며 하나님 아는 것을 대적하여 높아진 것을 다 파하고 모든 생각을 사로잡아 그리스도에게 복종케 하니."

이 말씀은 전투적인 용어들로 적혀 있다. 그러나 바울이 말하는 전쟁은 사람을 대적하는 전쟁이 아니다. 바울은 악한 사상, 즉 거짓으로 만든 요새들인 생각과 논증에 관해서 묘사한다. 사람들은 근본적으로 거짓 교리와 사상의 악한 교리에 빠져 감금된 사상의 희생물들이다. 전쟁의 목적은 사람들을 그 요새에서 해방시키는 것이다. 그래서 헷갈리는 사람들에게는 자비의 목회를, 거짓 사상에 확신을 가진 사람들에게는 더욱 급하고 엄숙한 구원의 목회를 해야 한다.

거짓 교리에 헌신된 자들을 긍휼히 여기라

마지막으로 유다는 세 번째 그룹인 헌신된 자들에 대해 말한다. 여기서 유다는 아주 강하고 생생한 언어를 사용한다. "또 어떤 자를 그 육체로 더럽힌 옷이라도 싫어하여 두려움으로 긍휼히 여기라"(유 23).

배교의 불 속으로 우리를 끌어당기는 자는 우리를 그들 가까이로 유혹한다. 유다는 이 부분이 가장 위험하다고 주장한다. 왜냐하면 단순히 확신한 자와 완전히 헌신한 자들 사이의 차이를 구별하는 일이 어렵기 때문이다. 속임을 당하는 자들도 있고, 일부러 속이는 자들도 있다. 거짓 사상의 제자들도 있고 선동자와 지도자, 즉 거짓 선생들도 있다. 유다는 거짓 선생들까지도 불쌍히 여겨야 한다고 주장한다.때로 속이는 자들조차도 다소간 속임을 당할 때가 있으며, 가끔은 하나님의 은혜로 그들이 불에서 건짐을 받을 수 있기도 한다. 그래서 그들 또한 불쌍히 여기라고 유다는 말한다. "또 어떤 자를 그 육체로 더럽힌 옷이라도 싫어하여 두려움으로 긍휼히 여기라"(유 23).

유다는 상당히 충격적인 표현을 사용한다. 그 표현은 성경에 나오는 어떤 것보다도 상스럽다. 유다는 속옷을 상징하는 헬라어 단어 '옷'을 사용하고, "더러운 방식에 오염된, 신체 기능에 의해 얼룩 묻고 오염된 것"을 의미하는 '더럽히다'라는 단어를 사용한다. 유다는 거짓 가르침의 더러움을 얼룩 묻은 속옷에 비교한다. 만일 거짓 종교와 배교에 대해 하나님은 어떻게 생각하시는지 질문했다면, 아마도 이렇게 대답하셨을 것이다. 그리고 이 주제가 유다서 전체 메시지에 면면히 녹아 있다.

거짓 가르침은 언제나 불신앙의 한 표현이므로, 악 중에서 가장 치명적이고 혐오스런 것이다. 불신앙은 순수 악의 추출물이다.

도색잡지와 낙태, 성남용과 음행 등 모두 혐오스런 죄들이다. 그 같은 사회 악에 분개하는 것은 명백히 옳은 일이다. 그러나 이보다 좀 더 심각한 죄가 바로 복음을 훼손하는 이단이다. 왜냐하면 이것은 사람의 영혼을 영원한 위험 속으로 몰아가기 때문이다. 이 위험은 영원한 속박에 있는 사람들에게 자기 죄에 그대로 머물러 있게 한다.

이단은 영적인 더러움의 최악이자 최고로 혐오스런 것이다. 그래서 유다는 우리가 추악하고 속옷이 더러운 사람을 가까이 하지 않듯이, 배교자들에게서 더럽혀질 위험에서 벗어나야 한다고 말한다. 성경은 이같이 충격스런 비유적 표현을 다른 곳에서도 사용한다. 이스라엘의 배역에 대해 비탄하면서 이사야 64장 6절은 다음과 같이 말한다. "대저 우리는 다 부정한 자 같아서 우리의 의[예를 들어, 자기 의와 거짓 종교]는 다 더러운 옷 같으며." 이 본문에서 이사야는 오염된 더러운 옷에 대해 말한다.

또한 요한계시록 3장 4절에서 그리스도는 사데 교회에 이렇게 말씀하신다. "사데에 그 옷을 더럽히지 아니한 자 몇 명이 네게 있어." 그리스도께서 이단과 배교의 더러움에 대해서 말씀하고 계시므로, 이 역시 비슷한 의미라 볼 수 있다.

이 구절을 통해 배교자들을 어떻게 다뤄야 하는지 분명한 가르침을 얻을 수 있다. 거짓 교훈과 그것을 믿는 자들의 사악함은 영혼을 좀먹는다. 타락하기에 충분할 정도로 그들에게 가까이 가지 말라. 바울도 로마서 끝 부분에서 비슷한 말을 했다. "형제들아 내가 너희를 권하노니 너희 교훈을 거스려 분쟁을 일으키고 거치게 하는 자들을 살피고 저희에게서 떠나라"(롬 16:17).

거짓 선생들과는 진정한 우정을 쌓을 수 없다. 그들을 동료 신자로 용납하려 해서는 안 된다. 배교로 나아가는 자들과 저주스런 거짓 사상은 어두움의 왕국의 대리자이며, 진리의 적들이다. 배교자들의 타락이 우리 자신을 더럽히지 못하게 하라.

그런데도 배교자들에게 자비를 보이는 경우가 있다. 두려운 자비로, 그들에게 진리의 빛을 주는 것을 말한다. 배교자들의 거짓 사상에 진리로써 담대히 맞서라. 그들이 자신들의 배교의 속박과 더러움으로부터 벗어나는 유일한 희망은 진리밖에 없다. 그러나 그 같은 악이 괴롭히는 위험을 항상 잊지 말고 최대한 조심성 있게 그들에 직면하라.

진리 전쟁은 선한 싸움이다 : 이 책은 '진리가 무엇인가?'라는 질문으로 시작했다. 그리고 이 시점에서 나의 바람은 여러분이 지금은 그 대답을 분명히 깨달았으면 하는 것이다. 진리는 어느 한 개인의 견해나 상상이 아니다. 진리는 하나님이 명령하시는 것이다. 그리고 하나님은 우리에게 그분이 계시하신 말씀 안에서 구원에 이르게 하는 진리의 무오한 원천을 주셨다.

참그리스도인에게 진리는 복잡한 문제가 될 수 없다. 하나님의 말씀은 때를 얻든지 못 얻든지(딤후 4:2) 간에, 모든 목회자들과 교회 지도자들이 선포하도록 명령받은 것이다. 그분의 말씀은 모든 그리스도인들이 읽고 연구하고 묵상하고 옳게 분변하도록 명령하신 것을 말한다. 그것은 그리스도께서 땅 끝까지 이르도록 가르치고 선포하라고 부르시고 위임하신 것이다.

하나님이 계시하신 진리 속에도 신비가 있는가? 물론이다. "여호와의 말씀에 내 생각은 너희 생각과 다르며 내 길은 너희 길과 달라서"(사 55:8).

한편 바울은 이사야 40장 13-14절을 고린도전서 2장 16절에서 이렇게 바꿔서 설명한다. "누가 주의 마음을 알아서 주를 가르치겠느냐?" 그리고 즉시 다음과 같이 덧붙였다. "우리가 그리스도의 마음을 가졌느니라." 그리스도는 우리가 모든 선한 행위 −복음의 진리를 왜곡하려는 속이는 자들에 대한 믿음을 힘써 지키는 사역을 포함하여—를 위해 갖출 수 있는 충분한 진리와 이해를 은혜롭게 주셨다. 하나님의 마음을 모두 알 수는 없다 할지라도, 어두움의 왕국의 거짓을 대적하는 진리의 전사가 되기에는 충분할 정도는 알 수 있다.

    우리는 그 전투에 참여하도록 명령을 받았다. 하나님은 유다에게 자신의 명령을 짧은 서신을 통해 기록하도록 감동하셨고 그것이 성경의 정경 속에 포함되게 하셨다. 신실한 그리스도인은 이 의무에서 자유로울 수 없다. 신실한 그리스도인은 이 땅에서 편안하고 평화로운 삶을 보장받지 못했다. 신약성경이 그리스도인의 삶에 대해 '쉴 새 없는 전쟁'(엡 6:11-18; 딤후 2:1-4, 4:7; 고후 6:7, 10:3-5; 살전 5:8)으로 묘사한 것을 보라.

    내 바람은, 비진리와 거짓 종교에 대한 싸움에 참여하기를 꺼려하는 자들은 그리스도의 진정한 친구가 아니라는 사실을 지금까지 독자들이 잘 이해하는 것이다.

    우리가 이 책에서 함께 조사한 교회사로부터의 여러 사건들은 과거 2천 년에 걸쳐서 진리의 싸움을 어떻게 했는가에 대한 간략한 서론에 불과하다. 지금까지 살펴본 것들이 독자들에게 자신에 관한 연구를 더 깊이 추구하는 자극제가 되었기를 바란다. 교회사의 어떤 시기를 살펴보면, 이러한 중요한 사실을 발견하게 될 것이다.

    하나님의 사람들이 세상과 평화를 추구하거나 거짓 종교와 손을 잡았을 때는 대부분 영적으로 심각한 타락의 시기이거나 심지어는 진리를 거의 전적으로 상실한 시기였다. 반면, 기독교가 신앙을 위해 열심히 싸울 때마다 교회가 성장하고 진리의 열매가 풍성히 넘쳐났다. 우리 시대가 그렇게 되기를 간절히 바란다.

진리 전쟁은 선한 싸움이다(딤전 6:12). 이제 당신도 하나님의 영광을 위해 선한 싸움의 대가를 지불할 의향이 있는가?(딤전 1:18).

● ● ● ●

내가 기도하노라
너희 사랑을 지식과 모든 총명으로
점점 더 풍성하게 하사
너희로 지극히 선한 것을 분별하며
또 진실하여 허물없이
그리스도의 날까지 이르고

(빌 1:9-10).

내가 집필한 「무모한 신앙과 영적 분별력」의 일부를 부록으로 넣는다. 성경적 분별력을 정확히 앎으로 진리 전쟁에서 신실한 군사가 되기를 바라는 그리스도인들이 사기를 북돋우고 또한 진리 전쟁에 임하는 철저한 준비가 되리라 생각한다.[1]

● ● ● ●

● ● ● ● ●
부록. 정확한 분별력을 어떻게 갖출 수 있는가?

　오래전 여름, 아들의 차를 배달해 주기 위해 직접 운전하며 국경을 넘어가고 있었다. 아들은 얼마 전 대학을 졸업하고, 플로리다에 있는 마이너리그 야구선수로 활약 중이었다. 마침 목회 계획 약속에도 크로스 컨트리 여행이 잡혀 있었던 터라 부목사 랜스 퀸Lance Quinn과 함께 길을 나섰다.

　아칸소Arkansas 주에 있는 랜스의 집으로 가기 위해 주 고속도로로 진입하자, 아름다운 시골풍경이 한눈에 들어왔다. 얼마를 갔을까, 한 언덕 길을 달리는데 시골집에 세워 놓은 손으로 짠 누비이불 광고문이 보였다. 아내가 손으로 짠 이불을 좋아하는 데다 마침 생일도 얼마 남지 않아 누비이불을 살 요량으로 시골집 앞에 차를 세웠다.

　낡은 집 앞에서 문을 두드리자 친절해 보이는 한 여인이 문을 열어 주었다. 누비이불에 관심이 있다고 말하자 우리를 거실로 안내했다. 거실 한켠에 누비이불 몇 개가 진열되어 있었다. 구석에 자리한 텔레비전에서는 종교방송이 나오고 있었다. 그녀의 남편인 듯 보이는 남자는 우리에게 눈길 한번 주지 않은 채 안락의자에 앉아서 텔레비전을 보기도 하고 종교잡지를 읽기도 했다. 방 여기저기에 종교 서적과 종교 비디오테이프 꾸러미가 꽤 많았다. 그 가운데 한두 권은 딱딱한 복음주의 출판사 것이었다. 여인은 잠깐 기다려 달라고 하고 나가더니 잠시 뒤 더 많은 이불을 가져다 보여 주었다. 그제야 남편은 우리에게 인사를 건넸다.

"막 읽을거리를 집어들려던 참이었어요."

"신자이십니까?" 내가 물었다.

그는 물음에 놀란 듯 되물었다. "무슨 신자말인가요?"

"그리스도를 믿는 신자 말입니다. 보니까 기독교 서적을 읽고 계시던데요. 기독교 신자세요?" 다시 한 번 물었다.

"글쎄요. 그렇습니다만……. 지금껏 읽던 잡지를 손에 다시 들며 이렇게 대답했다.

자세히 보니 그 잡지는 유명한 이교집단의 출판물이었다. 순간 방에 있는 책더미에 관심이 갔다. 자세히 보니 복음주의 계통의 베스트셀러 몇 권과 몇몇 방송 목회에서 발간한 것들, 유명한 복음주의 신학교의 광고용 잡지, 성경공부 보조자료들이 있었다. 여호와 증인이 출판한 「파수대」, 「다이어네틱스」Dianetics : 신흥종교인 사이언톨로지의 창시자가 발간한 책 - 역주, 몰몬교의 책과 메리 베이커 에디Mary Baker Eddy의 책 「과학과 건강」Science and Health, 프란체스코 수도원 형제들의 문서 몇 권, 그리고 거의 모든 상상 가능한 이교집단이나 '~주의'~ism 나부랭이의 믿을 수 없는 잡동사니가 한데 뒤섞여 있었다. 어떤 책에는 당시 무료 문서를 배포하던 텔레비전 설교자의 주소도 적혀 있었다.

궁금증이 일어 내가 물었다. "여러 종류의 자료를 읽고 계신 것 같네요. 그런데 이들은 모두가 다른 신앙이지요. 그 가운데 어떤 신앙을 받아들이시나요?"

"각자 나름대로 좋은 것들이 다 들어 있어요. 저는 모두를 다 읽고 선을 추구한답니다."

대화하는 사이 여인은 두 번째 이불 꾸러미를 들고 들어와 우리에게 보여 줄 채비를 했다. 그녀가 놓은 첫 번째 이불은 모두 다른 크기와 색깔과 직물 쪼가리로 된 천의 잡동사니들이었다. 그 속의 형태나 디자인을 보려고 했으나 아무것도 없었다. 색깔 배합이 맞지 않아 이불은 꽤 조잡했다.

내가 찾는 이불 종류를 설명하자, 그녀는 내 마음에 쏙 드는 이불을 바로 꺼내 보여 주었다. 값도 적당해 돈을 치르고 포장을 부탁했다. 그녀가 포장하는 동안 뒷방에서 갖다 준 첫 번째 이불을 들여다보았다. 그건 그녀의 이불 가운데 제일 매력이 없어 보였다. 하지만 그녀로서는 꽤 여러 시간 동안 땀 흘려 만들었기에 그것을 특별히 자랑스러워하는 듯했다. 하지만 그렇게 별난 이불에 매력을 느낄 사람이 과연 있을까?

왜 분별력이 부족할까?

내 생각에 그녀의 이불은 그녀 남편의 종교와 참 닮아 있었다. 가능한 모든 자료에서 종교를 조금씩 맛보며, 그는 잡동사니 신앙을 함게 신봉했다. 본인은 자신의 종교를 미적인 어떤 것으로 생각했을 테지만, 하나님의 눈에는 혐오스럽기 짝이 없는 것이다.

다양성이 판단을 흐린다 : 너무 많은 사람들이 그 같은 모양새를 하고 있다. 잡동사니 종교의 유행을 좇고, 종교 사상의 더미를 통해 가려 내기도 하고, 그 모든 것 안에서 선을 추구하는 행태 말이다. 우리 시대는 역사상 그 어떤 시대의 사람들보다 더 많은 종교에 노출되어 있다. 종교방송과 출판매체가 진리라고 주장하는 온갖 종류의 가르침으로 사람들을 유혹하고 있다. 분별력이 없는 사람은 무엇이 진리인지 구분하지 못해 오히려 다양성 때문에 애를 먹고 있다.

한편, 복음주의자들한때 교리에 대해서 매우 신중하고 성경적인 접근을 하기로 알려 있는은 자신들이 그토록 열심히 만족시키려고 한 불신자들만큼 빠르게 교리적으로 무식해지고 있다. 비그리스도인에게 매력적이 되고자 교리와 분별성을 고의적으로 경시했던 30년 사이 교회는 최악의 거짓 교리와 진리를 구분하지 못하는 자들로 가득 차 버렸다. 나는 여러 복음주의 교회 구성원들과 끊임없이 만난다. 이들은 복음주의자들이 이교주의자들, 비정통교리의 매체 설교자들, 혹은 거짓 교리의 다른 자료들로부터 듣는 가장 심오한 거짓 사상에 답하는 데 쩔쩔매는 자들이다.

극단적 관용이 부활하다 : 오늘날 교회에서 분별력의 수준이 낮은 두 번째 이유는, 사람들이 어떤 문제에 대해 명확한 입장 취하기를 점점 더 꺼려하기 때문이다.

솔직히 말해서, 분별력이란 것은 우리들이 사는 문화 속에서는 그리 환영받지 못한다. 포스트모던 시각은 분별력에 대해 단순한 적개심 이상이다. 예를 들어, 어떤 것을 '진실'이라 하고, 그 반대를 '거짓'이라고 부르는 것은 포스트모던의 한 마지막 확고부동한 교리를 위반하는 것이다. 포스트모던에서는 영적, 도덕적 혹은 윤리적인 문제에 관하여 강한 목소리를 내면 품위가 떨어지는 일이라고 생각한다. 그렇다 보니 사람들은 자신들이 아무리 확신하는 것에 대해서도 최대한 유연한 태도를 보여야 한다고 생각한다.

포스트모더니즘에 의하면 어떤 것에 대해 확실해진다는 것은 불가능하다. 따라서 어떤 원칙이나 교리에 관해 모호한 말 사용하기를 거부하면 그는 너무 속 좁은 사람으로 낙인찍히고 만다. 진리를 위해 열정을 내보이는 것은 정략적으로 옳지 않은 것이다. 그 같은 '아량이 넘치는' 환경에서는 성경적인 분별력이 절대로 힘을 발휘할 수 없다.

이와 같은 포스트모더니즘의 극단적인 아량이 수십 년 동안 연예매체에 의해 신뢰하는 사회에 몰래 끼어들었다. 텔레비전 토크쇼의 홍수가 그러한 아량주의의 길을 터 준 격이다. 필 도나휴Phil Donahue가 아량 일변도의 체제 형성을 주도했다. 제리 스프링거Jerry Springer는 아량을 엉뚱함의 극단으로 이끌었다. 그리고 오프라Ophra는 그것을 모양새 좋고 품위 있는 무언가로 보이게 했다.

이러한 쇼들은 시청자들에게 너무 완고해서는 안 된다고 날마다 상기시킨다. 그리고 상상 가능한 모든 급진적인 '대체 생활양식'을 주창하는 사람들을 내세워 삶의 실례를 보여 준다. 정도를 벗어난 많은 하부문화에서 자기 파괴적인 본성을 보더라도 충격 받거나 아는 체해서는 안 된다. 그저 마음을 넓히고 아량의 기준을 높여야 한다.

다른 사람의 가치 기준을 비평하는 것 또한 성경적 기준이 될 수 없다. 종교적 신념을 다른 사람의 생활양식을 거부하는 이유로 사용하는 사람은 철저한 종교적 이단들이 받는 것과 똑같은 경멸을 받는다. 우리의 주변 문화는 성경적 기준을 향해 전쟁을 선포했다. 수년 전 무의식적으로 남이 하는 대로 따르기 시작한 그리스도인이 몇 있다. 이것은 교회에서 전 세대가 포스트모던 상대주의를 자유롭고 신중히 감쌀 수 있게 기회를 만들어 주었다.

그들은 더 이상 진리를 어떤 분명한 명료함으로 표현하지 않는다. 오히려 희미하고 모호한 옳은 것과 틀린 것, 사실과 거짓, 선과 악에 대해 논쟁하기를 좋아한다. 결국 대부분 교회 출석자들은 마치 그것이 진리를 이해하는 가장 적절한 방식이라고 가정하기에 이르렀다. 이러한 확실성은 포스트모던화된 사람들의 귀에 공격적으로 들리기 시작했다.

타협과 논쟁 사이에서

수년 전 시청자들이 전화로 참가하는 라디오 생방송에 출연한 적이 있다. 그때 전화를 건 한 사람이 이렇게 말했다. "설교를 들을 때 생각했던 것보다 더 부드러운 분으로 느껴지는군요."

그는 나의 설교에서 어떤 부분을 '부드럽지' 않은 것으로 받아들였던 것일까? 궁금함을 이기지 못해 그에게 물어보았다. 그러자 그는 이렇게 대답했다. "잘은 모르겠지만, 설교에서는 목사님의 말씀이 좀 완고하고, 너무 분명했어요. 뭐랄까, 너무 교리적으로 들린다고 할까요? 그런데 이렇게 일대일로 대화를 나누니까 좀더 부드럽게 느껴집니다."

오늘날 다른 많은 사람들처럼, 그는 설교보다 대화를 '더 부드러운 것'으로 생각했다. 사람들이 참사랑의 모습을 얼마나 잘못 생각하고 있는지 말해 주는 것이다. 참사랑은 "불의를 기뻐하지 아니하며 진리와 함께 기뻐한다"(고전 13:6).

한 젊은 목사는 하나님의 말씀을 권위주의적인 암시가 아닌 청중들과 함께 '나누는' 식으로 설교하는 게 좋다고 했다. 물론 그는 오래 목회하지 못했다. 그러나 불행하게도, 그 목사의 말은 현대 교회를 지배하는 분위기를 잘 반영해 준다.

로이드 존스D. Marty Lloyd-Jones는 수십 년 전 이미 이와 같은 상황을 주지하고 있었다. 로이드 존스의 놀라운 책 「설교와 설교자들」Preaching and Preachers은 현대 사회가 '설교'라는 개념을 불편하게 느끼기 시작했다는 표현으로 시작한다.

설교에 관한 새로운 개념이 슬그머니 들어와서, 다양한 형태를 취하게 되었다. 제일 중요한 것은 사람들이 설교 대신 예배 시에 '연설'에 대해서 말하기 시작했다는 것이다. 그것은 본래 교묘한 변화의 직설법이었다. '연설.' 더 이상 설교가 아니라 '연설', 혹은 강의 …… 조용한 대화Quiet Talks라는 중요한 제목 아래 여러 가지 책들을 출판한 미국 사람이 있었다. 기도에 관한 조용한 대화, 혹은 능력에 관한 조용한 대화Quiet Talks on Prayer;

Quiet Talks on Power 등등. 다른 말로 하면, 바로 그 제목을 통해서 이 사람이 설교하려 하지 않고 있음을 알 수 있다. 물론 설교는 영성이 결핍된 육적인 그 무엇이다. 필요로 하는 것은 잡담, 난로 곁에서의 잡담, 조용한 대화, 기타 등등이다.²

로이드 존스는 단지 명료함과 권위를 경멸하는 포스트모더니즘의 미묘한 특성 가운데 하나를 언급했을 뿐이다. 그리고 로이드 존스 시대에 미성숙한 형태로 존재했던 문제가 이제는 완전히 성숙한 괴물이 되었다.

이머징 처치 운동의 지도자 천백 명이 모인 2004년 이머전트 연차총회Emergent Convention에서 '솔로몬의 횃불'Solomon's Torch, 미네아폴리스에 있는 이머전트 공동체의 목사인 더그 파킷Doug Pagitt은 참가자들에게 이렇게 말했다. "설교는 파기됐어요." 그는 모든 참가자들을 동등하게 보는 전면 개방된 대화가 포스트모던 문화에 더 적절하다는 점을 암시했다. 그는 "왜 저에게는 30분 동안 이야기할 기회가 있고 여러분에게는 없는 겁니까? 설교는 난폭한 행위입니다. 거기 앉아서 그것을 들으려고 하는 사람의 의지를 향한 폭력이에요"라고 말했다.³

파사데나Pasadena를 본부로 하는 이머전트 목사 루디 카라스코Rudy Carrasco는 포스트모던 시대에 설교는 너무 일방적이고 권위주의적이고 딱딱한 것이라는 말에 동의했다. "매일 그리고 매주, 해결되지 않은 기묘하고 헷갈리고 힘든 일들이 등장해요. 사람들이 세 가지 정답을 찾고 모든 것을 알고 있고 뚫을 수 없는 철옷을 입은 것 같지요. 그럴 때에는 저는 정나미가 뚝 떨어지지요. 더 이상 할 말이 없어요. 그냥 재미없고 특별한 게 없는 것 같아요."[4]

하지만 타협compromise이야말로 포스트모던 시대에 딱 맞는다는 것이다. 대부분 사람은 타협을 긍정적으로 생각한다. 사회적 정치적 영역의 담화에서 일종의 타협은 도움이 되고 심지어 건설적이다. 타협은 세상 정부의 정치 조직을 매수한다. 타협의 기술은 경영에서 성공적인 협상의 열쇠가 된다. 심지어 결혼에서도 작은 타협들은 건전한 관계를 위하여 종종 필요하다.

그러나 성경의 문제와 도덕적 원리와 신학적 진리와 신적 계시, 그리고 다른 영적인 절대성에 비추어 볼 때 타협은 결코 합당치 않다. 이 시대의 영에 사로잡힌 교회는 그 실체를 놓치고 있다. 최근, 복음주의자들은 타협을 교회 성장을 위한 도구, 연합과 심지어 영성의 시험을 위한 근거로 포용했다. 어떤 교리나 혹은 성경 문제에 관해서 비타협적인 입장을 취해 보라. 그러면 얼마나 풍자적으로 당신의 논증을 세우는가와는 관계없이 모두가 입을 모아 당신을 완고하고 비정하고 논쟁적이고, 혹은 사랑이 없는 자로 말할 것이다.

그리스도인은 논쟁을 해서는 안 된다는 잘못된 생각을 하는 사람들이 많다. 우리는 논증polemics을 하려 하지 않는다. 이런 말들을 자주 한다. "왜 당신은 진리를 긍정적인 용어로 언급하지는 않고, 일치하지 않는 견해를 무시하는 겁니까? 왜 논쟁을 피하거나 부정적인 것들을 잊고, 모든 것을 긍정적으로 제시하지 않는 거지요?"

풍조가 그렇다 보니 성경의 문제를 두고 타협하지 않는 것을 더 이상 용납하려 들지 않는다. 진리를 직설법 형태로 선언하고, 혹은 다른 사람의 가르침과는 다른 입장을 취하는 사람들은 골치 아픈 자로 낙인찍히고 만다. 진리에 대한 헌신을 공격적인 악덕으로 보는 반면, 타협은 미덕으로 생각한다.

마틴 로이드 존스는 현대인들의 논증을 신뢰하지 않는 태도를 "매우 느슨하고 그릇되고 인색한 사고"[5]라 불렀다. "그러한 자들의 태도는 다음과 같이 비춰졌다. '우린 이런 논의를 원치 않아. 우리에게 쉬운 메시지를 달란 말이야. 쉬운 복음 말이야. 복음을 좀 긍정적으로 전해 달란 말이야. 다른 관점까지 재단하려 들 이유는 없지 않아?' 로이드 존스는 그런 기분에 빠져 있는 자들에게 다음과 같이 대답했다. "중요한 것은 만일 우리가 그처럼 지껄인다면 성경을 부인하고 있다는 사실을 알아야 한다. 성경은 논쟁arguments과 논증거리polemics들로 가득 차 있다."[6] 그는 계속해서 이렇게 말한다.

교회에서 논증에 대해 불만을 가지는 것은 아주 심각한 문제다. 하지만 그런 자세를 견지하는 것이 바로 우리가 살고 있는 시대다. 오늘날 교회 안의 많은 교단은 그런 골치 아픈 일에 대해 별 신경을 쓰지 않는다. "우리가 모두 그리스도인이라면 걱정할 게 뭐 있담? 모든 게 다 좋아. 교리에 관해서 논쟁하지 말고 모두 함께 그리스도인으로서 하나님의 사랑에 대해서나 얘기해 보자고." 이 점이 바로 교회 연합운동ecumenicity이 주창하는 전체적인 기초이다. 불행하게도 그 같은 태도가 복음주의 교단에도 스며들어 와서, 이런 일들에 대해 너무 꼼꼼하게 따지고 넘어가서는 안 된다고 말하는 이들이 많다.

…… 만일 사도 바울을 비난하는 견해를 갖고 있다면, 당신은 바울이 잘못 됐다고 말하는 것이며, 동시에 성경이 잘못됐다고 비난하는 셈이 될 것이다. 성경은 논쟁하고 논박하고 다툰다. 성경은 논증으로 가득 차 있다.[7]

로이드 존스는 다음과 같은 도움이 되는 말을 덧붙였다.

우리가 말하려는 것을 명확히 하고 넘어가자. 논쟁을 위한 논쟁이 되어서는 안 된다. 논쟁적인 정신을 표명하자는 것도 아니다. 한 사람의 편견에 빠진 이야기도 아니다. 성경은 그러한 것들을 인정한 바가 없다. 더욱이 성경은 논쟁에 관여하는 자의 정신에 대해 크게 걱정하고 있다. 그 누구도 논쟁을 위한 논쟁을 좋아해서는 안 된다. 우리는 항상 논쟁이 필요하다는 사실에 유감스러워 해야 한다. 그러나 비록 우리가 논쟁을 유감으로 생각하고 탄식한다 할지라도, 그것이 사활이 달려 있는 중요한 사안이라고 한다면 우리는 논쟁에 착수해야 한다. 우리는 **진리를 위해 힘써 싸워야 하며**, 또한 신약성경에 따라 그렇게 하도록 부름을 받았다.[8]

모든 문제를 분명하게 특징 지을 수 있는 건 아니다. 성경이 분명하게 말하지 않는 문제들이 많다. 예를 들어, 그리스도인이 지키거나 피해야 할 공휴일과 거룩한 날의 목록이 성경에는 없다. 그 문제는 분명히 사도 바울이 중요한 것이 아니라고 제외시킨 범주에 속한 것이다. "혹은 이 날을 저 날보다 낫게 여기고 혹은 모든 날을 같게 여기나니 각각 자기 마음에 확정할지니라"(롬 14:5). 바울은 음식과 식사에 관해서도 비슷하게 말한다(2-3).

그러나 오늘날 복음주의 운동 내에서 타협하고 있는 많은 문제들은 의심의 여지가 없는 분명한 것들이다. 예를 들어, 성경은 동성애에 대해서 아주 분명히 말씀하고 있다. 간음에 관한 기독교의 입장은 매우 단호하다. 신자가 불신자와 결혼하는 문제 또한 아주 분명한 어조로 언급한다. 성경은 그리스도인이 다른 사람을 법정에 세우는 일을 분명히 금지한다. 이기심과 자만심은 명확히 죄로 규정하고 있다. 각각의 둘 사이에 회색 지대는 없다. 여기에 타협의 여지는 결코 없다.

그런데도 기독교 라디오나 텔레비전과 문서에서 이러한 모든 문제들을 계속해서 회색 지대로 취급한다. 사람들은 그와 같은 모든 문제들이 협상으로 해결되기를 바란다. 많은 기독교 지도자들은 의도적으로 호의를 베푼다. 그들은 성경이 명백하게 드러내 주는 문제에 관해서는 권위를 갖고 말하기를 주저한다. 진리와 거짓, 지혜와 어리석음, 교회와 세상 사이를 구분하는 선이 그 같은 수단에 의해 조직적으로 사라지고 있다.

하나님의 생각과 방법을 아는 영적 분별력

진리 안에는 많은 문제들이 대다수 사람들이 깨닫는 것보다 훨씬 더 분명하게 구분되어 있다. 하나님의 말씀 중 대부분의 진리 개념은 반대되는 사상과 명백히 대조를 이루고 있다. 제이 아담스Jay Adams는 이것을 대조antithesis의 원칙이라 부르며, 그것은 참 분별력에 기본이 된다고 했다.

성경에서 대조가 그토록 중요한 만큼, 분별력-하나님의 생각과 방법을 다른 모든 것들과 구별할 줄 아는 능력-은 정말 꼭 필요하다. 하나님은 "마음이 지혜로운 자가 명철하다 일컬음을 받고"(잠 16:21)라고 말씀하신다. 두 나무 하나는 허락되었고, 다른 하나는 금지됨가 있는 에덴동산에서 천국에서건 지옥에서건 인류의 영원한 운명까지, 성경은 둘, 단 두 가지의 길, 하나님의 길과 그 밖의 다른 길을 소개한다. 그에 따라서 사람들은 구원을 받기도 하고 지옥에 떨어지기도 하며, 하나님의 사람에 속하기도 하고 세상에 속하기도 한다. 축복의 산, 그리심 산과 저주의 산, 에발 산으로 나눠지기도 하고, 영생으로 인도하는 좁은 길과 사망으로 인도하는 넓은 길로 나눠지기도 한다. 우리를 반대하는 자도 있고 함께하는 자도 있고, 하나님 안에 있는 자도 있고 밖에 있는 자도 있다. 삶과 죽음, 진리와 거짓, 선과 악, 빛과 어두움, 하나님 나라와 사탄의 나라, 사랑과 미움, 영적 지혜와 세상의 지혜가 있다. 그리스도가 길이요 진리요 생명이며, 그리스도 없이는 아버지께로 갈 자가 없다고 한다. 하늘 아래 오직 그분의 이름으로만 구원을 받을 수 있다.[9]

아담스는 그같이 대조적인 가르침이 "성경의 거의 모든 페이지"에 담겨 있다고 지적한다.[10] "성경을 깊이 연구하는 사람들은 대조적인 사고방식을 개발한다. 이들은 대조나 반대의 견지에서 생각한다."[11] 아담스는 청결한 짐승과 청결치 못한 동물들 사이를 구별하는 구약의 율법서에는 독특한 목적이 있다고 믿는다. 의복, 건강 관리, 그리고 일상의 다른 모든 문제들에서 선택을 좌우하는 규칙들은 임의적인 것이 아니라, "대조적인 사고방식의 개발을 위해서"[12] 하나님의 백성이 그분의 길과 세상의 길 사이의 차이에 관하여 끊임없이 생각하게끔 만드는 것을 의미했다.

그의 생각에 전적으로 동의한다. 모든 진리는 거짓 사상들과 싸운다. 성경이 말할 때에는 권위를 갖고 말씀한다. 진리는 명확하게 그리고 결정적으로 말한다. 진리는 절대적 확신을 요구하고, 우리가 하나님께 복종하고 사탄에게 대적하기를 명령한다(약 4:7). 진리는 진리의 영과 거짓의 영 사이를 구별하기를 요구한다(요일 4:6). 진리는 악을 피하고 선을 행하기를 명령한다(벧전 3:11). 진리는 우리 눈에 옳게 보이는 넓은 길을 거부하고(잠 14:12, 16:25), 하나님이 정해 놓으신 좁은 길을 따르기를 요구한다(마 7:13-14). 진리는 우리의 길이 하나님의 길이 아니고 우리의 생각도 하나님의 생각과 다르다고 말씀한다(사 55:8). 진리는 진리를 보호하고 거짓을 거부하기를 명령한다(롬 1:25). 진리는 어떤 거짓도 진리에 속하지 않는다고 선언한다(요일 2:21). 진리는 의인은 복을 받고 악인은 망할 것을 보장한다(시 1:1, 6). 그리고 진리는 "세상과 벗된 것이 하나님의 원수임을 알지 못하느뇨 그런즉 누구든지 세상과 벗이 되고자 하는 자는 스스로 하나님과 원수 되게 하는 것이니라"(약 4:4)라는 사실을 상기시킨다.

분별력은 성경이 명료함으로 말하는 곳을 분명히 부각시켜야 한다고 요구한다. 그리스도는 인간철학이나 헛된 기만이나 인간 전통이나 세상의 초등학문(골 2:8)에 대적하신다. 그 같은 것들은 참기독교 신앙과 연합할 수 없다. 진리는 끊임없이 그러한 것들을 부인하고 반대한다. 성경은 우리에게 분명하게 선택하라고 요구한다. "너희가 어느 때까지 두 사이에서 머뭇머뭇 하려느냐"(왕상 18:21). "섬길 자를 오늘날 택하라 오직 나와 내 집은 여호와를 섬기겠노라"(수 24:15).

현대가 타협을 승인하는 것은 막다른 골목에서 우회하는 것을 의미한다. 성경과 교회사는 성경의 진리를 타협하는 위험성에 관해 잘 보여 준다. 하나님이 사용하시는 사람들은 한결같이 시대의 조류에 거슬러 행하는 사람들이다. 그들은 큰 용기를 지닌 강한 확신의 소유자들이며, 믿을 수 없는 반대에 대치하여 타협을 거부하는 자들이다. 다윗은 골리앗을 두려움의 대상이 아니라 하나님을 모독한 원수로 보았다. 모든 이스라엘이 두려움에 움츠러들었을 때 다윗은 원수 앞에 홀로 섰다. 다니엘, 사드락, 메삭, 그리고 아벳느고, 이들 모두는 타협의 쉬운 길을 용감하게 거절했다. 만일 하나님이 주권적으로 개입하시지 않았더라면, 틀림없이 순교할 수밖에 없는 상황들이다. 그러나 그들은 흔들리지 않았다.

오늘날 홀로 설 용기를 가진 사람들이 어디에 있단 말인가? 우리 시대의 교회는 힘겨운 일에 대치하는 상황들을 포기해 버린 지 오래다. 계시하신 진리로 세상적인 지혜를 뒤집어엎는 대신, 뭔가 일치되는 분야를 찾기에 혈안이 되어 있는 그리스도인이 많다. 그 목적은 위기 상황에서의 대치보다는 서로 통하는 분야에 대한 통합이 되었다. 교회가 세속 문화의 가치들을 흡수할수록 선과 악을 구별하는 능력을 잃어버린다. 만일 모든 사람이 여론의 불안정한 조류를 계속해서 따라가노라면, 과연 교회에는 어떤 일이 일어날 것인가?

마틴 루터가 타협하기를 좋아했다면 현대 교회는 어떻게 되었을까? 루터는 자신의 가르침을 좀 부드럽게 하고 전하는 메시지도 완화시키고, 그리고 교황권에 도전하는 행위를 멈추라는 압력을 아주 강하게 받았다. 심지어 많은 친구들이나 지지자들까지도 교회의 화합을 위해서 루터가 교황청과 타협해야 한다고 권할 정도였다. 루터는 자신의 가르침이 불화를 일으키지 않고 진리가 승리할 수 있도록 열심히 기다렸다. 비텐베르그 교회 문 앞에 95개조 반박문을 붙였을 때도 루터는 교회가 갈라지는 것을 원치 않았다.

그러나 때로는 분열 또한 필요하고, 적절할 때도 있다. 특히 교회가 가짜 그리스도인으로 가득 차 있어 보이던 루터의 시대나 우리가 사는 시대에는, 하나님의 참백성이 소신을 분명히 밝히는 것은 바람직한 일이다. 타협의 여지란 없다.

분별력은 가장 열렬한 불굴의 의지를 가진 성경적 확신을 소유하라고 요구한다. 디모데전서 1장 9절은 모든 장로를 향한 기본적인 요구가 "능히 바른 교훈으로 권면하고 거스려 말하는 자들을 책망하게 하려 하기 위해 미쁜 말씀의 가르침을 그대로 지켜야 하는" 사람이 되는 것임을 말한다. 그러므로 거짓 사상과 싸우는 것은 하나님의 명령이다. 우리는 진리를 부인하는 자들과 맞서 싸우든지, 아니면 하나님의 부르심에 순종하지 않든지 둘 중 하나를 선택해야 한다.

참성경적인 사역이란 절대적인 진리를 제시하는 것이다. 성경이 분명하게 말씀하는 모든 문제에 관해서라면 확고부동한 입장을 견지해야만 한다. 만일 사람들이 그 같은 독단주의를 좋아하지 않는다면? 그래도 어쨌건 그것은 필요하다.

건전한 교리는 갈라놓고, 대치하고, 분리시키고, 판단하고, 기소하고, 꾸짖고 반박하고, 권고하고, 그리고 거짓 사상을 반박한다. 포스트모던의 시각으로는 이러한 생각들은 무엇 하나 높이 평가받지 못한다. 하지만 강한 확신들이 받아들여지지 않고, 성경적인 분별력을 끝까지 지탱할 수 없는 까닭에, 오늘날 교회의 건강은 우리가 진리를 확고하게 사수하느냐에 달려 있다.

세상을 피하지 말라

현대 교회에서 분별력을 흐리는 데 기여하는 또 다른 요인이 있다. 바로 인상과 영향력을 기반으로 형성되는 편견이다. 이 편견은 그리스도에 대한 세상의 마음을 얻기 위해서 먼저 세상의 호의를 얻어야 한다는 오해에서 비롯한다. 만일 세상이 우리를 좋아하도록 만든다면, 그들은 우리의 구세주를 받아들일 것이라고 생각한다. 구도자 민감형 교회의 오랜 철학이 바로 그것이다. 또한 이머징 처치 운동의 강한 가설 가운데 하나도 바로 그것이다.

그러한 철학이 그리스도인들에게 주장하는 바는 무엇인가? 회심하지 않은 죄인들이 기독교 메시지를 편하게 느끼도록 해 줘야 한다는 것이다. 전체적인 요점은, 불신자들이 자연스럽게 속할 수 있도록 하기 위해 전혀 위협적으로 느껴지지 않는 교회로 만들어야 한다는 것이다. 쉽게 말해서 비그리스도인들의 불신앙을 윽박지르기보다는 안달나게끔 달래야 하고, 떨어져 있기보다는 세상과 친하게 지내는 식이 되어야 한다는 것이다.

이 모두가 포스트모던의 감각으로 볼 때는 아주 멋있고 온화하고 친근하게 들린다. 하지만 성경이 우리에게 제시한 복음주의의 전략은 결코 아니다. 그러한 것은 건전한 교리에 맞서 세상과 타협하는 꼴에 지나지 않는다. 야고보는 그러한 것을 가리켜 영적 간음이라고 했다(약 4:4).

이러한 전략이 어떤 결과를 낳았는가? 구도자 운동에서 오락이 설교를 대치했다. 이머징 처치 운동에서 회의주의가 진리를 대신했다. 두 운동에서, 진리를 위한 입장을 견지하거나 성경의 메시지를 분명히 하려는 설교자는 자칫하면 자리를 빼앗기게 된다. 그러한 설교자는 비그리스도인들에게 귀찮은 일이요, 골칫거리이기 때문이다.

진리를 교회에서 두려움 없이 선포할 수 없다면, 도대체 진리를 위해 어떤 장소가 적절하단 말인가? 비그리스도인들이 순수한 진리에 관심이 없다는 생각에 주눅이 든다면, 어떻게 분별력 있는 그리스도인의 세대를 이룰 수 있단 말인가?

그리고 교회가 세상의 비위를 맞추는 것이 도대체 언제부터 정당한 행위였던가? 사도 요한이 이렇게 기록하지 않았는가? "형제들아 세상이 너희를 미워하거든 이상히 여기지 말라"(요일 3:13). 또 예수께서 이렇게 말씀하지 않으셨는가? "세상이 너희를 미워하지 못하되 나를 미워하나니 이는 내가 세상의 행사를 악하다 증거함이라"(요 7:7). 성경적인 그리스도인들은 자신들이 세상을 멀리해야 한다고 이해해 왔다. 여기 주님 자신의 말씀을 들어 보라.

"세상이 너희를 미워하면 너희보다 먼저 나를 미워한 줄을 알라 너희가 세상에 속하였으면 세상이 자기의 것을 사랑할 터이나 너희는 세상에 속한 자가 아니요 도리어 세상에서 나의 택함을 입은 자인고로 세상이 너희를 미워하느니라 내가 너희더러 종이 주인보다 더 크지 못하다 한 말을 기억하라 사람들이 나를 핍박하였은즉 너희도 핍박할 터이요 내 말을 지켰은즉 너희 말도 지킬 터이라 그러나 사람들이 내 이름을 인하여 이 모든 일을 너희에게 하리니 이는 나 보내신 이를 알지 못함이니라"(요 15:18-21).

십자가의 모욕을 부드럽게 하려는 복음주의 전략을 받들어 주는 듯이 들리는가?

사도 바울은 그와 같은 책략을 참을 수 없었을 것이다. 바울은 지적인 찬성과 개인의 이기주의와 위신과 지위와 평판, 혹은 그 밖의 비슷한 것들을 통해서 세상을 얻으려 한 적이 결코 없다. 바울은 다음과 같이 기록했다. "우리가 지금까지 세상의 더러운 것과 만물의 찌끼 같이 되었도다"(고전 4:13). "좀더 복잡한" 접근을 시도할 권한이 현대교회에 있는가? 감히 우리가 우리 자신과 과거에 진리를 위해서 싸워야만 했던 모든 경건한 분들을 구분할 수 있을까?

찰스 스펄전은 다음과 같이 말했다.

우리는 시대들을 특징 짓기에 적합한 루터파, 칼빈파, 번연파, 윗필드파들을 다시 원한다. 우리의 적들을 공포에 떨게 하는 이름들 말이다. 그들이 필요하다. 그들이 어디서 우리에게 올 것인가? 그들은 예수 그리스도께서 교회에 주신 선물이며, 기한이 되면 나타날 것이다. 그리스도는 설교자의 황금 시대와 청교도 시대에 누렸던 위대하고 강력한 목회의 부흥의 때를 다시 우리에게 되돌려 주실 능력이 충분히 있으시다. 제단의 활활 타오르는 숯불로 그 입술을 그을린 자들이 다시 한 번 오래된 선한 진리를 설교할 것이다. 그리고 이것은 땅에 있는 종교의 위대한 부흥을 위하여 성령의 손에 잡힌 도구가 될 것이다.

나는 복음의 단순한 설교 외에 사람들을 회심시키고 사람들의 들을 귀를 여는 다른 수단을 결코 생각지 않는다. 하나님의 교회가 강단을 경멸하는 순간, 하나님은 교회를 경멸하실 것이다.[13]

그리고 어떤 교회가 세상과 친숙하려는 순간 그 교회는 하나님과 적대적인 관계를 맺게 된다는 사실을 덧붙여야 할 것 같다(약 4:4).

복음에 머물러 있으라

세상에 순응하려는 운동은 신적으로 계시하신 진리에 대한 그리스도인의 확신을 사그라들게 했다. 만일 우리가 잃어버린 자들을 회심시키고 교회를 이루기 위해 설교를 신뢰할 수 없다면, 어떻게 성경이 일상을 위한 안내와 같다고 신뢰할 수 있겠는가? 교회의 어떤 지도자들의 실례를 보고 사람들이 잘못된 길로 빠져든다. 이들은 하나님의 말씀에 반드시 신실해야 할 필요가 없다는 잘못된 생각을 받아들이고 있다.

더욱이, 성경적 설교가 계속 줄어들어 감에 따라, 성경에 대한 무지가 커져 간다. 게다가 그것은 분별력의 감퇴로 말미암아 생겨나는 모든 문제를 악화시키며, 또한 재난의 순환은 계속 이어진다.

그리스도인은 복음에 대해서는 계속 신실하게 머물러 있어야 하고 세상에 대해 공세적이 되는 것을 피할 수 없다는 사실을 잘 알아야만 한다. 복음은 본래부터 공세적이다. 그리스도께서도 불신자들에게 공세적이셨다. 그분은 거짓 사상 모두에게 공세적인 분이시다. 그리스도는 "부딪히는 돌과 거치는 반석이시다"(벧전 2:8). 십자가의 메시지가 거치는 반석(갈 5:11)이며, "미련한 것이요 구원을 얻는 우리에게는 하나님의 능력"(고전 1:18)이다. 바울은 다음과 같이 기록했다. "우리 주 예수 그리스도의 십자가 외에 결코 자랑할 것이 없으니 그리스도로 말미암아 세상이 나를 대하여 십자가에 못 박히고 내가 또한 세상을 대하여 그러하니라"(갈 6:14).

참기독교는 항상 진리가 불변하는 것이라는 인식을 갖고 있다. 하나님의 말씀은 영원히 하늘에 굳게 서 있다(시 119:89). 예수 그리스도는 어제나 오늘이나 영원토록 동일하신 분이시다(히 13:8). 하나님 자신은 변하지 않으신다(말 3:6). 그런데 어떻게 우리가 진리를 변하기 쉽고 유연하고 융통성이 있는 것으로 볼 수 있단 말인가?

참분별력을 갖추기 위해서는 진리에 대한 이런 변함없는 생각이 선행되어야 한다. 교회가 진리의 불변성에 대한 헌신을 잃어버리는 것은 곧 분별에 대한 의지를 잃어버리는 것과 마찬가지이다. 그런 교회는 정확한 신학과 정확한 도덕과 정확한 행위를 빼앗아 가 버린다.

따라서 올바른 생각과 삶을 꾸려 가려면 세심한 훈련과 진리에 대한 불굴의 헌신이 필요하다. 분별력은 교리적으로 혼란한 환경에서는 살아남기 어렵다. 상대주의가 만연한 곳에서 분별력은 살아남을 수 없다. 그리고 만일 우리가 세상과 타협을 하면 분별력은 생존할 수 없다.

성경 해석이 먼저, 적용은 후에

성경을 적절하게 해석하지 못하면 분별력 또한 시들해진다. 성경해석학Hermeneutics은 꽤 힘든 기술이다. 좋은 설교에 앞서 성경을 세심하게 해석해야 한다. 그런데 현대 설교 가운데에는 성경의 의미를 무시하는 것들이 아주 많다. 오늘의 강단은 성경 본문을 적절하게 해석해야 하는 힘든 일은 쏙 빼 버리려는 설교자들로 넘쳐난다. 이런 설교자들은 그들의 메시지를 이야기와 일화, 현명한 요약으로 메운다. 그렇게 해서 성경 내용이 빈약하다는 약점을 가리는 것이다.

성경의 의미에 몰두하는 것은 건전하지 못한 일이라고까지 주장하는 이들이 있다. 수년 전 베스트셀러 선두에 진입했던 한 책에 설교자들의 강조점이 적용이 아닌 성경의 설명에 있는 것을 독자들은 경계해야 한다는 내용이 있었다.

분명히 적용은 중요하다. 하지만 항상 그 이전에 세심한 해석이 선행되어야 한다. 성경에 대한 올바른 이해 없이 적용만 시도하는 것은 아주 어리석은 일이다. 우리는 진리의 말씀을 옳게 분변하기로 명받았음을 기억하라(딤후 2:15). 성경이 무엇을 의미하는지 제대로 파악하기 위해 부지런히 애쓰라는 명령이다.

워필드B. B. Warfield의 말에 의하면, "성경의 의미가 성경이다."[14] 성경의 진정한 의미를 이해하지 못하고서는 성경을 진정으로 가질 수 없다는 말이다. 그들의 진정한 의미와 상관없이 그들에게 능력을 주는 말씀 속에는 어떤 마술도 없다. 그래서 적절한 해석이 중요한데, 특히 설교하는 자들에게 필수적이다.

간혹 어떤 구절을 본문에서 왜곡시켜 완전히 검증할 수 없는 의미를 그 위에 부과한다거나, 심지어 본문이 의도한 의미와는 모순되는 내용으로 선포하는 풋내기들의 설교를 듣다 질리곤 한다. 불행하게도, 오늘날 그 기준은 매우 낮아졌기 때문에 유명한 그리스도인 지도자들조차도 눈치 채지 못한 상태에서 성경을 왜곡할 수 있다.

최근 수천 명이 다니는 교회를 담임하는 한 목사가 텔레비전에서 아그립바Agrippa 앞에서의 바울의 변호의 내용을 기록한 사도행전 26장 2절에 관해 설교한 적이 있다. 바울은 다음과 같이 말했다. "아그립바 왕이여 유대인이 모든 송사하는 일을 오늘 당신 앞에서 변명하게 된 것을 기쁘게 생각하옵나이다"KJV. 이 사람은 "기쁘게 생각하옵나이다"라는 구절에 대해서 오래 끌며 설명하고는 역경 가운데서 적극적인 사고를 갖는 것이 얼마나 중요한지 설교했다. 그러나 바울은 아그립바에게 적극적인 사고에 대해서는 한 마디도 한 적이 없다. 바울은 변명할 수 있음을 "다행으로 여기옵나이다"NASB라고 말했다. 그 설교자는 본문의 맥락을 벗어나 그 구절을 사용했기 때문에, 바울이 영감 받은 말씀의 의도를 왜곡시켜 비성경적 교리를 전한 것이다.

마가복음 2장은 예수께 중풍병자인 친구를 데려와서 병고침 받을 수 있도록 지붕을 뚫은 네 친구에 관한 내용이다. 이 본문으로 설교한 또 다른 설교자가 있다. 마가복음 2장 4절은 이렇게 말씀한다. "밀집한 무리들을 인하여 예수께 데려갈 수 없으므로"They could not come nigh unto him for the press, KJV. 이 사람은 그 구절을 본문으로 택해서 어떻게 언론이 오늘날까지 사람들이 예수께 가까이 오지 못하도록 막을 수 있는지에 관해서 반시간 이상이나 설교를 했다. 그러나 사실 그 구절은 뉴스 매체와는 아무런 상관이 없었다. 그 구절에 나오는" The press"는 '언론'이 아니라 '밀집한 무리들'을 뜻하는 말이었다. 그는 본문의 의미를 완전히 왜곡시킨 것이다.

다른 연구자료들의 도움이 필요하다 : 성경 해석은 부지런한 노력, 원어의 의미에 대한 이해, 문법적이고 논리적인 지식의 연마, 역사적 배경에 관한 파악, 신학적인 능력, 그리고 성경 전반에 관한 광범위한 지식을 요구하는 기술이다. 헬라어와 히브리어에 대한 전문지식이 부족한 자들은 더욱 주의해서 주석과 사전, 그리고 가능한 한 주의 깊게 본문 분석을 할 수 있게 해 주는 다른 연구자료들의 도움을 받아야 한다.

포스트모던은 성경 해석이 전적으로 주관적인 작업이며, 따라서 어떤 본문에도 하나의 객관적이고 의도된 의미가 없다고 거짓 주장을 한다. 한 사람의 감상이 좋다면 다른 사람의 감상도 좋다는 것이다. 그 관념은 이머징 처치 운동이 설교에 대해 소홀히 하는 주요한 이유들 가운데 하나이다.

설교자가 초신자보다 성경을 더 잘 이해한다고 어떻게 말할 수 있는가? 이와 비슷한 태도는 어떤 사람들이 성경공부에서 주석이나 비슷한 자료들을 사용하지 못하게 한다. 마치 자신들의 충분한 지식이 없는 첫인상이 참조 도구들을 사용하는 세심한 연구만큼이나 좋다는 듯이 말이다.

"저는 성경에 관한 주석이나 책들을 읽지 않아요. 제 연구를 성경 자체에만 제한하고 있죠!"라는 말을 듣는 것이 점점 더 일반화되어가고 있다. 매우 경건하게 들릴 수 있지만, 과연 그럴까? 사실 아주 주제넘는 말이지 않은가? 경건한 자들이 기록한 유산이 우리에게는 가치가 없는 것인가? 연구 보조자료들을 무시하는 사람이 학문을 잘 알고 있는 다른 경건한 선생들과 목사들처럼 성경을 이해할 수 있을까?

해석학을 다룬 한 교재는 이런 식으로 질문에 답한다.

이사야 본문에서 단어들을 몇 개 선택해 기독교 학문의 경건한 배움 정도는 무시할 수 있다고 주장하는 사람에게, 어떤 사람이 자신의 영혼이나 기도만으로 단어의 원래 의미나 현대에 시사하는 바를 알 수 있느냐고 물어보자. 두로, 시돈, 싯딤, 시홀, 모압, 마할샬랄하스바스, 갈로, 갈그미스, 하맛, 아얏, 미그론, 믹마스, 게바, 아나돗, 라이스, 놉, 그리고 갈림. 그는 주석이나 성경 사전을 통해서만 이 단어들에 관한 지식을 얻을 수 있다는 사실을 실감할 것이다.[15]

기막힌 대답이다. 이 대답은 성경에 관한 객관적인 연구가 필요 없다는 생각이 얼마나 어리석은가 하는 것을 잘 드러내 준다. 연구에 열심을 내지 않는 자는 하나님 말씀을 정확히 해석할 수 없다. 그 같은 사람은 하나님이 인정하시지 않고 스스로 부끄러움을 당하고 말 것이라고 성경은 말한다(딤후 2:15).

성격 해석은 영적 분별력의 기초다 : 사람들은 거짓 교리를 일부러 받아들이지는 않는다. 게으름과 어리석음과 부주의, 혹은 성경 취급의 둔함 때문에 실수하는 것이다. 디모데후서 2장 17-18절에서 바울은 거짓 선생들의 파괴적인 영향력을 이런 식으로 묘사한다. "저희 말은 암처럼 퍼져 나감과 같은데 그 중에 후메내오와 빌레도가 있느니라 진리에 관하여는 저희가 그릇되었도다 부활이 이미 지나갔다 하므로 어떤 사람들의 믿음을 무너뜨리느니라."

'그릇되었도다'로 번역된 헬라어 동사는 아스토치astochi인데, 이것은 문자적으로 "표적을 빗맞히다"는 뜻이다. 이 말은 후메내오와 빌레도가 진리를 표적으로 겨냥하고 있었는데, 빗맞혔다는 것을 암시한다. 이 두 사람이 실제로 거짓 사상을 만들어 내고자 한 것은 아니다. 그러나 부주의하고 진리를 다루는 데 능숙하지 못해서 "망령되고 헛된 말"(16)을 시작한 것이다. 그리고 이런 말들로 인해 부활이 이미 지나갔다고 그들이 결론 내린 것이다. 그리고 어처구니없는 일이었지만, 그들의 거짓 사상은 이미 다른 사람의 신앙을 상하게 했다. 이제 그것은 암처럼 퍼져 나가고 있었다. 15절에서 바울이 디모데에게 진리의 말씀에 부지런한 학생이 되라고 권면한 것도 다 이런 이유 때문이다.

바울이 요구하는 것은 현대의 여러 강단에서 일어나는 충동적이고 즉흥적으로 행하는 것과 정반대다. 기독교 방송에서도 매일 그러한 것을 볼 수 있다. 그것이 텔레비전의 어떤 유명 복음 전도자들이 기발한 교리를 짜내는 주요 이유 가운데 하나이다. 그들 스스로 인정하듯이, 그들 가운데 다수가 자기 신학을 즉흥적으로 창작한다고 나는 확신한다.

그것은 매우 위험하고 치명적인 접근 방법이다. 그것은 진리를 왜곡하고, 건전한 교리와 거짓 사상 사이를 구분 지을 수 있는 사람들의 능력을 덮어 버린다. 성경을 올바로 해석하는 방법을 제대로 모른다면 어떻게 우리가 구별할 수 있단 말인가? 성경이 의미하는 것을 이해하기 전까지는 결코 건전한 성경적 원칙을 세울 수 없다는 사실을 기억하자.

예수님의 징벌을 무시하는 교회들

오늘날 분별력을 찾아보기 힘들고 배교가 그처럼 심각한 문제로 대두하는 또 다른 이유가 있다. 대부분의 교회가 죄를 범하는 교인을 다루는 법에 관해 기록한 마태복음 18장의 예수님의 가르침을 거의 따르지 못하기 때문이다. 불행하게도, 다른 사람의 삶 속에 있는 죄와 맞서는 막중한 분야에서 그리스도를 따르는 그리스도인이 많지 않다. 예수님은 이 주제에 관해서 다음과 같이 말씀하신다.

네 형제가 죄를 범하거든 가서 너와 그 사람과만 상대하여 권고하라 만일 들으면 네가 네 형제를 얻은 것이요 만일 듣지 않거든 한 두 사람을 데리고 가서 두 세 증인의 입으로 말마다 증참케 하라 만일 그들의 말도 듣지 않거든 교회에 말하고 교회의 말도 듣지 않거든 이방인과 세리와 같이 여기라 (마 18:15-17).

죄 가운데 있는 형제와 대면하라 : 죄 가운데 있는 형제를 보거든 그에게 가서 그와 대면하라. 그를 격려해 주고 세워 주고 기운을 북돋워 주고, 회개하도록 권고하라. 만일 그가 회개하기를 거절하면 궁극적으로 그를 교회에서 출교시켜야 한다. 바울은 그 같은 자들과 함께 먹지도 말라고 말했다(고전 5:11). 이것은 우리가 그를 적으로 생각하라는 말이 아니라, 가능한 한 어떤 수단을 써서든지 그가 회개하도록 사랑하라는 것이다. 바울은 고린도 교인들에게 "이런 자를 사탄에게 내어주었으니 이는 육신은 멸하고 영은 주 예수의 날에 구원 얻게 하려 함이라"(고전 5:5)고까지 가르쳤다.

교회는 높고 거룩한 기준을 견지해야 한다. 세상과 교회 사이의 경계선을 분명하게 그어야 한다. 죄를 용납해서는 안 된다. 교회가 죄 문제를 심각하게 다루지 않으면, 세상이 교회와 뒤섞이게 되고, 그 차이는 흐릿해진다. 이것 때문에 그리스도인들은 서로 경계하고 견책하며 계속적으로 죄를 짓지 않도록 해야 하는 것이다.

왜 주께서 모든 공동체가 보는 앞에서 아나니아와 삽비라를 치셨다고 생각하는가? 성경은 분명하게 밝히고 있다. 나머지 사람들이 죄 짓는 것을 두려워하도록 하기 위해서였다(행 5:5, 11; 딤전 5:20). 이것은 '구도자 민감형'이 즐겨 사용하는 전략이 아니었다. 사실, 교회를 죄인들에게 최대한 편한 공간으로 만들려는 현대 교회의 목적과는 정반대이다.

오해하지 말라. 교회 방문객이나 비그리스도인이 교회에서 편안함을 느끼는 일은 좋은 일이다. 그러나 교회나 하나님의 말씀이 그들이 좋아하는 죄에 대해 심각하게 반대하지 않는다는 인상을 그들에게 일부러 심어 주려 하는 것은 그것과는 또 다른 문제다. 그리스도 그분은 죄인들의 친구로 알려져 있다(마 11:19). 그러나 그리스도는 어떤 사람의 죄를 너그럽게 봐주거나 축소하지 않으셨다. 결국, 그리스도는 죄인들을 불러 회개케 하시려고 오셨다(마 9:13).

'구도자 민감형'의 운동에 대한 필자의 주된 걱정 가운데 하나는 항상, 교회를 비그리스도인을 위한 '평온 지대'로 만들려는 그들의 열정이 너무 지나치다는 것이다. 하나님이 죄를 미워하신다는 성경의 메시지를 고의적으로 무시하는 교회들이 많은데, 어떤 경우에 그들은 낙태와 동성애 같은 죄까지도 악으로 규정하지 못하게 주의를 기울인다는 것이다.

우리가 주님이 정하신 기준을 낮출 수는 없다 : 명백한 죄를 지으며 사는 사람이 예배에 참석하여 매주 평안함을 느낄 수 있다면, 우리는 어떤 결론을 내려야 할까? 그 교회는 선포해야 할 말씀을 제대로 선포하고 있는 것일까? 나로서는 동성애를 즐기는 자, 아니면 계획적으로 죄를 저지르는 이성애자가 에베소나 고린도에서 바울의 설교를 듣고 편안히 앉아 있는 모습을 상상조차 할 수 없다.

교회의 주요 메시지가 다음과 같아서는 안 된다. "우리는 멋진 곳에 있어요. 당신이 우리를 좋아할 거예요." 대신 그 메시지는 이렇게 변해야 한다. "이곳은 죄를 멸시하는 거룩한 장소랍니다." 결국 그것이 아나니아와 삽비라의 사건이 주는 전체 요지가 아니던가?

우리는 주님이 정하신 기준을 낮춰서는 안 된다. 죄 짓는 그리스도인을 받아들여서도 안 되고, 비그리스도인들이 죄 가운데서 편안함을 느끼도록 만들어서도 안 된다. 교회는 깨끗하고 징벌하고 걸러 내고 맑게 한다. 베드로전서 4장 17절은 다음과 같이 말씀한다. "하나님 집에서 심판을 시작할 때가 되었나니." 그리고 바울은 이렇게 기록했다. "교중 사람들이야 너희가 판단치 아니하랴"(고전 5:12). "우리가 우리를 살폈으면 판단을 받지 아니하려니와"(11:31).

죄를 너그럽게 봐주는 교회는 그 자신의 거룩을 파괴하고, 구성원들의 분별력을 뒤엎어 버린다. 분명한 경계 없이는 진정한 교회도 없다. 태도를 규제하기 위해 단속하지 않기로 한 후에 사람들이 자신들만의 생각에 대한 단속을 하는데 어떻게 도움을 주는가? 모든 사람들을 편하게 하는 것이 목적이라면, 관용과 타협을 이용해야 할 것이다. 분별과 차별이 있어서는 안 된다.

제이 아담스는 이렇게 기록했다.

분별력 부족과 교회에서의 징벌 부족은 나란히 보조를 맞추고 있다. 같은 정신 상태가 둘의 부족을 이끌 뿐 아니라, 징벌을 거절함으로써 사람들은 자연스럽게 그를 분별하게 만드는 관심 자체를 경시하게 한다. 교회들이 교회 징벌을 완전히 없애면서 18세기와 19세기에 흔히 일반화된 징벌의 남용에 반응했을 때, 그 갈라진 장벽은 교회의 자유주의적인 정복을 위한 길을 열어 주었고, 세상의 방식들이 쉽게 스며들 수 있게 도와주었다.[16]

아담스는 교회에서의 징벌이 사라짐으로써 분별력 또한 급격히 떨어지기 시작했다고 말한다. 아담스는 이렇게 지적한다. "징벌은 본질상 분별을 요구한다."[17] 분별력이 없는 교회는 징벌을 무시한다. 그리고 징벌을 무시하는 곳에서 분별력은 점점 더 심각하게 하락해 간다.

영적 성숙의 부족

오늘날 분별력이 부족한 또 한 가지 요인은 전체적인 단계의 영적 성숙이 점점 저하되는 것을 들 수 있다. 하나님의 진리에 대한 지식이 약해지면, 사람들은 인기 있는 견해를 좇는다. 느낌과 경험을 추구한다. 기적과 병고침, 그리고 굉장한 이적들에 목말라 있다. 삶의 일상적인 시험을 쉽고 즉각적으로 해결할 수 없을까 고민한다. 쉽게 잘 믿고 순진한 자들에게만 맞는 교리들을 포용하기 위하여 하나님 말씀의 분명한 진리로부터 재빨리 돌아선다. 개인의 안락과 성공만 추구한다. 현 세대에 유행하는 기독교의 상표는 역사상 다른 어떤 때보다도 천박한 것이리라.

현대 그리스도인 여론 조사원들은 그리스도의 이름으로 종교적인 고백을 하는 이방인들과, 하나님의 말씀을 믿고 주님을 사랑하고 신앙을 고백하는 사람들조차 구분하지 못한다. 그래서 난 그들의 조사 결과를 조금도 믿지 않는다. 그러나 그렇게 많은 복음주의 교회 자체가 양과 염소 사이를 구분 짓기를 거절하기 때문에, 때로 여론 데이터는 적당히 아무렇게나 말하기도 한다.

예를 들어, 1994년 2월 바나 조사단체Barna Research group가 공개한 한 설문조사는 자신들을 '중생한 자'라고 묘사하는 모든 사람들의 반이 요한복음 3장 16절이 무엇을 의미하는지 알지 못했다고 주장했다. 신앙을 고백하는 자들의 다수가 '주님의 지상 명령'이나 '복음'과 같은 용어를 설명하기를 곤혹스러워했다. 많은 사람들이 '복음송'gospel을 단순히 '하나의 음악의 방식'a style of music으로 정의했다.[18]

견실한 설교는 그리스도인 성장의 자양분이다 : 분명히 영적인 무지와 성경적 무식은 신앙을 고백하는 그리스도인들 사이에 상식으로 통한다. 그런 유의 영적인 천박함은 천박한 가르침에서 비롯된 것이다. 깊은 본질과 건전한 교리를 지닌 견실한 설교는 그리스도인들이 자라는 데 필수적이다. 하지만 오늘날 교회들은 가장 낮은 기초만 가르치며, 어떤 때는 그보다 못한 경우도 있다.

따라서 교회들은 풋내기 그리스도인들, 즉 영적으로 어린아이인 사람들로 가득 차 있다. 어린아이의 가장 사실적인 특성이 이기심이기 때문에 그것은 적당한 설명이다. 어린아이들은 완전히 자기중심적이다. 그들은 원할 때 원하는 것을 얻지 못하면 울음을 터뜨린다. 그들이 알고 있는 모든 것은 그저 자신들의 필요와 욕구뿐이다. 어린아이들은 어떤 것에 대해 감사할 줄 모른다. 다른 사람들을 돕지 않는다. 어떤 것을 주지 않고 받기만 한다. 그리고 그것이 자연스러운 단계의 어린아이 때 나타나는 것은 전혀 잘못된 것이 아니다. 하지만 성장이 멈춰 그 단계에서 영영 벗어나지 못할 경우 그것은 큰 비극이다.

그리고 그것은 오늘날 교회 안에 있는 대중들의 영적인 상태와 정확히 일치한다. 그들은 완전히 자아에 몰두해 있다. 자신의 문제들이 해결되고 자신의 안락이 고양되기를 바란다. 영적 성장이 억제되고, 이기적인 주체 못함의 영구적인 상황 속에 머물러 있다. 그것은 비극적인 비정상의 증거이다. 억제된 어린아이는 사람들이 분별하지 못하는 것을 의미한다. 한 어린아이가 문을 향해 기어가듯이, 영적인 어린아이는 그들에게 무엇이 좋고 무엇이 나쁜지 알지 못한다. 미성숙과 분별력의 부족은 함께 간다.

미성숙의 상태에 멎어 있으려는 경향은 신약 시대에도 존재했다. 바울은 영적으로 자라기 위해 거듭해서 그리스도인들에게 호소한다. 에베소서 4장 14-15절에서 바울은 이렇게 기록하고 있다. "이는 우리가 이제부터 어린아이가 되지 아니하여 사람의 궤술과 간사한 유혹에 빠져 모든 교훈의 풍조에 밀려 요동치 않게 하려 함이라 오직 사랑 안에서 참된 것을 하여 범사에 그에게까지 자랄지라 그는 머리니 곧 그리스도라."

우리가 어떻게 해야 영적으로 자랄 수 있는가? 서로 "사랑 안에서 참된 것을" 함으로써 가능하다. 우리는 진리 아래서 자란다. 그것에 의해 거룩하게 되고 그리스도의 형상에 순응하고, 영적으로 성숙하게 된 같은 진리 말이다(요 17:17, 19). 우리가 하나님의 말씀의 진리에 동화시킴에 따라, 우리는 자라고 세워진다. 영적 성장 과정은 곧 분별력을 위한 훈련 과정이다.

히브리서 5장 12절-6장 1절은 이 모두를 다음과 같이 강조한다.

때가 오래므로 너희가 마땅히 선생이 될 터인데 너희가 다시 하나님의 말씀의 초보가 무엇인지 누구에게 가르침을 받아야 할 것이니 젖이나 먹고 단단한 식물을 못 먹을 자가 되었도다 대저 젖을 먹는 자마다 어린아이니 의의 말씀을 경험하지 못한 자요 단단한 식물은 장성한 자의 것이니 저희는 지각을 사용하므로 연단을 받아 선악을 분변하는 자들이니라 그러므로 우리가 그리스도 도의 초보를 버리고 …… [완전한데] 나아갈지니라.

히브리서 저자는 독자들에게 이렇게 말한다. "너희는 어린아이라. 선생이 되려고 찾아왔으나, 대신 내가 너희를 젖으로 먹였노라. 너희에게 계속해서 초보의 일들을 유지해야만 할 것이다. 너희는 딱딱한 음식을 먹을 수 없노라. 말씀의 풍성한 것에 익숙하지 못하다. 그리고 그것이 비극이다."

바울은 14절에서 분별과 성숙은 나란히 간다고 말한다. "단단한 식물은 장성한 자의 것이니 저희는 지각을 사용하므로 연단을 받아 선악을 분변하는 자들이니라." 의의 말씀을 알고 이해하는 것은 선과 악을 구분하기 위한 당신의 감각을 훈련시킨다.

이 구절에서 '감각'이란 단어는 느낌이나 감정, 혹은 다른 주관적인 감각기관 구조를 가리키는 것이 아니다. 바울은 독자들에게 스스로의 마음을 길들이라고 격려한다. "지각을 사용하므로 연단을 받아 선악을 분변하는 자들은" 하나님의 말씀의 딱딱한 음식을 먹고 자라는 지혜롭고 지식이 있는 자들이다. 분별력은 주의 깊게 훈련된 마음에서 비롯된다. 분별력은 느낌의 문제도 아니고, 신비스런 선물도 아니다. 구약의 지혜문학으로부터 분별력이 경험을 갖추고 발달되고 성경적으로 알려진 마음과 얼마나 자세히 연결되어 있는가를 주목하라.

내가 주의 계명을 믿었사오니 명철과 지식을 내게 가르치소서(시 11:66).

네 귀를 지혜에 기울이며 네 마음을 명철에 두며 지식을 불러 구하며 명철을 얻으려고 소리를 높이며 은을 구하는 것같이 그것을 구하며 감추인 보배를 찾는 것같이 그것을 찾으면 여호와 경외하기를 깨달으며 하나님을 알게 되리니(잠 2:2-5).

명철한 자의 입술에는 지혜가 있어도 지혜 없는 자의 등을 위하여는 채찍이 있느니라(잠 10:13).

마음이 지혜로운 자가 명철하다 일컬음을 받고 입이 선한 자가 남의 학식을 더하게 하느니라(잠 16:21).

분별력과 영적 성숙, 그리고 하나님의 말씀

분별력으로 가는 길은 영적 성숙의 길이다. 그리고 영적 성숙으로 가는 유일한 수단은 하나님의 말씀의 신비이다.

대부분의 사람들은 자신들에게 어떤 일이 중요한지 분별할 줄 안다. 건강한 식단을 중요시하는 사람들은 먹는 것을 세심하게 관찰한다. 각 음식마다 지방은 어느 정도고 영양소가 충분히 들어 있는지 꼼꼼하게 살핀다. 살충제나 위험한 화학물질을 다루는 사람들은 분별력이 아주 대단하다. 그들은 행여라도 치명적인 물질에 노출될까 조심하며 절차와 예방책을 세심하게 강구한다.

주식시장에 투자하는 사람들은 분별력을 업으로 삼는 사람들이라고 해도 과언이 아니다. 그들은 주식시장에 관한 신문에 나오는 상장목록을 연구하고, 증권 시세를 주의 깊게 관찰한다. 법률가들은 계약에 아주 분별력이 있는 사람들이다. 그들은 법적인 특수용어를 이해해야 하고, 그들이 무엇에 서명을 하고 있는지 확실히 알고 있어야 한다. 신중을 요하는 수술을 해야 하는 사람들도 매우 높은 분별력으로 의사를 찾아나선다. 가장 뛰어난 기술을 가진 의사를 찾으려 하고, 되도록 경험이 많은 사람을 원한다.

영적 분별력에도 위와 같은 기술이 필요하다. 그 기술들이란 다음과 같다. 기민함과 주의력과 사고력, 그리고 기타 모든 것들과 진리의 사랑과 함께 세심한 사고와 날카로운 흥미와 철저한 분석과 자세한 관찰. 우리 모두는 어느 정도 이런 기술들을 갖고 있다. 그리고 우리는 어떤 분야에 종사하든 간에 그 기술들을 사용한다. 그러나 영적인 분별력보다 더 중요한 것이 뭐가 있겠는가?

현대 그리스도인에게 왜 이렇게 분별력이 없는지 정확히 설명하기란 어렵다. 하지만 그들의 부족한 분별력은 치명적인 악이랄 수 있는 영적 무감각을 드러낸다.

    교회가 분별력을 갖추기 위해서는 우선 영적으로 성장해야만 한다. 이 시대에 영적으로 성장한다는 것은, 상대주의적 시대 정신에 대치하면서 우리 자신을 하나님의 말씀에 부지런히 적용시킨다는 의미이다. 하룻밤 사이에, 혹은 신비한 경험을 통해 분별력을 가질 수는 없다. 분별력은 훈련을 통해 하나님의 진리의 말씀을 이해하고, 진리를 우리 삶에 적용하는 법을 배운 뒤에라야 얻을 수 있다.

The **Truth War**

각 주

서론 : 왜 진리를 위해 싸워야 하는가?

1. Andy Crouch, "The Emergent Mystique", *Christianity Today*, November 2004, 37-38.
2. 같은 책.
3. Brian McLaren, *A Generous Orthodoxy* (Grand Rapids: Zondervan, 2004), 293.
4. 같은 책, 286.
5. John Foxe, "The Fourth Persecution, Under Marcus Aurelius Antoninus, A.D. 162", *Foxe's Book of Martyrs*. 폭스(Foxe)의 유명한 책 「기독교 순교 사화」는 진리를 위해 목숨을 바쳤던 개혁자들의 명예와 용기에 대한 기념비적인 간증이다. 그 강조점들은 편하고 확신 없이 사는 오늘 우리의 현실에 효과가 있고 필요한 것이다.
6. 또 John MacArthur, *Hard to Believe* (Nashville: Nelson, 2003)을 참조하라.
7. 9.11 테러공격 후에 실시한 설문조사에서 나왔고, 2001년 11월 Barna Group에서 공개한 자료는 보수 장로교회에 출석하는 성인의 3분의 2가 절대적인 도덕적 진리가 존재하는가에 대해 의문을 가지고 있음을 암시했다. "9.11 이후 미국의 신앙은 어떻게 변했는가?" http://barna.org/FlexPage.as px? Page-BarnaUpdate&BarnaUpdateID-102
8. John MacArthur, *The MacArthur New Testament Commentary: 2 Peter and Jude* (Chicago: Moody, 2005).

1장. 포스트모던 사회에서 진리가 살아남을 수 있을까?

1. Stanley J. Grenz and John R. Franke, *Beyond Foundationalism:*

Shaping Theology in a Postmodern Context (Louisville: Westminster John Knox, 2001), 3.

2. 같은 책, 30.

3. "소망으로 가득 찬 신학은 논쟁의 여지가 없는 인류학적 기초에 호소함으로써, 그 자체의 확실성을 확고하게 하기 위해 가상의 토대주의자의 꿈을 좇아 달려가면 길을 잃고 만다"(같은 책, 248).

4. John Armstrong, "How I Changed My Mind: Theological Method", *Viewpoint* (September-October 2003), 1.

5. 같은 책.

6. 같은 책, 4.

7. 같은 책.

8. 같은 책.

9. 같은 책, 1.

10. 같은 책. 인터넷 자기 개인 사이트에 있는 주제의 후속 기사에서, 암스트롱은 '고도의 확실성' 을 가지고 있는 그리스도인들을 독재자들과 전제군주에 견주었다. 기사 제목은 "확실성은 우상숭배가 될 수 있다"이다. June 30, 2005, http://johnharmstrong.com.

11. 같은 책, 4.

12. Martin Luther, *D. Martin Luthers Werke, Kritische Gesamtausgabe. Briefwechsel*, 18 vols. (Weimar: Verlag Hermann Bohlaus Nachfolger, 1930-85), 3:81.

2장. 그리스도인은 영적 전쟁에 담대히 참여해야 한다.

1. Sir Basil Liddell Hart, *Sherman: Soldier, Realist, American*(New York:

Dodd, Mead & Co., 1929), 402.

2. Charles Spurgeon, *The Metropolitan Tabernacle Pulpit*, vol. 25 (London: Passmore & Alabaster, 1879), 265.

3. John MacArthur, *Reckless Faith: When the Church Loses Its Will to Discern* (Wheaton: Crossway, 1994).

3장. 왜 우리는 믿음을 위해 싸워야 하는가?

1. 사도행전 1장 13절과 누가복음 6장 16절의 King James Version역에서는, 덜 알려진 사도 유다(레바오Lebbaeus와 다대오Thaddaeus로도 알려진 사람)를 '야고보의 형제'로 불렀다. 그러나 번역자들이 덧붙인 것일 테지만, 중요한 뜻을 지닌 말('형제')은 두 본문에서 모두 이탤릭체로 되어 있다. 원래 사본은 문자적으로 '야고보의 유다'라고 말하는데, 이것은 실제로 사도의 아버지(형제가 아닌)가 야고보로 명시되어 있다고 주장한다(그것은 누가복음 6장 16절과 사도행전 1장 13절에 관한 대부분의 번역들이 "야고보의 아들 유다Judas"라고 말하는 것과 정확히 일치한다).

4장. 배교: 어떻게 거짓 선생들이 가만히 들어오는가?

1. J. Gresham Machen, *Christianity and Liberalism* (New York: Macmillan), 24.
2. 같은 책.
3. 같은 책.
4. "가인의 존재가 위에 있는 능력으로부터 유래한 것이라고 다시 주장하는 이들이 있는데, 이들은 에서와 고라와 소돔 사람들, 그리고 그 같은 모든 이들이 서로 친족이라고 생각했다. 이 이야기에서 그들은 창조주가 이들을 공격했는데

그들 중 아무도 해를 입지 않았다고 덧붙인다. 소피아(Sophia)에게는 자신에게 속한 것을 그들로부터 가져가는 버릇이 있었다. 그들은 배신자 유다(Judas)가 이러한 것들을 완벽하게 알고 있었고, 다른 이들이 모르는 진리를 알고 있으므로 자신만이 배신의 신비를 성취했다고 말했다. 따라서 유다에 의해서 땅에 것이든 하늘에 것이든 모든 만물이 혼란 속에 빠졌다고 말한다. 그들은 이러한 유의 허구의 역사를 만들었는데, 이것이 바로 그들이 유다 복음서라 부른 것이다"〔이레니우스Irenaeus,이단에 대적하여 (Against Heresies, 1:31:1)〕.

5장. 이단 : 어째서 우리는 언제나 경계해야 하는가?

1. 얄궂게도, 이 제목은 헨리(Henry)가 여전히 로마 가톨릭 교회에 충성을 다하고 있을 동안인 1521년 교황 레오 10세(Leo X)가 헨리 왕에게 부여한 것이다. 딱 5년 전, 루터는 자신의 95개조문을 비텐베르그(Wittenberg)에 있는 교회 문에다 붙였다. 헨리는 루터의 반박문에 대한 긴 탄핵서를 씀으로써 그 직함을 얻어냈다. 헨리는 후에 자신의 첫 번째 부인인 캐서린(Catherine)과의 결혼을 교황이 거부한 데 대한 좋지 않은 감정으로 로마와의 관계를 끊었다.

헨리는 신앙의 진정한 수호자 되기보다는 기회주의자요 경건치 못한 인간이 되었다. 비록 로마와의 결별로 종교개혁이 영국을 휩쓸게 하긴 했지만, 헨리 자신에게는 교황보다도 종교개혁주의와 더 친하게 지내지 못한 계기가 되었다. 기독 교회사에 있어서 헨리는, 중요한 인물 가운데서 그 누구보다도 더 그러한 직함을 가질 가치가 없는 인물로 평가할 수 있다. 그런데 그럼에도 불구하고 그 직함은 영국의 왕권과 함께 여태껏 남아 있다.

2. 이 진술은 찰스 황태자 자신의 인터넷 사이트인 http://www.princeofwales.gov.uk/about/wrk_religion.html에 "The Prince's Work: Religion"란 주제로 나오는 기사이다.

3. 성부와 성자가 단지 독특한 양식이나 혹은 하나의 신적 인격(one divine Person)을 표시한 것이어서, 성자가 십자가에 고난당하신 것이 곧 아버지가 십자가에서 고난당하신 것을 말하기 때문에, 사벨리우스주의는 때로 성부고난설(patripassianism)('아버지'와 '고난'을 뜻하는 두 라틴어의 복합형에서 온 것임)이라 말하기도 한다. 같은 견해를 단일군주신론(monarchianism)이라고 부르기도 한다. 사벨리우스파의 견해는 교회사 전체에 걸쳐 시들고 다시 소생하게 되었다. 사벨리우스파의 양태론은 오늘날 "단일성 오순절 성령운동"(Oneness Pentecostalism)이 신봉하는 근본적으로 같은 견해이다. 유력한 방송인물인 T. D. Jakes의 작품에서 인용함.

4. Philip Schaff, *The Creeds of Christendom*, 3 vols. (New York: Harper & Row, 1931), 1:29.

5. Philip Schaff and Henry Wace, eds. *The Principal Works of St. Jerome in Nicene and Post-Nicene Fathers, Series II*(14 vols.) Jerome's *Dialogue Against the Luciferians*,19(GrandRapids: Eerdmans,1954), 6:329.

6. 여기 인용한 발췌문은 "Extract from the letter of Athanasius on the death of Arius" in Philip Schaff, *Early Church Fathers: Nicene and Post-Nicene Fathers* (ser. 2, vol. 3)의 13장에서 약간 수정을 가한 것이다. 언어를 현대어로 고치긴 했으나, 아타나시우스의 편지에 대한 샤프(Schaff)의 번역으로부터의 정확한 인용들이다.

7. 게다가 암스트롱(Herbert W. Armstrong)과 전 세계 하나님의 교회는 기독론에 있어서 아리우스주의자들이다. 암스트롱의 추종자들은 아리우스주의를 버리고 더 고전적인 삼위일체적인 개념을 채택했지만, 그 단체의 지류는 자기네의 창시자인 아리우스의 견해에 맹렬한 충성을 보이며 남아 있다.

8. 참 신앙을 위한 수호자로서의 아타나시우스의 역할에 대한 특별한 강조와 아

리우스의 논쟁에 관한 보다 상세한 것은 John Piper, *Contending for Our All* (Wheaton: Crossway, 2006), 40-75에 나오는 아타나시우스의 탁월한 일화를 참조하라.

6장. 거짓 : 거짓 사상은 은혜를 방종으로 만든다

1. Jonathan Edwards, "God's Sovereignty in the Salvation of Men", in *The Works of Jonathan Edwards*, 2 vols. (Edinburgh: The Banner of Truth Trust, 1995 reprint), 2:849-54.

2. Lori Leibovich, "Generation: A Look Inside Fundamentalisms" Answer to MTV: The Postmodern Church, *Mother Jones* (July-August 1998), 77.

3. Ruth Gledhill, "Church Told to Rethink Bar on Sex Before Marriage", *Times of London* (March 31, 2003).

7장. 공격 : 그리스도의 주 되심을 어떻게 부정하는가?

1. Rick Warren, *The Purpose-Driven Church* (Grand Rapids: Zondervan, 1995), 189.

2. John MacArthur, *The Gospel According to Jesus* (Grand Rapids: Zondervan, 1988); *The Gospel According to the Apostles* (Nashville: W Publishing Group, 1993); *Hard to Believe* (Nashville: Nelson, 2003). 223

3. Brian McLaren, *A New Kind of Christian* (San Francisco: Jossey-Bass, 2003), 14.

4. Brian McLaren, *A Generous Orthodoxy* (Grand Rapids: Zondervan, 2004), 30.

5. 우리는 [인류평등적] 해석을 지지하는 고대 헬라 문학에 나타난 어떤 본문도

찾아볼 수 없었다. 한 사람이 다른 사람(혹은 사람들)의 머리(head)가 된다고 말하는 곳이면 어디서나, 머리로 부르는 그 사람은 항상 권위를 가진 사람을 뜻했다(군대의 장군이나, 로마의 황제나, 그리스도나, 이스라엘 민족의 지도자들이나, 나라의 수장으로서의 다윗이나 기타의 예와 같이). 분명하게 말해서, A라는 사람이 B라는 사람이나 사람들의 머리라고 부를 때, 그 사람이나 그 사람들에 대한 권위의 위치가 아닌 어떤 본문도 발견할 수 없다. 한마디로 말하면, 머리는 권위 없는 근원을 의미할 수 있다는 주장에 대한 그 어떤 증거도 발견할 수 없다는 말이다. Wayne Grudem, "An Open Letter to Egalitarians: Six Questions That Have Never Been Answered" (1998, 2003년 수정됨), http:// www.the- highway.com/Openletter.html.

6. John Calvin, *Calvin's Commentaries*, 22 vols. (Grand Rapids: Baker, n.d.), 21:198.

8장. 배교의 시대에 어떻게 살아남을 것인가?

1. Steve Chalke, *The Lost Message of Jesus* (Grand Rapids: Zondervan, 2003), 182.

2. Charlotte Allen, "Liberal Christianity Is Paying for Its Sins", *Los Angeles Times*, July 9, 2006.

3. 같은 책.

4. 같은 책.

5. Jerry L Van Marter, "GAC Releases names of those laid off", Presbyterian NewsService,http://www.pcusa.org/pcnews/2006/06245.htm(accessed) December 5, 2006

6. John MacArthur, *Ashamed of the Gospel: When the Church Becomes*

Like the World (Wheaton: Crossway, 1993).

부 록

1. Material in this appendix is adapted from John MacArthur, *Reckless Faith* (Wheaton, IL: Crossway, 1994), 35-66. 이 책은 "토론토의 축복(Toronto Blessing)을 둘러싼 병적인 흥분과 색다른 복음주의자들과 가톨릭 교인들과 함께"란 문서를 위한 폭넓은 복음주의의 지지를 얻기 위한 강한 압력을 포함하여, 1990년대 초에 특히나 때맞춘 주요한 문제들을 주로 다루고 있다.

2. D. Martyn Lloyd Jones, *Preaching and Preachers* (Grand Rapids: Zondervan, 1971), 15-16.

3. Tom Allen, "Postmoderns Value Authenticity, Not Authority", *The Baptist Standard*, July 8, 2004.

4. 같은 책.

5. D. Martyn Lloyd-Jones, *Romans: An Exposition of Chapters* 3.20?4.25: *Atonement and Justification* (Grand Rapids: Zondervan, 1970), 113.

6. 같은 책.

7. 같은 책, 11314.

8. 같은 책, 114.

9. Jay E. Adams, *A Call to Discernment* (Eugene, OR: Harvest House, 1987), 31.

10. 같은 책.

11. 같은 책, 29.

12. 같은 책, 32.

13. Charles H. Spurgeon, *Autobiography, Volume 1: The Early Years* (Edinburgh: Banner of Truth, 1962), v (emphasis added).
14. B.B. Warfield, *Biblical and Theological Studies* (Philadelphia: Presbyterian & Reformed, 1952), 22.
15. Bernard Ramm, *Protestant Biblical Interpretation* (Grand Rapids: Baker, 1970), 17-18.
16. Adams, *A Call to Discernment*, 28.
17. 같은 책, 27.
18. "What Happens When Christians Use Bad Language" (February 21, 1994, news release from the Barna Research Group, Ltd.).

사명선언문

너희가 흠이 없고 순전하여……세상에서 그들 가운데 빛들로
나타내며 생명의 말씀을 밝혀 _ 빌 2:15-16

1. 생명을 담겠습니다
만드는 책에 주님 주신 생명을 담겠습니다.
그 책으로 복음을 선포하겠습니다.

2. 말씀을 밝히겠습니다
생명의 근본은 말씀입니다.
말씀을 밝혀 성도와 교회의 성장을 돕겠습니다.

3. 빛이 되겠습니다
시대와 영혼의 어두움을 밝혀 주님 앞으로 이끄는
빛이 되는 책을 만들겠습니다.

4. 순전히 행하겠습니다
책을 만들고 전하는 일과 경영하는 일에 부끄러움이 없는
정직함으로 행하겠습니다.

5. 끝까지 전파하겠습니다
모든 사람에게, 땅 끝까지, 주님 오시는 그날까지
복음을 전하는 사명을 다하겠습니다.

서점 안내

광화문점 서울시 종로구 새문안로 69 구세군회관 1층
02)737-2288 / 02)737-4623(F)

강남점 서울시 서초구 신반포로 177 반포쇼핑타운 3동 2층
02)595-1211 / 02)595-3549(F)

구로점 서울시 동작구 시흥대로 602, 3층 302호
02)858-8744 / 02)838-0653(F)

노원점 서울시 노원구 동일로 1366 삼봉빌딩 지하 1층
02)938-7979 / 02)3391-6169(F)

일산점 경기도 고양시 일산서구 중앙로 1391 레이크타운 지하 1층
031)916-8787 / 031)916-8788(F)

의정부점 경기도 의정부시 청사로47번길 12 성산타워 3층
031)845-0600 / 031)852-6930(F)

인터넷서점 www.lifebook.co.kr